本书为教育部人文社会科学重点研究基地政治学与区域国别研究重大项目"多重危机背景下的欧洲一体化与德国政策的走向"（17JJDGJW011）研究成果之一

德国可再生能源政策及创新路径的形成

寇静娜 ◎ 著 GERMAN RENEWABLE
ENERGY POLICY AND THE FORMATION OF
INNOVATION PATHWAY

经济管理出版社
ECONOMY & MANAGEMENT PUBLISHING HOUSE

图书在版编目（CIP）数据

德国可再生能源政策及创新路径的形成/寇静娜著．—北京：经济管理出版社,2018.12
ISBN 978 - 7 - 5096 - 6283 - 0

Ⅰ.①德…　Ⅱ.①寇…　Ⅲ.①再生能源—能源发展—研究—德国　Ⅳ.①F451.662

中国版本图书馆 CIP 数据核字（2018）第 288322 号

组稿编辑：杜　菲
责任编辑：杜　菲
责任印制：黄章平
责任校对：陈　颖

出版发行：经济管理出版社
　　　　　（北京市海淀区北蜂窝 8 号中雅大厦 A 座 11 层　100038）
网　　　址：www. E - mp. com. cn
电　　　话：（010）51915602
印　　　刷：三河市延风印装有限公司
经　　　销：新华书店
开　　　本：720mm×1000mm/16
印　　　张：15
字　　　数：253 千字
版　　　次：2018 年 12 月第 1 版　　2018 年 12 月第 1 次印刷
书　　　号：ISBN 978 - 7 - 5096 - 6283 - 0
定　　　价：78.00 元

前　言

从 20 世纪 70 年代石油危机开始，能源议题逐渐成为传统国际关系中低政治的代表，也成为影响国际安全局势和国家地位的关键性议题。更重要的是，随着全球变暖、环境破坏等问题的日益严重，通过扩大可再生能源缓解温室气体排放、改善气候变化、降低环境污染就逐步成为国际领域的焦点，也是各国谋求转型发展的重点领域。

创新理论最早是属于经济学的理论，由著名经济学家熊彼特在其著作《经济发展理论——对利润、资本、信贷、利息和经济周期的考察》中提出，创新理论最初是指通过创新把生产要素和生产条件的新组合引入生产体系中，包括新产品的引进、新技术的引用，即采用新生产方法、开辟新市场、控制原材料的新供应来源以及实现任何一种工业企业新组织四种情况，最终实现经济发展的目的，即通过企业家的创新推动，促使整个资本主义社会不断实现新组合。后来，由于能源议题的重要性不断提升，创新理论被引入能源领域，逐步发展形成一套完整的能源创新理论。在能源创新理论中，众多学者虽然细分类型不同，但总体可以将能源创新归纳为早期阶段、示范阶段、扩散阶段以及成熟阶段四个部分，构建能源创新路径的形成与发展。其中施动者作为主体，分别由政府、企业和其他参与者三个层次组成，这里其他参与者主要是指相关的专业科研机构等。施动者对于能源的发展具有至关重要的作用，尤其在可再生能源领域，创新前期投入巨大，大规模非营利性的投入是推动可再生能源发展的核心力量，如果没有以政府为主导的施动者进行导控，就不可能存在发展空间。在创新过程中，技术创新和政策创新作为工具，是能源发展的左膀右臂，两者缺一不可，始终贯穿能源创新的四个阶段。

本书的研究对象是德国可再生能源，试图通过能源创新理论的框架论证德国可再生能源发展延续一种创新的发展路径，是一个全方位以创新为核心构建的发展模式，并非传统意义上的某种局部修补。良好的能源基础和公众环境是可再生能源发展的保障，德国正是在这种背景下，于2010年做出了历史上针对能源议题最大的长期性调整，即彻底向可再生能源转变，以此为基础建立一个全方位的新战略和能源概念，直接将国家能源发展道路的目标设置到2050年，并将可再生能源定位于国家未来能源供给的主要类型。德国的能源概念建立在过去数年政策成功的基础之上，尤其是对2007年能源和气候项目的整合促进了这一点，但目标更加远大，联邦政府努力将德国打造成为全球最具能源效率和环境友好的经济体，同时还努力保持稳定可控的能源价格和高水平的经济繁荣。2011年日本福岛核泄漏事故之后，能源概念最关键的一点就是要将政府之前不断推迟退出核能的行动逐步终止，决定在2022年前彻底退出核能。因此过去几年，德国展开了最重要的能源转型行动，全面推动可再生能源在电力等各个能源消耗领域中的份额扩张，发动能源改革，在以往坚实的基础上继续稳定发展，朝目标迈进。

全书分为七章。

第一章为全书的概念框架和研究背景，具体包括创新理论范式、全球可再生能源现状以及德国可再生能源的研究背景，梳理全书的基本概念和整体轮廓。

第二章主要内容为创新理论部分，从熊彼特时期开始，阐述创新理论的发展与形成，然后逐步延伸到能源创新理论，归纳能源创新的阶段由早期阶段、示范阶段、扩散阶段以及最后的成熟阶段组成，其中政府、企业和其他参与者组成的施动者是最大的推动力，并通过技术创新和政策创新作为工具推动发展，构建形成完整的能源创新体系路径。

第三章着重阐述德国在可再生能源发展中施动者的角色，分别通过政府、企业和其他参与者三个层次展开。在政府方面，可再生能源由于从诞生之日起就基本带有政府补贴和扶植的色彩，发展的先天性不足令其无法摆脱固有缺陷。通过了解欧盟在可再生能源方面的大力发展作为德国能源转型的背景与推动力，论述联邦政府在能源发展中的基本战略及具体的角色定位，并在此基础上讨论企业和科研机构等作为另外两部分的施动者是如何发挥既有作用的，三者之间的关系也会在书中详细阐述，并将落脚点放在德国可再生能源的发展基调与目前基本现状上。

第四章的核心是德国可再生能源创新工具中的技术创新，技术创新主要包括研究发展（R&D）的大幅度投入以及在风能、光伏和能源储存等方面的技术创新表现，大规模的资助经费是推动可再生能源技术创新革命的关键，其中风能和光伏在电力领域的迅猛发展就得益于此。当然，如果没有能源储存等相关技术的进步，也就无法实现可再生能源与化石能源的同台竞技。

第五章着重于德国可再生能源创新工具中的政策创新，作为技术创新的"局外人"，政策创新包括德国为推动时刻变化发展的可再生能源展开数次修订的《可再生能源法》、能源转型战略的具体内容以及在电力领域的两类创新性政策——"固定入网电价"制度和招标竞价制度，全面剖析德国在可再生能源政策方面的创新点与成效。其中能源转型战略过于庞杂，主要通过原因背景、落实步骤、具体措施以及能源效率的提高等方面来分析。对"固定入网电价"制度和招标竞价制度，书中将完整呈现为了推动可再生能源在电力领域的发展，这两类制度是如何在《可再生能源法》修订的背景下先后针对不同阶段的发展发挥具体效能和作用的，即通过具体的能源数据及存在的问题全方位剖析政策创新的核心效果。

第六章在前面论述内容的基础上，讨论德国可再生能源创新路径的形成，通过早期阶段、示范阶段、扩散阶段以及成熟阶段逐步阐述德国可再生能源最终形成创新性发展路径。在创新早期阶段，政策框架与能源成本的表现极其关键；在创新示范阶段，通过施动者的引导，技术创新和政策创新两个工具提高能源效率；在创新扩散阶段，伴随退核进程的能源转型使得德国可再生能源成功度过培育期；进入成熟阶段——该阶段并没有明确的界限，事实上也是在不断调整中发展的。因此，书中会通过可再生能源在电力和电网领域中的调整和相关表现进行说明。

第七章落脚于中德可再生能源对比和对中国的启示。通过全书的分析，最终在成功论述德国可再生能源的转型是一种创新发展路径后，对比中国可再生能源的现状和问题，分析德国的效果和经验对目前气候环境问题严重、同样急需解决能源供给安全、实现能源转型的中国有怎样的启示就显得十分重要。中国的可再生能源起步较晚，严峻的环境现实使得中国必须在能源领域推动转型改革，将能源重心逐步向可再生能源方面调整与倾斜。但重视发展并不意味着一帆风顺，近年来，中国在全球光伏和风能领域的独占鳌头并没有带来相应的效果，反而由于操之过急在发展进程中出现一系列问题。为此，通过德国可再生能源的创新发展路径学习、了解能源转型中技术与政策的协调机制十分需要且必要，是对中国未来能源转型调整的良好促进和帮助。

目　录

第一章
概念框架与研究背景

第一节 创新理论范式

创新理论最初由美籍奥地利人约瑟夫·熊彼特提出，他认为生产方式的变革和生产技术的革新是推动经济发展最为重要的因素，在创新理论提出和发展的 100 多年间，该理论范畴逐步扩展到能源政治领域，形成了专门针对能源研究的能源创新理论。目前能源议题已经成为国际社会低政治领域的主要代表，因此以水能、太阳能、风能及生物质能等为主的可再生能源也成为全球范围内能源战略转型的重点，而其发展路径通过创新视角也展现出不同于其他传统战略问题的全新一面。传统的安全战略性理论并不适合分析可再生能源这个研究主题，欧美国际政治研究在传统分析上受多重学科的影响，其中美国主要以定量模型研究为主流，欧洲则更多加入跨学科理论的支持。在这种背景下，本书选择原属于经济学的一门理论用以构建可再生能源发展路径的框架，同时为传统的国际政治研究提供一种全新的视角。

创新开始之初被认定为一种发现过程，随后逐步演变为一种非线性学习过程，理查德·尼尔森（Richard Nelson）和西德尼·温特（Sidney Winter）为此做出了很大贡献，在经济变化的发展中提出创新源于危机驱动，由于现有产品无法满足当前经济和技术要求，有碍发展，迫使企业为了提高生产力和利润不得不在摸索学习过程中寻找替代产品，因此创新理论发展的核心就是在跨企业、跨地区以及跨国家范畴的学习过程中，能否真正探索有益于主体目标下一步发展的特点和规律。顺理推之，相关理论在经过学习过程的锤炼之后，可逐渐成为整个系统环境中规则、法律、政治文化以及所谓的经济制度"游戏规则"① 的推动者和塑造者。创新体系的推动主要依靠施动者进行，在创新理论中将其分为三个层次：第一层次是政府及公共部门，也是最重要的组织部分；第二层次是企业；第三层次是其他参与者。当三个层次从宏观与微观角度全方位进行推动时，创新体系才能真正发展。

与经济制度相比，政治制度往往呈现一种滞后惯性，虽然也随着时代特征在不断变化，但固有的本性往往使这种变化来自落后制度的被迫改革。换言之，政治制度或政策都是在不得不改变的被动状况下发生的。当然并不能否认动态变化的存在，但这种少数存在正是来源于创新学习过程，从政策本身的范式、反应以及代理结构进行的提升，对政策体系的整体把握就成为创新学习的关键。政治制度涵盖内容复杂，群体、网络以及人物个体的流动性促使创新呈现出更多学习性，也体现了非线性模型和创新系统发挥的重要作用。因此客观来看，传统的战略安全或国际理论视角已经无法完整覆盖环境与能源议题，而创新理论的发展恰巧使得其视角延伸到了新能源政策领域，以这一视角将政治类政策纳入创新体系，在施动者的推动下，通过技术创新和政策创新两类创新工具具体实施。在整个创新体系中，创新发展的重点是技术创新，这也是最重要、最直接的工具，但政策创新作为技术创新的"局外人"角色，贯穿创新发展的整个过程，是不可或缺的，两者共同在创新发展的早期阶段、示范阶段、扩散阶段以及最终的成熟阶段进行内化、推动与发展。

本书的研究对象就是德国的可再生能源发展，通过施动者、技术创新和政策创新进行论证分析后，讨论德国可再生能源发展路径的形成是按照创新理论框架展开的。通过国家、企业和相关研究机构作为施动者的推动，以技术创新和政策创新为工具，在早期阶段降低能源成本、在示范阶

① Lynn K Mytelka, Keith Smith. Policy learning and innovation theory: an interactive and co‑evolving process. Research Policy, 2002, 31 (8): 1472.

段提高能源效率、在扩散阶段伴随退核坚定推进能源转型以及在成熟阶段根据不断变化的情况进行反复调整，最终按照创新理论的框架形成自己独特的可再生能源发展路径。具体而言，借用罗伯特·雷德菲尔德在20世纪50年代曾对社会科学的一个标签，即从"暧昧、不稳定却异常重要"[①]来看，能源政策始终随着市场、施动者以及环境变化，在试图取得利益和环保平衡中摇摆，这里所指的施动者主要是能够影响和左右政策和投资的对象，即政府和相关公共部门、企业和专业研究机构三个层次。三者之间的关系紧密，并层次递进，政府是毫无疑问的主导者，可再生能源早期阶段的巨大投入和毫无营利性特点决定政府的角色和地位，在示范扩散阶段和成熟阶段的市场推广中还少不了企业的作用，而科研机构作为技术创新的主要参与者也不可小觑。德国作为全球在可再生能源方面发展的排头兵和领先者，有实力也有能力考虑可再生能源投入成本与化石能源之间的平衡，因为技术和产能虽已摆脱实验性阶段，但离成熟阶段仍较远，也间接使得可再生能源在不够稳定的情况下投入，没有成熟的理论框架和不断根据具体发展情况调整的实践经验根本无从实现转型扩大。

此外，能源政策的重要性关系环境、政治、经济及普通民众个体的日常生活，因为化石能源是涉及能源安全的国际战略性储备资源，但全球日益严重的气候与环境问题，将化石能源放到风口浪尖，于是作为解决环境问题及全球变暖最有效手段的可再生能源成为替代选择，也成为国际社会和国家个体的重要议题。客观而言，技术创新是决定可再生能源发展能否大幅度推动最重要的工具，没有技术创新，一切计划和政策都没有存在和发展的基础，在技术创新的基础上，作为"局外人"的政策创新就成为促进可再生能源发展最好的工具，或者说两者的相互促进配合才能推动能源创新系统的发展。雷德菲尔德也提到，由于政策提供了"可以使规定变为现实"[②]的可能，当政府和民众都意识到能源必须成为关系国家发展的重要一环时，政策就架起了沟通的桥梁。但政策如果调试应用不当，也会出现负面影响，这就意味着政策在被民众接受的过程中，必然会有一个漫长的发展过程。因此，能源创新路径的形成与构建中创新在最初并不会处于核心地位，成功的创新基本就是一个逐渐从边缘到核心的演变过程。

①② Robert Redfield. Social science in our society. Phylon, 1950, 11（1）: 38.

第二节　全球可再生能源现状

可再生能源在全球能源领域已经逐步成长为举足轻重的能源类型，风能和太阳能被认为具备满足全球不断增长的能源需求潜力，尤其在发电领域发挥越来越大的作用，在全球人口不断增长、环境与气候保护压力日趋增长的大背景下，必须以可持续发展模式大幅加快可再生能源发展步伐。到现在为止，技术革新在能源领域的积极发展证明，可再生能源转型是可能的，即未来全球的能源供给与应用模式可以转变为以可再生能源为支柱，但问题在于各区域或国家之间取得的成就或进展不平衡。可再生能源转型发达地区已经迈入商业化推广阶段，而在发展中国家和不发达地区还有超过 11 亿人无法获得电力，仍然处于"能源贫困"或"电力黑暗"的境地。为此，发展中国家在快马加鞭的追赶进程中，现代可再生能源技术就是消除贫困的关键因素，了解全球的可再生能源发展现状，有助于熟悉本书讨论的核心焦点，即德国处于怎样的可再生能源国际环境下开展能源转型革命。

"21 世纪可再生能源政策网络"①（REN21）是一个全球性政策网络组织，从 2004 年开始，每年都会发布《全球可再生能源现状报告》，旨在让大众更加清晰了解当前的可再生能源基本情况，进一步推动可再生能源发展。根据《2018 全球可再生能源现状报告》② 数据统计说明，截至 2016 年，在全球终端能源的消费占比中，化石能源的占比高达 79.5%，主导地位仍然不可撼动；核能占 2.2%；可再生能源占 18.2%，但其中传统生物质能③，也就是按照传统原始形态使用，并未加工成生物燃料的生物能源

---

① 全称为 Renewable Energy Policy Network for the 21st Century，一般简称为 REN21。
② REN21. Renewables 2018 Global Status Report. 2018.
③ 具体指以生物质为载体的能量，将太阳能以化学能形式体现在生物质中的能量模式，即包括薪柴、秸秆、稻草及其他农业生产的废弃物和畜禽粪便等农村生活用能。

占比为7.8%，只有10.4%的现代可再生能源①才是当前意义上的能源利用类型。终端能源利用可以分为发电、冷/热供应和交通运输等几大类，其中后两类占全球终端能源供给的80%，可再生能源利用并不占有优势，化石能源占比从2009年的81%下降到2016年的79.5%就意味着可再生能源虽有进步，但微乎其微，只是在电力领域表现较为突出，这也是目前全球各国可再生能源的主要发展方向。可再生能源在技术上本质是分散的，可以提供基本电力供应，从用于个体家庭的离网光伏发电系统到为整个村庄或区域供电的可再生能源设施，都可以保障基本电力使用，为更多的人提供现代能源，改善普通人口生存条件，并创造相应的经济机遇，这是可再生能源在电力领域的使命，也是可再生能源在电力领域发展极快的原因。

在可再生能源发电领域中，水电是主导，其次为风电及光伏发电，生物质能发电、地热发电等仅占极小比例。报告显示，2017年成为历史上可再生能源发电量增长最快的年份，新增装机容量178吉瓦，发电占全球发电量净增加值的70%，其中光伏发电和风电毫无疑问是领头羊。与2016年相比，全球光伏发电装机容量增长了29%，大于煤炭、天然气和核电的净装机容量之和，达到了98吉瓦。风电表现也同样不俗，2017年全球风电新增装机容量为52吉瓦，累计装机容量达到539吉瓦，亚洲连续9年占据全球最大风电市场，全球占比达到48%，欧洲以超过30%的份额排名第二，其中欧盟风电新增装机容量为15.6吉瓦，累计装机容量达到168.7吉瓦，陆上风电为153吉瓦，海上风电为15.8吉瓦，欧盟风电装机容量占整个可再生能源新增装机容量的55%，发电达到欧盟总发电量的18%，相比2016年欧盟风电发电量增长了12%，9个成员国发电量超过了5吉瓦，16个成员国发电量超过了1吉瓦。德国就是其中的翘楚，作为全球第三大风电市场，风电新增装机容量达到6.6吉瓦，累计装机容量达到55.9吉瓦。此外，英国风电新增装机容量为4.3吉瓦，法国风电新增装机容量达到1.7吉瓦，仅这三个国家的风电新增装机容量就占欧盟市场的80%。

可再生能源在全球电力领域的飞速发展，得益于庞大的市场信心与随

---

① 区别于传统生物质能，具体包括水电、生物质能发电和热利用，风电、光伏及地热发电和热利用等。

之带来的投资，尽管风能和太阳能技术革新引发成本进一步下降，但2017年全球对可再生能源及燃料的投资总额达到27988亿美元，比2016年增长2%，并且连续8年新投资金额都超过了2000亿美元，2017年新的投资总额至少达到3100亿美元，这些投资是化石能源发电领域投资的3倍，是化石燃料和核能发电投资的2倍以上。可再生能源的投资主要集中在光伏发电和风电领域，2017年加大了风险投资，两者为全年投资金额的2161亿美元，达到2/3的比重。可再生能源投资区域分布集中，中国、欧洲和美国三个区域占全球可再生能源投资总额的75%，2015年发展中国家和新兴经济体首次超过发达国家的可再生能源投资，并在2017年扩大了领先优势，发展中国家和新兴经济体投资增长20%，达到了1770亿美元，而发达国家则下降了19%，投资仅为1030亿美元。其中，最重要的投资来自中国，占全球可再生能源投资的45%；欧洲排名第二，占比15%；美国投资比例为14%，排名第三。

在冷/热供给领域，可再生能源基本没有变化，现代可再生能源为全球供热系统提供了10.3%的能源，还有16.4%的热能由传统生物质能提供，即用于烹饪或发展中国家取暖等领域。相对于146个国家在电力领域制定了清晰的可再生能源发展目标，只有48个国家在冷/热供给领域制定了相关目标。交通运输领域由于交通电气化的发展出现了一些变化，为可再生能源提供了发展空间，可再生能源提供3.1%的交通能源需求，液体生物燃料超过90%，许多国家已经开始宣布淘汰汽油和柴油车的销售，全球两轮或三轮电动车增长超过3000万辆，2017年销售超过120万辆客用电动车，相较于2016年增长了58%，说明进一步开放运输领域电气化会为可再生能源市场整合和发展扩大带来更高份额。但化石能源仍然占主导地位，92%的交通运输领域由石油供应，只有42个国家制定了可再生能源在交通领域的发展目标。

由于发展中国家和新兴经济体的经济发展、人口的快速增长，2017年全球能源增长了2.1%，与能源相关的二氧化碳排放量在4年内首次大幅度上升，增长1.4%。鉴于《巴黎协定》中各方对气候变化威胁全球应对的加强，努力诉求将全球平均气温较工业化前水平升高控制在2℃以内，并进一步为了1.5℃而努力，可再生能源成为帮助二氧化碳减排的有效工具。必须承认，尽管可再生能源装机容量和投资额均已创历史纪录地迅猛发展，仍然无法抵消不断增长的能源需求和化石能源带来的持续碳排放增长量，说明能源转型尤其是加大可再生能源的发展力度仍然不足。

总之，为了快速、经济、高效地减少全球二氧化碳排放，尽早实现全球温室气体排放达标，在21世纪下半叶达到零排放的可能，逐步淘汰化石能源特别是煤炭应用，加快能源效率开发和可再生能源投资成为全球各国共识。要实现能源转型，实现《巴黎协定》的承诺，可再生能源仅在电力领域发展还不够，要让冷/热供给、交通运输等领域都按照电力行业的发展模式加速转型。其中，天然气作为向可再生能源转型的中转跳板，也需谨慎看待其所谓的"清洁性"，因为无论甲烷放空排放还是燃烧以二氧化碳排放，均会继续加剧全球升温，也是对可再生能源发展的一种抑制。众所周知，取消化石能源和核能的补贴、投资建设可再生能源基础设施、加大技术革新力度、制定相关领域的硬性指标和政策框架等虽然是有效推动能源转型的措施，但全球各地区或各国的能源发展水平不同，转型的决心和态度也不同，其间制定、执行和落实的程度千差万别，选择在可再生能源领域表现优异、持续稳定发展的国家以供学习借鉴成熟模式与经验，就成为本书的目的所在。

第三节　德国可再生能源的研究背景

2010年德国政府在宣布能源概念的同时，第一次提出了一个全方位转变国家能源发展和方向的概念——能源转型[①]，标志着德国计划向全新的可再生能源道路发展，达到这样的转变并非易事，需要在能源转型中通过大范围提高可再生能源份额、提高能源效率以及降低温室气体排放这三个方面设定相应目标。紧随其后，2011年日本发生福岛核泄漏事故，夯实德国坚定能源转型的决心，德国宣布在2022年之前逐步放弃核能，并在此

---

① 能源转型德文原文为 Energie Wende，在德国对外发布的所有与能源相关的报告与表述中成为专业词汇。

基础上进一步加快能源转型。最终，能源转型彻底成为一个牵涉社会、经济、技术和文化发展的国家性决定。通过扩大可再生能源在能源整体消耗中占比和显著性提高能源效率推动能源供给和使用的根本性转变。

作为全球气候与能源领域内的领先者、一个工业化强国，德国的能源政策始终强调经济、安全与环保三要素。其中，高效清洁的能源利用，以应对全球残酷的能源环境是能源政策的核心。为了满足本国的能源需求，德国一直严重依赖能源进口，2010年进口能源在一次性能源消费中占据61%的份额，高于欧盟48%的平均水准，更重要的是，德国能源的主要供应国为俄罗斯，其中一半以上的天然气进口来自俄罗斯，两国"北溪-2号"天然气管道建设项目就是最好的说明。除此之外，挪威、英国、荷兰以及北非、中东地区也是德国的能源供应伙伴。

为了确保德国能源长期安全供应的稳定，20世纪90年代以来，德国就着重于能源市场化，鼓励能源企业进一步向产业链上游发展，控制更多的能源原材料市场，采取更加透明的能源措施，维护能源市场的公平稳定，使企业和个人在能源价格不断飞涨的背景下减轻压力，增大能源技术的研发与投入，获得更好的能源发展环境。更重要的是，德国为了保障自身在全球能源领域立于不败之地，将能源技术顶尖前沿领域内的投入与研发当作发展机遇，加大清洁能源、可再生能源的研发，尽可能减少或不使用化石能源，尽管短时期内呈现入不敷出的现象，但长期看来，却给国家乃至全球环境带来数倍的环境利好成效。总之，德国良好的能源基础远超其他国家，正是这种能源基础和群众环保意识的深入，使得德国的可再生能源发展路径形成具有可靠保障。

目前，全球范围内可再生能源是一个热门议题，但系统性研究在中国并不丰富扎实，对德国可再生能源整个发展与转型路径的研究没有较为系统的研究状态。中国能源研究仍较多集中于传统安全领域，基本从化石能源对国家与国际间政治与安全战略影响为出发点，在国际合作、博弈和互动等方面投入较大，较少涉及可再生能源，尤其是针对德国可再生能源政策的系统性论著十分缺失，本书正是从这一点出发的。与此同时，中国由于能源需求量庞大复杂，主体能源结构以煤炭、石油为主，爆发性增长的机动车、高污染的工厂比比皆是，不仅成为中国政府节能减排上的巨大障碍，更成为影响民众日常生活的重大隐患，再加上雾霾等环境问题的压力，能源转型势在必行。21 世纪以来，中国政府已经下定决心优化能源结构，并在全球范围内做出重要承诺，中国的可再生能源也有突飞猛进的发展，但较短的发展历史、经验的缺乏、政策的不足等使得中国从原始的政策指向性阶段一跃进入风能和太阳能领域的前列，出现各种不平衡、不配套影响可再生能源进一步扩大发展的障碍。因此，中国想要解决能源优化与转型中出现的问题，向已经在新能源发展道路上取得一定成绩的国家获取经验就成为良策。

在此研究背景下，本书从德国可再生能源出发，讨论德国可再生能源是一种创新框架下形成的能源发展路径，通过创新理论范式构建的创新框架来逐层分析德国可再生能源的发展阶段，具体以创新推动的施动者三个层次进行剖析，并详细展现在能源转型中技术创新和政策创新两个创新工具的作用与影响，最终以创新发展逐层递进的早期阶段、示范阶段、扩散阶段及成熟阶段四个步骤来论证德国的可再生能源是一种创新性发展路径是按照创新理论框架逐步推进展开并最终构建的。从 20 世纪 80 年代开始，环境与能源问题逐步呈现上升势头，研究从寥寥无几到迅速增多，并已呈现常态化和多学科化，能源议题在西方国家较早的发展与深化，促使可再生能源在欧美早已成为领域宽广、研究深入的领域，其研究内容丰富且深度和广度都非常值得学习，在主题讨论、理论学习、方法论选择、资料收集方面具有较为完整的系统性。

一方面，围绕德国可再生能源，联邦政府及相关能源管理部门的系列研究报告和年度数据详细扎实全面。德国可再生能源的基础性报告与数据分析是能源研究的根本，20 世纪后半叶环境保护对德国整个社会与政治都十分重要，逐步演变成为贯穿联邦政府各部门的一个基本原则，为此环境保护从来就不是利己或者特殊议题，各个政党也一致强调环境保护的挑战是一场现代政治行动。在实践中循序渐进地发展并深化成为这一代人面临的挑战，这个过程中包括经济和社会保障体系相关部门的可持续资源利用和能源供给，德国摈弃了过去环境经济二分法的错误认知，作为世界上稳定的现代化国家试图在激烈的竞争中谋求更有利的地位，就必须取得进一步的自然友好、资源良性运用。只有整个国家的商业社会和经营个体相信环境与能源可持续发展的重要性，商业才能被进一步加强，而不是削弱，这是目前德国能源基础性报告和数据分析表述的主要内容与目的。比如，每年出版的"德国可再生能源发展报告"包括年度相关所有可再生能源类型和比例的统计数据，历次《可再生能源法》的修订案及相关解读，根据可再生新能源法制定的电价、减税以及行动计划，福岛核泄漏事故后德国的应对行动，可再生能源资源在国内与国际的发展数据统计，还有根据欧盟关于促进可再生资源利用的 2009/28/EC 法令而对应制定的相关行动计划等都是德国围绕促进可再生能源的基础报告、法令、政策及数据分析。

另一方面，欧盟范围内的国别能源研究分析着重于风电、光伏或可再生能源整体政策演变的剖析，能够熟悉可再生能源背后的推动力和关联探索。2011 年决定逐步淘汰核能引发了深藏于德国内部超过 40 年的意识形态矛盾，以至于消极影响了许多人对于技术进步的态度，但德国对能源转型的决心使公众意识到，这个全面而跨部门的创新改造很可能涉及德国方方面面。如果能源转型获得成功，德国将在未来几十年全球经济发展中巩固自己的地位，并在减缓全球气候变化中独占鳌头；如果能源转型失败，会对整个社会的经济发展带来显著消极后果。取得能源转型上的政治与社会共识成为相关研究人员和德国环境部门最重要的工作，因此着重于研究风能、太阳能等突出性可再生能源的发展与成就显得至关重要，尤其从欧盟层面出发探究背后的推动力与关联，成为决定未来成功与否的关键。例如，《欧盟可再生能源手册：欧盟 15 国案例研究》（*Handbook of Renewable Energies in the European Union：Case Studies of the EU – 15*）挑选可再生能源有发展成效的 15 个成员国进行梳理，通过案例研究描绘了整个欧盟在此问题上的发展现状；《绿色经济的力量：标杆电价手册》（*Powering the Green Economy：The Feed – in Tariff Handbook*）和《标杆电价：可再生能源资源配置的加速》（*Feed – in Tariff：Accelerating the Deployment of Renewable Energy*）都讨论了"固定入网电价"制度，由于德国是这个制度较早的推行者也是受益者，在其中占据了重要篇幅；《可再生能源技术的治理推广》（*Government Promotion of Renewable Energy Technologies*）、《风能的改变：风能全球性扩展背景下的环境运动》（*Winds of Change：The Environment Movement of Global Development of Wind Energy Industry*）以及《德国电力市场的可再生能源：创新进程的传记》（*Renewable Energies in Germany's Electricity Market：A Biography of the Innovation Process*）分别针对能源技术、风能发电以及可再生能源整体在德国电力市场的表现进行学理性剖析和数据分析，深入探讨德国环境和能源政策目标的匹配性，在竞争力和就业问题上进行考量分析。"新"与"旧"、"褐色"与"绿色"之间的差别是一种错误认知，环境与能源并不是要牺牲经济发展进行的一场极端冒险，作为现代环境和经济政策的核心，要成功而高效地进行能源体系的转型，商业运行、就业以及尽可能健康与完整的产业链就是发展过程中所必须考量的。换言之，真正健康的能源改革必须给予受影响的区域足够的适应时间和变化。

此外，在能源转型背景下展开的具有不可逆性的能源成本与能源效率等问题也是研究不可或缺的部分。从中长期来看，化石能源价格飙涨以及对环境的负面影响都使得可再生能源成为目前看来最正确的选择，逐步淘汰核能也呈现不可逆转的姿态，未来几十年内，德国逐步转向可再生能源的转型行动十分坚决，但能源体系的转型并不是一味求环境，必须顾及其所在的经济责任，否则可再生能源不仅不会被接受，还会摧毁自身已有基础。除去经济因素，能源转型必须包括社会效应，绝不能因为能源变革引发严重的社会动荡和收入变化，有的研究提出可再生能源最大的问题就是产能无法保存，为了避免产能过剩的问题，政府必须在所有联邦州中针对可再生能源（尤其是风能）的产量达成共识，环境部门也需要考虑针对新能源的电缆铺设问题。总之，能源系统的转型将在德国持续几十年以上，相关研究也会在现实发展变化中不断演进，通过总结、梳理、归纳与展望探索可再生能源创新路径形成中的各类问题。例如，"欧盟能源和环境政策的战略变化"（EU energy and climate change strategy）、"能源系统转型的政治和政策——德国可再生能源技术扩散的解释"（The politics and policy of energy system transformation—explaining the German diffusion of renewable energy technology）和"能源体系去碳化的逐步改变：可再生能源、能源效能和核能的需求研究"（Step changes for decarbonising the energy system: research needs for renewables, energy efficiency and nuclear power）就是围绕能源效率展开分析的，探讨效率与技术作为可再生能源核心要素的存在价值与作用。还有从欧盟不同国家可再生能源发展入手的研究，"丹麦、德国和英国可再生能源电力政策剖析"（Lessons for effective renewable electricity policy from Denmark, Germany and the United Kingdom）、"风险降低的效果：英格兰、威尔士及德国固定入网电价的可再生能源责任对比"（Effectiveness through risk reduction: a comparison of the renewable obligation in England

and Wales and the feed – in system in Germany）等着重于可再生能源电力领域的创新。当然，德国作为可再生能源电价领域的领头羊，如何通过政策与制度设置调整发展也是重要研究领域，"可再生能源发展的先进机制——德国可再生能源行动未来的演化模型"（Advanced mechanisms for the promotion of renewable energy—Models for the future evolution of the German Renewable Energy Ac）、"标杆电价补偿机制分析：可再生能源投资的启示"（An analysis of feed – in tariff remuneration models：Implications for renewable energy investment）等都对不断变化中的能源制度与创新进行了梳理探索。

如果说相关的能源创新理论文献为本书提供了理论支撑架构，那么关于德国、欧盟及相关国家的可再生能源政策、法律和制度的分析提供了能源研究的基础，当然德国联邦环境部数年完整而详尽的报告也是不可或缺的资料，通过这些文献基本可以梳理出德国可再生能源路径发展的结构、历程、制度及目标等，也完全可以构造出创新框架在施动者、创新工具的推动下，最终通过四个阶段形成发展路径的具体内容。中国方面，也可以通过研究分析相关文献获得中国可再生能源发展的全景图，以风光无限的风能、经历大起大落的光伏，以及饱受环境争议的水能等几类重点可再生能源在电力市场上的表现就可以看到中国可再生能源发展的路径，并通过论证德国可再生能源发展路径的创新性形成，从施动者、技术创新和政策创新的创新工具和最终形成进行对比分析给出中国可再生能源发展一定的借鉴意义和经验。总而言之，正是通过创新理论、德国可再生能源及中国可再生能源三方面文献的汲取，使得本书有存在的可能，也为全书的核心假设提供了基础。

在德国，目前可再生能源在部分领域的发展已经超过预期目标，早在2012年年底，德国可再生能源在电力中的占比就超过20%，2017年占比达到36%，已经提前超过2020年35%供给比例的中期目标，于是在电力领域扩张直接变成了电网铺设跟不上可再生能源产量的问题，同时也体现出缺乏相应降低成本和市场融合的激励政策，国外研究基本集中于这些问题展开，并没有试图探索归纳德国能源政策的发展在以可再生能源为核心的基础上，已经形成一个系统而完整的创新路径。同时，国内的研究基本视角着重于中国，定期跟进目前风生水起的风能与光伏市场，从2005年以来，中国可再生能源产业链在政策法令的扶持下快速形成，风电具备千万千瓦级的总装机能力及相应的零部件制造能力，海上风电的建设迈出了重要步伐，极有可能成为下一个潜在爆发领域，光伏市场也在全球名列前茅。但在专注国内可再生能源发展的同时，并没有意识到成功的能源转型道路绝无可能一步到位，要在反复摸索中曲折前进，因此想要持续顺利发展，闭门造车绝无可能，对能源转型先行一步且具备成功经验的国家进行研究剖析学习，才有走向成功的可能。德国的可再生能源发展路径是目前全球的榜样，这种参照研究也是国际问题研究领域最普遍采用的做法，全书将提炼创新相关理论框架和可再生能源政策具体内容，通过创新理论这个新的模式针对德国进行对比匹配论证，并最终证明德国的可再生能源是不同以往的创新发展路径，这是本书的立足点，也是本书最重要的创新之处。

第二章
能源创新理论

第一节　创新理论的演化与发展

1911 年，熊彼特《经济发展理论——对利润、资本、信贷、利息和经济周期的考察》① 德文版第一次出版就引起轰动并成为划时代的经济巨著，其中提出的创新理论是最重要的贡献，也是目前最著名的经济学理论之一。在此书中，熊彼特首次表示经济增长并非均衡变化，认为创新理论就是指创新性地把生产条件和生产要素的新组合导入生产体系中，其中包含新产品的引进、新技术的引用，即新生产方法、开辟新市场、控制原材料的新供应来源以及实现任何一种工业企业新组织四种情况。在 1934 年该书出版英文版时，使用"创新"（Innovation）这一词汇，熊彼特还在同时代自己发表的英文文章"资本主义的非稳定性"② 中提出创新作为过程的存在，并在不断完善中详细阐述了创新理论概念，强调经济发展的目的主要是针对整个资本主义社会不断进行整合与重组，尤其要在创新方面发挥

① 约瑟夫·阿洛伊斯·熊彼特. 经济发展理论——对利润、资本、信贷、利息和经济周期的考察. 叶华，译. 北京：中国社会科学出版社，2009.

② Joseph A Schumpeter. The Instability of Capitalism. Economic Journal，1928（38）. Reprinted in Schumpeter. Essays Oil Economic Topics. By R V Clemence，Port Washington. NY：Kennikat Press，1951：70.

企业家即经济主要推动者的能动性。具体而言，熊彼特的创新理论主要包括以下几个方面：

第一，创新范畴的界定。创新产生于整个生产过程，促进经济发展的核心机理就是必须在内部有自发的变化，而不是由外部环境被迫强加，这种过程内部展开的变化就是所谓的创新，也是众多重要经济现象与问题的原因所在。在经济发展中的创新，必须具有革命性效果，能够对经济进程产生重要影响，而不仅仅是一个温和的变化。创新作为一种新建立的生产函数，将前所未有的生产要素和生产条件进行全新组合引入生产体系，通过形成新的生产力获得最终潜在的利润价值。熊彼特将引入新产品或产品新特质、使用新技术、开拓新市场、获得新的原料供给及新的产业组织涵括在创新范畴内，强调包括新产品、新工艺以及将创新成果转化为市场利润的全过程都属于创新。

第二，创新价值的界定。从根本上区分创造与发明的截然不同，先有发明才有创新，发明是对新工具与新方法的创造，是指首次提出某种从未存在的新工具或新产品的想法，属于科技行为。而创新是新工具与新方法的应用，将发明的想法付诸实践，通过应用创造出新的价值。换言之，没有创造新的价值就不能称为创新，属于经济行为。发明和创新过于紧密的联系使得很难对两者进行清晰区分，时间差成为区分两者最重要的工具。时间差的存在意味着发明在出现之时，并不具备商业拓展潜质或者商业化的条件，需要通过后续不断的补充和创新才有可能完成创新阶段，符合进入市场的资质。一般而言，从发明到完成创新，再到创新扩散完成商业成熟化，是一个曲折而漫长的过程。

第三，创新主体的界定。在熊彼特最初提出创新思路时，主要关注点在于垄断和企业家，认为资本主义社会长期经济发展和结构变化是重点，强调两类人群是创新的主体，一类是传统意义上的企业家，以优秀的个人特质为前提，能够在创新的未知面前承担所有风险和失败，在熊彼特的定义中实现生产过程的重新组合最终就是企业的形成，而操控的人则可以称为企业家；另一类就是资质平庸的模仿者，主要专注于创新后的模仿和常规性事务管理工作，因为创新并非一蹴而就，单打独斗无法实现创新，只有在大量研发资金和精力投入下才能实现，并依靠逐步规范化与制度化获得价值。这两类群体都必不可少，为此大型企业的垄断也不可避免，并在情理之中。创新过程中，创新主体的主要职能不仅仅是广义上的管理与经营，而是将重点转向其是否能进行这种重新组合。换言之，就是是否能进行创新，推动经济不断发展。

第四，创新行为的界定。企业家作为创新主体的主要部分，要通过对可配置生产要素的重新组合，实现资源再配置，才有可能推动创新的发展。经济行为本身是一个逐渐质变的过程，经济的发展会在某些特定的历史时期通过创新驱动而发生质变，进入另一个高度或层次。在熊彼特眼中，创新贯穿整个资本主义经济发展、繁荣、衰退、萧条和复苏的周期，是决定经济发展的核心要素。在熊彼特生活的时代创新行为更像是对解决新问题提出新思路的企业家和传统社会惯性之间斗争妥协的结果，但20世纪下半叶更多的创新行为不再是个体行为，表现为存在于大型企业和组织之间，这也是创新行为伴随时代发展的一种演变。

第五，创新效果的界定。按照熊彼特的分析，创新理论可以高度概括为"发明—创新—扩散"三个步骤的模型，创新想要具有革命性效果，就必须是一种创造性的毁灭并重建，其中扩散成功是关键。经济发展是具有竞争性的，在经济竞争状态下，毁灭和重建是不同经济实体的转化，伴随经济实体的不断扩大，创新的效果更主要以经济过程的自我更新为主。创新是经济发展所必需的，因为经济发展与经济增长有所不同，前者是经济流通渠道进程中的一种自发性变化，同时具有间断性，可以对经济平衡造成干扰，不断通过新的平衡取代旧的平衡；后者则仅仅是人口与资本增长的一种自然叠加。因此，熊彼特提出的经济发展理论是对上述这种经济现象和伴随过程的总结，这种经济发展就可以定义为一种重新组合，也是创新效果的检测器。

熊彼特作为首次提出创新理论的开创者，虽然分析了创新的具体范式，但并没有细化到各类创新领域，随后的学者围绕创新的不同层面展开了探索研究。创新的类型十分广泛，包括技术创新、产品创新、制度创新、组织创新及市场创新等，熊彼特的追随者主要在技术创新和制度创新两个领域拓展研究，并取得了一定成果。技术创新着重于技术革新与技术推广，旨在通过技术的升级解决当前存在的瓶颈，制度创新更看重制度变革与制度落实带来的革命性效果，在全球跨国企业成长发展的进程中通过创新性的制度获取理想结果。

技术创新理论的主要代表学者有索洛（R. Solow）、埃德温·曼斯菲尔德（Edwin Mansfield）、南希·施瓦兹（Nancy L. Schwartz）、莫尔顿·卡曼（Morton I. Kamien）、克里斯托夫·弗里曼（Christophe Freeman）等，研究范畴拓展到技术推广、技术创新与市场关系、企业规模与创新效率等，强调技术创新和革新在经济增长中的决定性作用，必须理解技术创新内在相互作用的复杂过程。索洛在评价熊彼特理论时指出，创新需要通过创新思想的来源和随后阶段的推广与实现来成立，这是技术创新概念的一次清晰界定。他认为，美国 20 世纪上半叶在工业与制造业领域获得的成就八成以上归功于技术创新，但技术创新并非一劳永逸的良药，在面对市场出现技术创新失效，或者无法解决问题满足社会经济发展时，还需要补充采取其他间接手段重新推动技术创新的正向作用。曼斯菲尔德深入技术推广，研究新技术在扩散推广过程中的影响因素和阻碍原因，从中归纳出优化推广模型。施瓦兹与卡曼更多探讨技术创新与市场结构的关系，认为企业的垄断与竞争对技术创新具有直接影响，提出有利于技术创新的最优市场结构模式，只有在竞争激烈、企业规模庞大的情况下，技术创新的内在动力才会出现，并为了获得更大市场而提高效率，垄断也不例外，高度垄断获得强大的市场控制力，才能确保技术创新的稳定与持久。总之，技术创新的复杂过程包括发明的成果、资本投入保障、组织推广、计划制度、产品测试、市场投入及推广等全部环节，是一个综合行为模式，在理论上主要涉及新产品、新流程或新装备等形式在内的创新技术向商业市场投入的成功落地。

制度创新理论以道格拉斯·诺思（Douglass C. North）和兰斯·戴维斯（Lance E. Davis）等为代表性学者，这里的制度指的是具体的政治经济制度，如企业管理制度、金融体制等，通过结合熊彼特的创新理论和制度派的相关制度理论，讨论什么样的制度会对国家社会经济增长产生更积极的影响。两位学者在合作的文章《制度变革与美国经济增长》①中正式提出制度创新理论，一种经济组织形式或经营管理模式的革新，回顾历史时期标志性的经济增长周期，技术并没有发挥决定性作用，制度的革新才会带

---

① Lance Davis, Douglass North. Institutional Change and American Economic Growth: A First Step Towards a Theory of Institutional Innovation. The Journal of Economic History, 1970, 30 (1).

来技术创新，因此制度创新是整个人类社会经济发展不断进步的根源。研究发现，新技术或新工艺并不会主动出现，发展的动力在于创造者，如果对于技术创新的开创者没有足够的推动力，人类社会新技术和新工艺的进展就始终缓慢。换言之，在通过制度创新出现近代产权制度后，创新的个体可以通过产权制度收获足够动力推动技术创新的效率和进程。诺思指出，虽然人类对未知事物的好奇确实可以不断带来技术革新，但并不会出现大规模的创新浪潮，持续性不间断为改进技术付出努力，需要科学的激励与管理，也就是提高创新个体收益才能得到。创新随着市场的扩大而增加价值和利润，市场规模越大，技术革新效率越高，推动两者关联的就是制度创新。客观情况下必须承认技术创新的重要性，比如技术创新带来的操作成本降低，提高潜在利润率等，更强调制度创新对技术创新的决定性作用，因为在社会经济效率的整体提高与革新中，制度是关键。

此外，国家创新理论也是发展进程中出现的一个流派，冷战结束后世界朝着多极化方向迈进，国家竞争力成为各国把控世界话语权的关键，大家的关注重点逐步转移到技术创新，传统的基础研究被边缘化，国家层面开始注重知识的创新、转移、扩散和具体应用，技术创新和制度创新逐步演变为国家系统创新，由此出现国家创新理论。最重要的特征就是创新并非单项发展，而是一个复杂体系，需要从社会经济的宏观层面推动技术创新差异性，以更多元的社会文化视角来对待企业技术创新和制度创新的差距。

熊彼特的创新理论及随后发展的技术创新和制度创新理论在探讨创新的各项环节中并没有细化创新扩散的环节，但熊彼特的创新模型"发明—创新—扩散"中最后一环至关重要，因此创新的扩散在学者 E. M. 罗杰斯（Everett M. Rogers）的研究中得到了充分阐述，他提出了创新扩散的要素、创新—发展过程、创新—决策过程、创新扩散的网络及结果等一系列论述，弥补了原始创新理论关于扩散的不足。

作为创新最后一步落地环节，扩散需要创新在特定的时间段内以特定的渠道，在特定的范畴内传播，这种传播是一种涵括新信息和新观念的特殊传播，扩散作为一种社会变革，在社会经济体系中会引发结构和功能的变化。罗杰斯认为，创新扩散的要素除了最重要的一点即创新外，还包括拓展渠道——让创新点在特定群体中能够尽快被接受、时间维度——衡量创新在体系成员内被接受比例的时间段、社会体系——体系结构内成员或个体在不同方面均会影响创新扩散的效率。

创新—发展过程包括对亟待解决问题或需求的认识、决策、行为、研发、扩散、商业化等系列环节，其中最关键的问题就是何时向潜在群体开展创新扩散，对创新进行及时反馈。创新—决策过程需要经历对创新的初步认识、形成基本创新态度、决定是否接受、执行创新理念和想法、确定选择与决策五个环节，这一系列行为本质包含用新方法取代已有观念，需要随时面对不确定性。扩散是否真正落地就存在于认识、说服、决策、执行和确认的过程中，一旦中间某个环节出现问题，均可影响创新扩散的效果。创新扩散完成后，必须面对创新结果，因为最终接纳或拒绝某种创新，都会在相关群体和范畴内产生某种改变，创新与扩散都是实现最终目标的某种方式。也就是说，只有接受创新的结果，才意味着整个创新过程的落地与实现。

总之，经济发展的核心在于创新、新旧组织的更迭，企业家作为创新的推动者使得经济不仅能够提高量的维度，还能周期性进行质的提升和发展。熊彼特的创新理论在此后延展到能源领域同样适用，经过大规模的技术革命和经济膨胀发展后，能源已经成为一项能够影响人类社会整体进程的重要议题，有效地提高能源消耗效率并尽可能减少与能源相关的经济、政治以及环境成本变得刻不容缓，正如创新推动经济发展，能源不能仅停留在数量的堆叠之上，而要借所谓"企业家"的手进行创新，手段就成为关键。经济增长和环境保护始终是一个矛盾悖论，快速增长的 GDP 背后是以生态环境破坏为惨痛代价的能源密集铺垫，资源困境在过去半个世纪的消耗下逐渐显现出来，于是面对未来能源发展所面临的困境，以可再生新能源为代表的能源创新就成为能够突破传统能源困境的希望。从 20 世纪末开始，以熊彼特创新理论为基础，能源创新理论开始不断拓展与深入，逐步构建形成目前相对完整的理论体系。

第二节　能源创新理论的形成

20 世纪后半叶随着科技发展以及经济的突飞猛进，在全球化时代能源逐渐演变成影响国际格局的重要议题，尤其是 70 年代以来全球范围内爆发的石油危机直接引发了能源价格飙涨以及相关能源安全和资源匮乏的一系列问题。因此，基于全球日渐严重的能源危机，从熊彼特创新理论中摘取要素，着重于能源发展的重要背景情况，出现了能源创新理论发展的重要节点。能源创新理论在罗伯特·玛格利斯（Robert Mark Margolis）、维克·诺贝格（Vicki Norberg）以及阿布吉·桑格（Ambuj Sagar）等学者的研究中不断成熟发展。

能源创新理论学者罗伯特·玛格利斯在一篇关于能源领域如何理解技术创新的文章[①]中针对太阳能技术的创新案例进行分析，提出在生态环境与资源匮乏的大规模破坏下，能源创新可以对能源行业的整个发展轨道发挥至关重要的影响与作用。面对这种创新，社会需要做的就是建立一套高效且具有鼓励性的能源系统引导机制。在他看来，能源创新过程是创新施动者与创新工具之间互相影响与作用的过程，称为双向交叉链式过程。熊彼特在创新理论中提出企业家是创新的关键主体，发展到能源创新中，能源企业作为主要参与者，政府作为调控的推动者就是调节市场最重要的组合性施动者主体。能源技术研发产出成果的不确定性和能源技术的外部效应使得能源产业中许多企业尽管可以看到高额的投资回报收益率，但仍旧会继续选择保守的发展计划。在这种背景下，政府不得不被动地选择到能源创新的主要施动者位置，否则根本没有创新生存的空间。玛格利斯的观点中，尽可能弱化了政府公共部门的主导角色，增强企业作用的供给与需求色彩，即政府增加资金投入用于推动企业能源创新研究，通过参与者的

---

① Robert Margolis. Understanding Technological Innovation in the Energy Sector：The Case of Photovoltaics. Princeton University，2002：13.

互动推动能源技术的发展。

维克·诺贝格在此基础上，进一步提出了能源诱导性创新理论①，具体而言，指能源的技术研发投入和相关新市场的拓展是能源创新起步和扩散最重要的诱导因素。随着全球性气候和能源政策体系的变化，能源技术已经呈现一种动态趋势，即通过能源需求和供给变化可以直接影响能源创新，其中关键性影响因素主要是能源价格。此外，基于能源的外溢性特征而带来的能源附加值提高也包括在内。

在这些学者的研究基础上，阿布吉·桑格逐步完善了能源创新体系的独立性，提出了未来能源应有的三大挑战，具体为提高落后地区的能源消耗质量、减少对化石能源的依赖以及在尽可能不破坏生态环境的前提下满足人类社会经济发展的能源需求。从创新的角度出发，作为人类社会发展面临的三大能源挑战，可以通过全方位分析能源发展的创新投入、技术、政策、发展过程以及创新网络来建构能源创新的理论框架，令其进一步具备现实指导意义。其中对能源及能源技术进行界定十分重要，能源主要包括可再生与非可再生能源。前者是目前能源发展的主流趋势，以太阳能、水能、风电、地热等为代表；后者主要包括石油、煤炭等化石能源，是直接影响国际格局和国家安全的重要因素。而能源技术是指原始资源从勘探、开采、运输直至经过后期加工处理后成为直接能够使用的相关能源技术，大部分便利终端使用的二级能源技术，包括汽油、电以及通过电力提供照明、电器使用、电力和汽油对机动车辆的驱动为主的二级能源转换技术等。在此基础上，能源技术创新的概念明确指全新可替代能源技术的研发、投入与发展，同时还包括对已有能源技术的改进，比如进一步提高能源效率、降低能源成本，以便获得更加广泛的商业接纳和发展。

从整体来看，在能源创新过程中，通过创新的投入、创新的产出、创新组织形式以及创新的控制四个方面构建了能源创新理论，并在上文提到的双向交叉链式创新过程的基础上，将整个能源创新过程详细划分为基础研究、应用研究、技术发展、商业推广以及技术扩散五个交叉链式阶段。基础研究作为创新发展的第一步，主要指各领域的投入，比如材料、地

---

① Vicki Norberg – Bohm. The role of government in energy technology innovation：insights for government policy in the energy sector. Harvard University，2002：89.

质、生物能源以及计算机等，当然也包括政策设计，通过研究来模拟真实市场条件，以便对新技术的接纳和运行程度进行分析。此外，新的能源技术在经过研发阶段后，往往面临许多后续资源的配置问题，比如能源成本过高、基础设备配套不到位、流动资金匮乏以及能源信息不对称和融资约束等，意味着必须进行深入的技术创新拓展，通过形成被市场肯定且接纳的商业模式，反作用于推动创新技术的扩散。能源创新理论肯定并倡导政府的公共部门和企业开展技术创新的合作机制，因为通过这种合作机制可以有效降低由于能源创新结果不稳定或不确定而引发并形成的高风险抑或失败。在能源创新的早期进程中政府具有重要推动和引导作用，必须肯定政府作为施动者的重要组成部分，尤其是在创新的控制方面，伴随技术的进步和时间的不断调整和推进，能源政策和战略上的创新就变得同样重要。总之，能源创新理论的早期研究贡献主要为两个部分：一是清晰能源技术创新的概念；二是建构能源技术创新理论的体系框架。

政治制度与政策涵盖内容复杂，群体、网络以及人物个体的流动性促使创新呈现的更多是学习性，这个特点说明非线性模型以及创新系统已经开始发挥重要作用。但政治制度和政策与经济制度相比，往往呈现一种滞后惯性，虽然随着时代特征在不断变化，但固有的本性往往使这种变化来自落后制度的被迫改革。换言之，政治制度或政策都是在不得不改变的状况下发生的。当然并不能因此否认动态变化的存在，但这种少数存在也是来源于创新学习的过程。从政策本身的范式、反应以及代理结构进行提升，对政策体系的整体把握就成为创新学习的关键。因此，传统的战略安全或国际理论视角已经无法完整覆盖此类议题，创新理论的发展及其视角就延伸到了环境与能源政策领域。

罗伯特·雷德菲尔德对社会科学的定义为"暧昧、不稳定却异常重要"，并认为所有相关问题都涵括在内。以可再生新能源为例，能源政策始终随着市场、施动者以及环境三个要素在变化，在试图取得利益和环保的平衡中摇摆，这里所指的施动者主要是指能够影响和左右政策与投资的对象。相对于化石能源的低门槛条件，可再生能源由于基本带有政府补贴和扶植色彩的先天性不足更加令其无法摆脱暧昧的色彩。如果要全球范围内在可再生能源方面发展成为排头兵和领先者，一方面必须考虑可再生能源投入的成本与化石能源的比例平衡，另一方面还需考虑相关技术和产能虽已摆脱实验性阶段，但仍离成熟较远，也会间接影响其稳定性。异常重要是很关键的一个特点，能源政策的重要性关系环境、政治、经济及每个人的日常生活，化石能源作为国际战略性资源，日益严重的气候环境问题使得化石能源的地位一再受到冲击，于是作为缓解环境问题及全球变暖最有效手段的可再生能源就成为世界各国和国际社会的重要议题。雷德菲尔德也提到，由于政策提供了"可以使规定变为现实"① 的可能性，当政府和民众都意识到能源必须成为关系国家发展命脉的重要一环时，政策就成为连接双方的桥梁。

20 世纪许多关于能源技术创新的模型已经被提出并发展，最初创新模型是呈现线性的，通过研究提高技术，进入开发阶段，然后进行示范，最终将技术创新在市场环境中进行扩散。但很快这种线性模型就被修正，变为双向捕捉或所谓"链式"互动影响。玛格利斯将这个模型进行进一步拓展，在能源技术创新整个系统中强调行为参与者和公共政策在推动过程中的重要作用。另一个由大前研一提出的模型主要以日本能源技术发展为范本，认为研究、发展、示范以及部署落实几个阶段并非各自独立存在，而是相互影响、相互作用共同推动更加有效的集成创新。目前看来，能源技术创新早已脱离早期的单一发展模式，转为不同阶段多元动态反馈的综合，"通常而言，创新的阶段是渐进、累积并能够同化的，在基础及应用研究、示范、突破技术壁垒、商业化及落实部署、技术扩散的创新过程中实现"②。因此，国家间的技术转移通常被认定为扩散的一部分，在早期也不无发生的可能。

早期基础研究阶段指还在探索阶段的研究，可能具备一定推广潜力，但仍未走出实验室。应用性研究则不同，是指针对已经具备应用能源技术的提升或革新，目的在于结合基础研究把创新真正推动到发展阶段。能源技术创新的发展不仅会对能源本身有利，同时也会促进非能源领域的发展。比如，为了完善喷气式发动机功能并大幅度提高能源效能，运用隔热涂层的先进材料可以在发电厂中的燃气涡轮机中使用。

---

① Robert Redfield. Social science in our society. Phylon, 1950（11）：39.

② Ken - ichi Imai. Patterns of Innovation and Entrepreneurship in Japan, Evolving Technology and Market Structure：Studies in Schumpeterian Economics. University of Michigan Press, 1991：56.

　　大多数欧美工业化国家早期对能源技术创新的投资主要来自政府，因为前期无利润的状况使得政府必须做出公益性支持，但显然这种现状已经被越来越多的私人领域投资所打破，部分原因可能是企业在内部规划过程中需要进一步创新性研究以支持商业部署，而且企业如果有投资计划，在创新领域宜早不宜迟是真理。各国政府都逐渐意识到，对于能源技术创新的私人投资往往要比政府投资更为高效，有目的性且能够更好地适应此后的发展、示范以及技术扩散阶段，更重要的是能够更好地针对市场做出创新，并在此基础上获得预期回报。当然政府的可持续投入是必不可少的，因为在一些涉及国家战略安全以及未来长久发展的关键性领域，私人投资不仅匮乏，而且也没有足够的能力去完成，例如核能和可再生能源的研发。当然在一些必须有政府支持和参与的大型能源创新领域，已经逐渐呈现出行业、大学、智库、专业科研机构、商业机构、企业等多方综合投入影响发展的趋势，这种多元结构也是能源创新能够继续发展的希望。

　　创新示范阶段在帮助技术创新更加贴近于市场方面能够起很大作用，比如在真实商业领域内测试新技术，收集相关技术和经济数据，用于进一步完善与改进技术，提高商业化的潜能，或者将技术进行扩大规模测试。因为大部分创新技术都是由实验室而来的，必须经过更大规模的检测和运行才有真实投入实际的可能，发电厂就是最好的例证。过去几十年，出于综合影响因素的缘故，示范阶段越来越多的政府投入和影响被肯定，造成这一现象的主要推动力在于技术创新研究和商业化两个阶段之间出现的经常性障碍，也被称为"死亡之谷"；另外一个推动力在于公共性产品和全局性考虑必须由政府付出，如减少石油依赖、降低温室气体排放等问题，如果没有政府干涉，技术创新就无法走出实验室，往往在"死亡之谷"面前就会夭折。

　　一般而言，落实部署阶段也被称为成熟阶段，界定比较模糊，因为涉及成本、信息、市场组织、基础设施、相关规定以及资本存活周转等一系列问题，再成熟的技术在商业领域的顺利开展也需要漫长的周期。这里必须区分早期落实部署与广泛性部署两个类型，早期落实部署主要在于对能源市场的协助开发，促进购买以便降低成本，同时帮助技术达到引爆点，以便获得更广泛的商业部署落实。最后扩散就是指"随着时间推移，社会体系中各成员的创新沟通"①。

在此基础上，能源创新框架从纵向结构来剖析主要由施动者主导，分为政府、企业和其他参与者三个层次。

首先是政府层次。在能源创新体系中，政府及其下属相关部门的主要作用在于推动与调控，为此分析重点就集中在政府及其所属相关部门的角色定位和政策载体行动的研究之上。在能源创新理论的发展过程中，政府的角色和作用一直是分析和讨论的焦点，玛格利斯等学者一致认同政府应当是基于市场失灵的政策导向者这一观点，政府直接通过制定和修改相关政策来影响企业的决策，进而间接促进能源创新。客观来看，除去间接影响，由于创新前期的巨大投入，政府已经能够越来越直接影响能源创新进程，只有政府操控才能介入能源创新的前期过程，最大可能地忽略庞大资金投入产出压力，将创新进一步推向公共领域。

在政府部门扮演能源创新主要角色的同时，私人部门也逐渐崛起。对于市场而言，它们比政府更具灵敏性与敏感度，更善于挖掘创新的突破点以便顺利进入商业市场。与此同时，由于能源产品的公共性质，政府及其相关部门还需要通过采取补贴的政策方式来缩短并弥补公共和私人部门之间对于能源创新的差距。除了政府部门对能源创新相关研发的资金投入和项目扶植以外，创新政策引导下的能源技术研究以及专门针对能源市场进行的商业化努力也十分重要，因此以知识和信息为载体的创新政策是政府部门的重要部分。在日本，政府通过经济、贸易、工业等部门在创新中扮演强有力的重要角色；欧洲强调并看重跨国间的合作和协调；美国注重公共部门与私人领域间的伙伴关系，当然私人部门更具灵活性和活动空间；发展中国家政府则将焦点对准需要发展和投资的能源技术创新。其实，这些背景不同的实体完全可以在一定范畴内开展国家间或国际性合作。

政府真正开始关注能源创新起始于20世纪70年代的石油危机，投资在80年代达到了一个顶峰，随后又不断下降。日本是唯一一个始终维持高投入的工业化国家，80年代日本对于能源创新的投入还没有美国70年代投入的一半多，但现在早已超过美国，主要集中于新兴技术的补贴政

---

① Ambuj Sagar, Bob Van Der Zwaana. Technological innovation in the energy sector: R&D, development, and learning – by – doing. Energy Policy, 2006（34）: 2604.

策。1993～1998 年，日本政府仅光伏行业的补贴就接近 2 亿美元，同时连带商业市场投资有 3 亿美元之多。根据国际能源署估算，两国在能源创新研究上的投入占据能源总体投资的 75% 之多。核能、燃煤清洁技术、可再生能源都是投入的主要项目，必须承认这些投资十分巨大，没有政府参与根本无法运转。以欧盟为例，针对研究和技术创新而设计的框架计划，第五次研究框架计划（1998～2002 年）为了清洁能源、经济和效能能源计划投入 10 亿欧元，第六次研究框架计划（2002～2006 年）为可持续能源系统投入 8.9 亿欧元，而地面运输才投入 6.7 亿欧元。

其次是企业层次。能源技术研究投入以及学习机制是推动能源技术变迁的关键因素，也是推动能源体系发展、历史转变的基础，其中企业作为能源技术研发的主体，是整个能源创新体系中最基础的组成部分。[1] 伴随技术革命和经济的发展，大多数发达工业国家针对能源创新的投入从 1970 年开始逐年攀升，主要是当时石油危机影响所致，随后由于能源创新的不确定性，资金投入开始减少。直到 20 世纪末，伴随能源危机的再次爆发和可再生能源的起步发展，相关新能源企业的资源和竞争力、对新能源的态度以及未来份额比重等才成为企业角色关注的重点内容。但仅关注能源技术本身而言远远不够，更关键的还在于政策与商业的结合推广，特别是在没有政府的扶持和补贴后，新能源能否作为独立能源类型与传统化石能源竞争，或者占据稳定的市场都需要考量。只有新能源技术从研发到商业投入都获得认可并保持稳定运行，才能真正带来能源创新的转变，否则只能始终处于实验室阶段。经济规律表明，市场中新兴技术会逐渐演化成为固有的传统技术，继而伴随时间的推移不可避免地降低成本，因此想要降低新能源技术进入市场的门槛和难度，就需要通过学习机制来解决这个问题。

最后是其他参与者。除去政府和企业之外，完整的能源创新体系还需要以科研机构、大学研究所以及相关金融机构进行补充，促进创新深入展开。在大多数情况下，政府、企业以及其他参与者合作的模式可以有效降低投资风险，进一步保障能源创新的商业稳定性，还能推动私人部门不愿

---

[1] Ambuj Sagar, Bob Van Der Zwaana. Technological innovation in the energy sector: R&D, development, and learning – by – doing. Energy Policy, 2006 (34): 2605.

意进行但具备公益性质和色彩的项目，例如能源安全供给、温室气体减排等。相关研究机构在其中有关键性连接作用，科学性的能源技术创新不仅是政府的需求，也是企业的渴望，同时创新研发作为一种知识，也是一种教育和交流的过程。在许多国家，能源技术创新投资的庞大规模注定任何一家单独研究机构都无法承担，合作成为必然，公共与私人伙伴关系通常被用于共同承担投资和成本风险，为方便创新过程而创建网络，刺激那些如能源安全、全球气候变化等可能极难短期获得利润和回报的能源领域研究。当然私人领域参与也是重要部分，主要目的是提升自身企业能源效率、提高或革新产品，以便在商业竞争中获得优势。

相对于纵向结构主要针对推动能源创新的主体，也就是施动者，横向结构则将焦点放在创新工具之上，是专门的能源技术创新和相关的政策创新。在可再生能源产业的形成过程中，技术创新的投入毋庸多言，相应的政策研究也开始日趋成熟。首先是对政策创新的推动力进行剖析，其中石油危机引发的石油价格飙涨所带来的能源安全和资源匮乏限制的问题成为最主要的驱动力，而伴随全球范围内温室气体减排和可再生能源技术的发展都充分证明了生态环境对能源创新的推动。上文提到，供给与需求的双边政策是能源创新理论早期的理论模型，其中推进供给政策由直接研发资金的投入、国家科研机构的研究以及相应的税费等政策改革制度组成，而需求拉动政策则主要由直接购买计划、福利计划以及环境和技术标准的制定三部分组成。

例如，一方面，英国早年制定了非石化能源责任书，德国则制定了可再生能源税费制度，同样作为可再生能源迅速发展的国家，加拿大制定能源创新框架，即通过双边政策提出要建立系统化的渠道来促进本土的能源技术研究。其中，加拿大创新框架主要由资金支持投入与传递机制政策两部分组成。资金支持政策强调未来政府部门应该对能源技术研发的投入在10年内翻倍，企业比率至少占比达到3.8％；传递机制则通过建立系统化的技术评估、技术交叉领域管理、能源技术数据分析和诱导政策制定的方法促进创新；另一方面，更多的案例还体现在政策配置中，很多国家都通过积极制定公共政策的方式，在可再生能源领域推动并改善能源新技术在市场中的早期配置，为了确保某一方面的显著优势，有些国家致力于特定类型的能源新技术推进，日本和德国对太阳能和风能的推广就十分典型。

目前，日本境内大约40%的电力均来自太阳能，而德国作为全球范围内风能领域的佼佼者，对于风能的研发与推动建有一套从开始投资到最终推广过程中全方位渗透中央和各个地方的风能技术应用政策。

除了能源创新的纵向结构和横向结构，整个能源创新框架的形成并非一蹴而就，而需要分阶段展开进行才能形成，具体的阶段大致可以分为早期阶段、示范阶段、扩散阶段与最后的成熟阶段。学者葛兰素（B. P. Ó Gallachóir）在自己的文章中将能源技术创新政策分为政策创新、生产政策以及政策配置三部分，强调只有有效的政策组合才能有助于能源技术在短期内迅速发展，其中创新早期阶段培育至关重要。通过具体分析丹麦的风能和爱尔兰的潮汐能项目创新点可以发现，早期阶段的创新焦点主要集中于创造所谓的用户市场，并借此促进用户和生产者之间的互动，政府应该建立专业的能源政策及咨询部门，进一步增加能源研发投入，通过相关税费体制的改革以及能源市场的整合和能源装备的标准化等一系列政策制定相应对策。① 学者诺贝格（Vicki Norberg – Bohm）通过美国电力领域中硫化物燃烧的技术创新及普及来实证研究，示范与扩散阶段可以进一步将双边政策具象成为由政府主导的双边政策。换言之，想要将技术立法符合环境标准，政府主导的能源技术就必须证明硫化燃烧技术是供给和需求双边政策的关键，但同时也认为双边政策并非完美选择，借此来彻底刺激终端能源市场的消费和使用仍然困难，需要对能源技术继续开展持久性需求推动。例如，在能源需求不断的后期阶段针对技术竞争力、技术成熟度选择以及可替代燃料对能源成本影响等不确定因素进行项目评估。② 乔勒·奈丽（Joelle Noailly）则通过案例，对荷兰过去30年专利数据分析公共政策与技术创新之间的关系，认为在创新成熟阶段荷兰以专门建立能源部门，推动相关能源立法及能源技术创新的投入等行动真正显著提高了能源技术、政策创新和专利数量的增加。③ 总之，通过对能源创新理论的梳理分

① G Dalton, B P Ó Gallachóir. Building a wave energy policy focusing on innovation, manufacturing and deployment. Renewable and Sustainable Energy Reviews, 2010（14）：2246.

② Santiago Banales – Lopes, Vicki Norberg – Bohm. Public policy for energy technology innovation: a historical analysis of fluidized bed combustion development in the USA. Energy Policy, 2002（30）：1177.

③ Joelle Noailly, Svetlana Batrakova. Stimulating energy – efficient innovations in the Dutch building sector: Empirical evidence from patent counts and policy lessons. Energy Policy, 2010（38）：7812.

析，最后在逐渐演变发展中将整个创新过程归纳为四个阶段，所有的创新行动都贯穿在这几个阶段中进行发展，最终构建形成一个完整的创新框架，其中技术转移是伴随整个创新阶段的要素与手段。

从国际角度来看，技术转移可以分为有形和无形两类，如有形的机械设备和无形的技术知识等。国际性技术转移当然也存在于这两种类型中，其中无形的产品设计和制造能力更为重要。技术转移就像连接知识与需求的道路一样，是一个累积学习的过程——一个将所有参与者囊括其中的沟通与教育过程。当然由于许多国家早已市场自由化，技术转移就主要出现于市场之中。部分观点认为，部署落实阶段尤其早期必须重视政策和竞争的作用，因为新的法律法规在市场竞争中可以影响技术转移和技术扩散，大部分技术转移是在国际贸易、境外直接投资时期出现的，但往往并非自动过程，很可能出于道德、政治、环境以及外交目的而推动转移和扩散。在整个技术转移过程中会有许多行为者和组织者，由于其主要存在于市场中，绝大多数技术转移是由私营企业通过国外直接投资和贸易等方式进行。政府和非营利组织也会进行技术转移，但通常是为了提升公共社会福利，例如在发展中国家的农村地区开展改良炉灶，小水电及沼气发电等项目。必须承认当今发达国家向发展中国家技术转移仍具有困难，主要在于知识保护、竞争、不良沟通、配套设施缺乏、文化差异及不切实际的期望等。

最后，国际合作是推动能源创新框架形成必不可少的外在性宏观因素，包括政府间、企业间、大学间以及 NGO 之间的创新沟通合作，也有跨部门、跨组织的伙伴合作。政府间合作并不需要直接参与每一项活动，但政府的相关政策却与每个活动相关，如国际上的能源技术合作包括共担成本、风险、资源基础学科的研究和长期计划，提升设备利用效率、降低能源成本等问题没有政府参与就无法实现，发展中国家在相关合作中还处于劣势，需要不断加强技术创新用以提高自身的长期竞争力。政府间国际合作往往能够促进国家的相互影响和发展，对于双方都能接受的常见问题，如空气污染及减排等问题较容易获得合作，政府还希望这些合作可以促进技术发展，并通过克服经济障碍而降低成本、开发市场，提升前商业阶段能源技术的落实部署可能；企业间的合作主要在于获取各地本土的相关数据，探讨同一技术在不同国家的使用情况，或者获得产品销售的先决条件；NGO 的合作是为了创建针对全球性敏感议题可行的沟通机制，为政府人员、学者等提供能够公开讨论能源挑战与机遇的平台。

第三节　能源创新路径的要素

创新逐步演变为一种非线性学习过程，由于现有产品无法满足当前经济和技术要求，有碍发展，迫使企业为了提高生产力，提高利润不得不在摸索学习过程中寻找替代产品，因此创新理论的核心就是在跨企业、跨地区以及跨国家范畴的学习过程中能否真正探索到有益于主体目标下一步发展的特点和规律。

在日益严重的气候环境问题下，以风能、水能、光伏、生物质能及地热为主的可再生能源已经成为全球能源战略转型的重点，是解决环境问题及全球变暖最有效的手段，也逐渐成为国际社会与各国最重要的发展选择。目前德国作为全球可再生能源的推动者和领先者，通过一系列创新手段全方位推动能源的改造升级，以便达到"2020 年可再生能源占总能源比重18%的目标"[①]，那么以创新视角分析展现其能源发展路径不同于其他传统战略问题的全新一面就具有重要价值。

以凯莉·加拉格尔（Kelly Gallagher）为首的学者提出"政府、企业和参与者为主的施动者纵向能源创新框架"[②]，在德国推动可再生能源不断前进的过程中，显然，施动者扮演最重要的角色。而帕罗·德雷奥（Pablo del Río）和梅赛德斯·贝尔达（Mercedes Bleda）提出"能源创新工具的核心要素是技术创新，同时施动者也绝不可忽略由政府而来的创新政策运营具有同样高度"[③]，因此以技术创新和政策创新为主的创新工具就成为检验创

---

① Council of the European Union . No. 7224/1/07REV 1. 2007.

② Kelly Sims Gallagher, John P Holdren, Ambuj D Sagar. Energy technology innovation. Annu. Rev. Envi-on. Resour, 2006 (31)：221.

③ Pablo del Río, Mercedes Bleda. Comparing the innovation effects of support schemes for renewable electricity technologies：A function of innovation approach. Energy Policy, 2012 (50)：277.

新是否合格的标准。在看到施动者和创新工具的重要性后，提出社会反馈成为必然，因为漫长的创新过程，需要在不断反馈和总结中才能形成成熟的发展路径。

一、能源创新的施动者——政府、企业和其他参与者

经济领域内的创新来自主动需求，施动者并不明显，甚至在一定程度上不需要出现，但能源创新仅依赖在技术创新中供需双方的推动及强大的需求空白无法获得足够激发技术变革的动力，只有出现施动者，并在整个过程中扮演极为重要的推动角色，才能在可再生能源技术毫无利润可言的背景下进行资金与科研上的投入与支持，努力推动能源的商业化与市场化，为其提供可与化石能源相竞争的平台，规模、实力、行业结构、市场地位、经济状况以及对于可再生能源技术研发的冒险程度成为决定其能否创新成功的条件。

这里所指的施动者主要就是上文创新理论中指出的纵向结构，即政府、企业和其他参与者。在早期看不到利润前提的基础研究领域，施动者扮演支持性的角色，是每个国家创新发展中的共识，但如何发挥本身应有的作用还是一个很大的问题。战后日本在经济、技术全面落后的情况下，举全国之力推动技术创新，并兼顾制度创新与组织创新，在短短几十年间就以经济奇迹的方式再次反超，成为全球工业化强国。如果没有国家的力量，仅凭个人的意愿根本没有跨越性发展的可能。能否广泛适用于公众必须考虑技术创新阶段的投入具有高风险特征，在技术商业化的过程中，学者们提出了两个概念，就是"死亡之谷"和"死亡之山"[①]，可以说明可再生能源想要走向真正商业之路的困难程度。"死亡之谷"是指许多新技术在还未走上商业应用，并进入市场前就已经消亡，创新的技术始终层出不穷，但这并不是终点，只有将创新通过各种手段扩散到商业领域，彻底在市场中实现无保护发展，才意味着成功，而在此之前最大的障碍就是深不可测的死亡陷阱，无数创新在扩散前后烟消云散。"死亡之山"则被用

---

① "死亡之山"与"死亡之谷"来源不同，前者英文原名为"Mountain of Death"，来自电力研究领域的术语，而后者英文原名为"Valley of Death"，来自 Helena Chum 和 Irvine Barash 等学者的交流之中，后演变为专业用语。

于解释在迈出商业市场第一步时的困难程度，如果侥幸走过"死亡之谷"，前方也并非一马平川，技术转化难题在全球都普遍存在，创新如果没有任何保障或干涉，直接进入成熟的商业市场，基本只能"收获"各种不同的死亡结局。因此，如何迈出投入商业市场的第一步亦或第一阶段就显得至关重要，一定要有创新主体的保驾护航才有迈过商业化最初"死亡之山"的可能性，比如建立发电厂在技术上是可以标准量化的，但批量投入就困难极大，因为能否越过"死亡之山"的关键就是能否将商业进行量化，进入商业领域之后，没有政府政策的适当干预，与火电相比不具备价格优势的可再生能源电力就会陷入困境，甚至从市场上消失。

能源早已习惯被看作商业物品进行交易，事实上，能源如同空气一样是公共物品，只是在追求更加高效、清洁的道路上变得商业化，一旦进入私人生产领域，能源创新成功的关键就取决于价格，只有价格被市场和民众广泛接受，能源的创新和发展才算获得成效。煤炭就是极好的说明，在德国可再生能源不断向成熟的商业市场推进过程中，最大的障碍不是石油或者核能，而是本土产量极大的煤炭，出于能源转型的决心与需求，煤炭在德国被视作继核电之后必须放弃的传统化石能源，但放弃之路十分艰难，其根源就在于价格。庞大的储量、便捷的开采、高效的运输、低廉的发电价格、大量的就业人群使得德国在能源转型中仍然有较大比重的煤电持续应用。作为欧洲最大的煤炭利用国，煤电一度占德国全境电力供应的四成，从 2017 年到 2018 年虽然减少了 1.7 吉瓦的煤电装机容量，目前德国境内仍存在 85 座燃煤发电站，44.4 吉瓦煤电装机容量，29% 的二氧化碳排放来自煤电。

但德国能源转型的决心战胜了现实需求。一方面，经过激烈讨论，德国已经提出煤电放弃路线图，即到 2022 年关闭 12.5 吉瓦煤电装机容量，2030 年关闭 13 吉瓦的煤电装机容量，最终到 2038 年彻底淘汰煤电。联邦政府不得不承认这个能源转型决心巨大、前景坎坷、路途艰险。德国虽然在 2018 年 11 月底就彻底关闭了境内所有硬煤煤矿，但褐煤煤矿的开采量和就业人群仍然庞大到无法忽视，想要彻底关闭所有燃煤电厂，意味着必须紧跟巨额补贴，联邦政府预计每年将针对相关区域和人群提供 20 亿欧元的补助，且持续 20 年，总计补偿将达到 400 亿欧元，这还仅仅是预估，可能在实际操作过程中会支出更多；另一方面，由于不断缩减煤炭化石能源的占比，同时补贴可再生能源扩大比重，德国的能源价格始终居高不下，甚至因此出现"能源贫困"的现象。目前，德国电价在整个欧洲都是最高级别的，欧盟委员会的数据证实，德国以 2018 年非居民用电 0.15 欧元/小时的价格位列欧洲最高非居民用电电价，居民用电以 0.295 欧元/千瓦时的价格仅次于丹麦，欧洲第二。德国东部许多欠发达的工业区本身失业率较高，高昂的电价使得很多失业人群难以负担，于是就出现了所谓的"能源贫困"，这在化石能源时代是不可想象的事情。因此，虽然 2018 年德国可再生能源在发电领域首次超过煤电，且按照发展趋势估计仍会不断增大占比，但巨额的补贴、昂贵的电价能否保障能源转型的顺利推动，让可再生能源的创新真正走过"死亡之谷"与"死亡之山"仍有待时间验证，德国政府作为创新驱动的主要施动者至关重要。

除了价格成本因素以外，安全性、灵活性、模式规范性、启动速度及环保等都是需要考虑的问题，这一切对捕捉市场喜好也十分有利，为此企业就成为重要一环。例如，在德国能源转型进程中，德国能源企业也直面放弃传统能源、转为可再生能源的成本压力，通过业务拆分、剥离及整合等一系列手段应对转型。意昂集团（E. ON）是全球规模最大的私营电力服务供应商之一，总部位于德国杜塞尔多夫，通过不断拆分合并，2000 年以后成为欧洲最大的电力公司。面对国家向可再生能源的转型，2014 年意昂成为吃螃蟹的第一家企业，宣布极为激进的改革，即将集团业务一拆为二，一部分是传统能源，主要涉及核电、火电及与俄罗斯石油、天然气的勘探交易等业务；另一部分是新能源，着重太阳能和风能为主的可再生能源在发电、输配电领域的经营，未来该集团将重心逐步倾向于可再生能源为主干的能源网络及相关能源解决方案。莱茵能源集团（RWE）作为德国四大电力公司之一，同时运营煤炭与核能基础设施，但联邦政府的弃核行为和弃煤计划迫使该企业开始重新定位，成立名为英诺吉（Innogy SE）的可再生能源板块，2016 年该板块将可再生能源、能源运输管道、电网及基础设施重新整合成为独立上市子公司，逐渐演变成为横跨欧洲以可再生能源为主的新公司，这都是企业作为施动者在能源创新进程中的自我选择。换言之，能源市场的基本规则是底线成本选择，只要有低成本的选择，高价位的就不会在考虑范围内，通过新能源来改善环境问题，光靠口号完全不够，必须通过企业从商业角度介入能源市场，在投入能源技术创新研究之后，进一步推动新能源的商业化，才能真正成为避免"死亡之山"或"死亡之谷"的最佳角色。

在技术创新领域，专业科研机构始终走在前列，作为其他参与者也必不可少，如德国的弗劳恩霍夫协会（Fraunhofer – Gesellschaft）是欧洲最大的应用科学研究机构，拥有25000多名科研人员和工程师，72家研究所遍布全德，年度科研经费达到23亿欧元，其中20亿欧元来自各类科研合同，超过70%的科研经费来自企业合同和政府资助项目，约30%的科研经费由德国联邦政府和各州政府及机构形式赞助，包括风能、太阳能、生物质能等可再生能源在内的技术研发、能源有效利用、能源系统构建是该协会的优势研究领域，每年仅在风电涡轮机、光伏发电面板等各类可再生能源成本技术方面就产生很多先进成果，这是创新一线的科研机构作为能源创新系统施动者的一部分发挥的主要作用。

毋庸置疑，创新必须正向发展，正如"如果新的想法不是被感知确定为有用的话，那么基本可能就是一些错误了"[1]。能源创新还需要关注气候问题，作为环境、经济以及安全问题中的一员，引导政府干预的一个重要方向，气候保护同样涉及有效的政策改善创新及其在能源领域的扩散影响，"这也是因为对于能源环境有效的管理需要一个对目前能源生产和消费方式的彻底背离"[2]。总之，可再生能源由于先天的高成本运行使其在相关创新方面略显弱势，光伏和风能的电网应用技术突破就显得十分关键。正如军事以及空间探索一样，可再生能源能否在商业化道路上稳步提升，施动者的投入和扶持是核心所在，只有同时在需求方与供给方两面进行施力，才能通过创新推动可再生能源的发展，在整个能源领域真正站稳脚跟。

二、能源创新工具——技术创新

能源技术创新是指为了加强资源，通过提高能源消耗的质量以及降低

---

[1] Van de Ven A. Central problems in the management of innovation. Management Science，1986（32）：594.

[2] Vicki Norberg – Bohm. Creating Incentives for Environmentally Enhancing Technological Change：Lessons from 30 Years of U. S. Energy Technology Policy. Technological Forecasting and Social Change，2000（65）：131.

能源供给和运用对经济、政治和环境造成的成本这几个目的而推动产生或提高能源技术的一个过程。在过去 100 多年里，通过创新取得的技术进步为人类生存条件改善作出很大贡献，当然伴随未来人类文明的继续进步和发展，能源技术创新不仅会继续占据重要位置，还会面临一些挑战：降低对石油的依赖；大幅提高对世界其他能源贫穷地区的能源援助；通过有效的能源变革方式减少化石能源引发的全球性环境问题，并同时保持和提高能源繁荣；等等。

技术创新作为推动可再生能源发展的创新工具，主要强调在能源技术领域内的创新。一方面，技术创新需要对所谓的安全性进行考量，但这种安全并不是广义上的生产安全，而是指战略上的安全，例如石油这种关系国家战略与国家生存的能源物资就是影响安全的重要因素，为了降低安全风险，在可行的范畴内推动其他可替代性能源的发展就成为必然；另一方面是能源对环境的影响，因为能源消耗与环境问题息息相关，当环境影响个人正常生活时，也就转化为能源技术创新的动力。

能源技术并不是简单的科技，涉及将自然界原始的能源进行定位、评估、获取、运输、加工以及改造，然后进入初级能源服务阶段，如供热，或为人类提供更加便捷的二次加工服务的能源等，当然还包括一些能源服务的终端使用，如通过电力获得的光、制冷，通过汽油获得的机械动力等。能源技术创新也不单指科学技术、机械设备的硬件提高，还包括软件及相关创新实践与效能知识。能源技术之所以重要不仅在于那些为了躲避严寒或烹饪而需要的热能等基础能源服务，同时还是人类开采、制造、材料加工、建筑、运输、通信、照明等一系列经济繁荣所必需的保障。对于能源进口国而言，能源就是国家经济命脉和 GDP 成本的重要组成部分；对于能源出口国而言，能源又是其进行环境与政治影响最重要的筹码。

人类生活发展到现在早已与能源息息相关、密不可分，无论国家大小与能源多寡，进口国希望尽量降低成本和战略危险，出口国希望尽可能提高自身影响力，总之能源技术创新就是在这种背景下出现的，要求创造或更新已有的能源技术，进行广泛扩散传播，并最终成熟顺利进入商业市场。创新并不是简单的研究与发展（R&D）的投入，还必须包括技术改进后的认可和广泛应用，当然能源技术创新在过去的半个世纪中已经在大范围降低能源成本、提高能源服务，如在减少排放和清洁能源利用方面做出了很大贡献。但科技发展对能源高度依赖的客观现实使得目前社会所面临的能源挑战非但没有降低，反而更加严峻，能源消费、温室气体排放、生态系统的影响以及非传统安全对于化石能源依赖的威胁都是需要解决的复杂问题，因此能源技术创新也被真正看作解决目前多元问题最有效的办法。

普通民众一般并不关心所谓的能源技术创新需求，而是关心创新的种类、数量及速度，关心如何才能获得更有效率和效益的方法，怎样才能在能源技术创新中取得成效，这些该由谁付出或买单。想要获得清晰的答案，就需要更加全面深入地了解现今能源领域所面临的真正挑战，并清晰地梳理能源技术创新的运转体系和内在逻辑。

可再生能源技术是目前被普遍认为能够避免环境灾难性影响最为有效的手段，可以在很大程度上降低对化石能源的依赖，因此技术创新对于可再生能源而言始终是必需的，尤其在降低成本方面。可再生能源技术种类繁多，比如处于初级阶段主要用于示范的地热技术、高成本运行的大型太阳能发电技术、低成本投入的海上发电技术以及成熟运作的水电技术等。创新工具主要存在于能源研究、发展和实际应用中，其中推动能源技术创新的动力有三个方面：第一个动力在于减缓化石能源对国家安全的影响，石油早已脱离单纯的能源定义，成为国家战略及国际社会博弈的重要组成部分，能源供给安全直接决定国家的对外战略与行动，为了尽可能减少这种风险，推动替代性能源的发展就成为必然选择；第二个动力是降低化石能源对环境的影响，大规模使用化石能源的后果就是温室气体排放及污染，如目前困扰中国最复杂的环境问题就是雾霾，从 2010 年开始严重程度逐渐增加，雾霾作为一个较新的环境问题，直接影响每个人的日常生活，也转化成能源结构优化、能源技术创新的动力；第三个动力是电力价格，不断努力获得更加清洁的电力、更加低廉的电力价格是全球各国的目标，同时成为前两者的影响因素，这些因素直接推动技术创新和以其为基础的管理创新。

对于可再生能源技术扩散的传统支持主要基于能源工具，如"固定入网电价"制度、可交易绿色证书配额和招/投标方案等。"固定入网电价"制度是指可再生新能源在发电领域内能够获得的一种补贴，使得供电商必须有一定额度新能源电量的购买义务，在欧洲较为普遍，目前已有十几个欧盟成员国采用此项方法；可交易绿色证书是指政府给每兆瓦时的新能源电量颁发的可交易凭证，电力采购商每年必须达到一定的新能源电量配比，绿色证书就是可供交易的新能源电量的证明，电商可以内部生产，也可以通过交易获得配额，是国家借用市场机制对新能源的一种正当外部补偿，目前在欧洲部分国家、美国、澳洲等地具体实现；招/投标方案则是指政府邀请可再生能源发电商在财务预算和整个发电环节中进行投标竞争，每千瓦时最便宜的得标者可获得相关合同和补贴，英国、爱尔兰、法国、丹麦等国是主要实行者。

这里通过风力涡轮机的发展过程详细解读技术创新的环节。风力涡轮机是能源利用领域最为古老的一项技术，第一次被用于发电领域是1888年，随后在20世纪初逐步发展起来，独立风力涡轮机就被广泛应用于欧美农村地区，成为风力发电发展的一个契机，直到20世纪40年代末都占据重要位置。从40年代开始，随着化石能源的兴起和广泛应用，石油、天然气等成为能源领域的主流，风电的使用逐渐没落，但70年代的石油危机以及随后不断爆发的各种环境问题使得风能这种可再生清洁能源再次成为人们关注的焦点，也在很大程度上推动了相关技术的创新发展。从80年代开始，风力发电技术得到迅猛提升，这与强大的需求推动和环境压力息息相关，以美国为例，1980年起风力发电成本已经从25美分/千瓦时降低到5～7美分/千瓦时，当然与煤电成本相比依然没有价格优势，因此受限于地理位置及自然条件，加州成为风力发电的实验场和集中地。

想要获得高效、可靠且极具价格优势的风电，技术挑战在于机械结构的可靠性、动能控制以及效率测算，然而任何创新的推动都离不开强大的经济支持，20世纪70年代末美国国家宇航局联合能源部和国防部投入风力创新研究，基本花费了近一半的风能预算在此项目上。在风力涡轮机方面检验其是否出现真正创新依靠两个标准：①单位标准内的发电产量；②发电成本的降低。尤其与其他类型能源成本进行对比，并在此基础上实现成功扩散。20世纪的风能发电成本与化石能源发电成本相比仍然十分昂贵，根本没有可比性，政府不仅需要在技术创新方面继续投入，也需要在相关公共政策方面进行创新改革，提出税务补贴以及选择特定风能资源地等。例如，加州是美国风能发电发展最早也最发达的地方，在政府大规模投入风力涡轮机技术创新引进之后，也充分利用减免税务等公共政策，极大避免了发电成本与实际需求之间的差距①，推动风能得到了大规模应用，风电在 20 世纪 80 年代基本在加州全境普及。

但技术创新仅仅是整个能源创新体系中的开始步骤，只有顺利进入商业领域才是对可再生能源政策的真正考验。目前看来，"2017 年，全球风电市场新增装机 52.57 吉瓦，全球风电累计装机容量达 539.58 吉瓦，中国继续位居全球新增装机量第一，新增装机容量为 19.5 吉瓦，累计装机容量达到 188.23 吉瓦，占全球 34.88%，稳居全球第一，其次是美国以89.1 吉瓦、德国以 56.1 吉瓦的累计装机容量分列二、三位，英国与印度紧随其后。其中美国风电装机容量占国内总发电量的 6.3%，已经成为美国第一大可再生能源，7 年的时间里美国风电成本下降了近 66%。而德国陆上风电已成为整个能源体系中最便宜的能源，流畅的系统兼容性、稳定的运行小时数以及超大单机容量推动了德国的风电市场化"②。这种发展速度是对技术创新的肯定，也是对政策创新的促进。

能源技术创新也面临很多挑战，主要表现在几个方面：一是资金不足的问题。由于技术创新的成效无法保障，在 R&D 阶段尤其需要投入大量资金，在这种情况下公共部门与私人领域合作成为必然，对于能源创新技术的资金审核也变得小心翼翼，要求技术创新投入产出资金链条清晰明了且具有投入意义；二是能源技术创新的推广和实施。在发展中国家成本、信息、基础设施、资本缓存周转以及融资计划等问题都是能源技术创新落实的障碍，想要克服这些障碍，谨慎而周全的设计和项目计划必不可少；三是成本对技术扩散的影响。能源技术最终必须被消费者接纳，如果技术成本太高会造成接受困难，外部环境成本在常人眼里是可以忽略的，但为提高环境效益而出现的新能源技术在无法抵消高昂成本的情况下，就会处于不利地位，这种不平衡可以以市场为基础工具，削减效能低的技术补贴，增加清洁且高效能的新能源技术补贴实现。以可再生能源为例，有些国家在早期阶段为了促进和推动新能源就已经制定相关政策，如 1989 年英国电力市场的非化石燃料公约，德国可再生能源"固定入网电价"补贴

① Vicki Norberg – Bohm. Creating Incentives for Environmentally Enhancing Technological Change：Lessons from 30 Years of U. S. Energy Technology Policy. Technological Forecasting and Social Change，2000（65）：140.

② GWEC：全球风电发展年报——2017 年、2018 年年度市场数据。

等。作为风能发电领先的德国，有一系列联邦政府与州政府相配套的激励政策，推动发电成本的大幅度降低，以便能够顺利进入能源竞争市场。当然鼓励采购也是另外一种方式，通过大规模对高效节能产品的政府采购，可以促进技术创新的落实发展。最终，能源技术成本会随着时间推移、经济规模扩大以及学习过程发展而逐步降低；四是技术创新还需要信息。主要指能源产品提供给最终消费企业或消费者的信息标注，明确清晰的能源商标标注可以帮助消费群体在众多能源创新产品中做出正确决定，这也可以看作补充优化而非绝对的挑战。常见的主要有两类，第一种强制性标签计划要求必须注明能源消耗详细信息，而另一类则是鼓励性标签，在众多产品中选择能源效能最小的给予标签肯定，如美国的能源之星计划，目前已经被认定的事实是 1/3 的消费者被这种标注影响而选择购买相关类产品。

对于能源技术创新的剖析和了解能够帮助能源技术创新重新审视、分析和设计能源与环境政策，以便挖掘创新真正的潜力，并引导创新面对更大的挑战。因此，通过分析可以清晰看到到底在能源技术创新方面的差距是什么，通过什么方式才能弥补差距并改善政策，以便更好地推动和利用创新解决今天所面临的能源难题和困境。能源技术基本都有很长的使用年限，发电厂正常寿命是 40~50 年，运行良好还可以再增加 10 年左右，想要能源市场在看不到任何利益的前提下主动进行技术淘汰更新替换，是不太现实的，必须有政府介入，提供强制性替换技术和补贴政策才能获得成效，成功的能源创新必须要求在上述各方面进行认真规划与协调。日本在光伏产业上的发展就是成功案例，在政府和私人领域对光伏领域多重投资下，光伏电池价格迅速下降，同时产能提高，反过来又促进光伏 R&D 的投资发展，在技术创新、市场增长及价格降低之间形成良性循环。当然，目前能源所面临的挑战基本都是全球范围的，想要真正解决这些问题，发达国家与发展中国家也需要紧密合作。

能源技术创新有助于解决目前全球所面临的与能源相关的经济、环境与安全挑战，因此在推广和拓展过程中应该至少遵循以下几个原则，也正是通过这几个条件，引出了政策创新的必要性。第一，持续并扩大能源创新体系十分必要，为了更好地改善和提升创新能力就必须在管理层面进行投入，比如要进一步完善私人领域对能源技术创新投资的数据；第二，高水准的国际合作是必要的，鼓励跨部门、跨国家、跨区域的合作协调，这应该成为所有国家及多边能源战略中最重要的一个部分，因为全球化时代能源所面临的挑战早已不是一个国家能够单独解决的，要在不断提高创新管理的背景下联合起来发展，才能不断缓解环境与能源问题；第三，重视与能源相关的公共政策，发展技术创新的同时不能忽略政策也是整个创新体系的重要组成部分，可以反过来促进能源技术的深入发展。一类政策是考虑到能源创新的超大规模资本投入，必须巩固计划的长期性及资本密集型政策的稳定；另一类政策只有通过刺激市场需求，才能适应目前极为严峻的商业挑战，如结合温室气体排放与石油依赖而产生的碳排放、汽油税等。

三、能源创新工具——政策创新

创新理论源自技术创新，主要强调技术领域内的创新，当技术与政策相互影响以后，政策创新就成为技术创新眼中的"局外人"[①]，虽无法给出任何专业技术意见以供产品在竞争中脱颖而出，但已经进入相关领域，通过政策创新使得社会科学领域内的研究人员彻底入侵自然科学领域。经过一段时期发展之后，越来越多的所谓"局外人"会从不同方向和视角进行创新性研究，如果没有创新性政策的配合，技术创新的力量会被大大削弱。

原本能源创新主要集中于技术范畴，即能源机械设备、成本和产量等问题，如风能涡轮机在经过不断的创新研究后，已经进入可以与化石能源比拼成本和效能的时代，成为能源技术创新的典型。与此同时，越来越多针对政策进行的创新研究开始呈现发展趋势，这种现象也可以看作一种新的创新范式。这种政策创新除了来自发布政策的政府以外，还有可能出现在一些具有影响力的国际组织身上，技术革命和全球化进程不断加速的时代，能够进行政策创新的国际组织已经在针对有效的政策规则制定中扮演重要角色，通过其专业领域的背景，为国际社会以及国家提供有效的政策创新建议。能源竞争转型的时代想要达到一个更为广泛而充满具体意义的目标，仅依赖单纯的技术创新根本无从应对商业化的发展进程，更无法涉

---

① Pablo del Río, Mercedes Bleda. Comparing the innovation effects of support schemes for renewable electricity technologies: A function of innovation approach. Energy Policy, 2012（50）：276.

及环境、民众、政府等平衡协调的复杂问题，因此技术创新是推动社会发展的动力，政策创新作为"局外人"就是将技术创新落到实处的关键工具。

20世纪末，在面对如何将创新理论与政策创新进行衔接的问题时，经济合作与发展组织（OECD）、欧盟以及联合国等国际组织已经呈现出新的创新范式，即两者的有机结合。70年代石油危机后，包括技术、经济、政治、社会等各个方面都发生了变革，这个过程并不是静态的，而是一种全方位的动态过程，经过技术创新上最为狂飙突进的一段时期以后，负面影响开始出现。因为技术与政策作为科技与社会的两个象征代表，对于技术创新的发展和重视，带来的是相关配套制度的落后，双腿俨然不在一个速度上行走，社会、环境问题逐渐暴露无遗。目前如环境、人口、贫富差距等全球性问题基本都是20世纪技术创新领先的后遗症，但技术本身并不是罪魁祸首，只是在技术创新的同时忽略政策创新而造成的，是两条路没有平行发展带来的结果，这也是整个国家创新体系中需要面对的问题。

政策创新作为"局外人"，主要在技术创新后期发展起来，通过政策创新引导曾经过于冒进或者已经一定程度上违背自然规律的技术为上的世界，这种政策创新通过理论接近政策的方式，集中于对内容的创新，虽无法彻底弥补两者间的差距，但也取得一定成果。政策创新相较于技术创新而言更复杂，因为涉及太多利益集团，只有将政策处于同一个利益层次内才能达到创新和落实的可能性，而多方协调处理就是政策创新最困难的一点。仍然以风能为例，推动风能创新发展的动力在于市场需求，但这种能源市场并非自然形成，是政府出于环境问题和能源安全的综合考量创造的需求市场，只有需求被认同并出现缺口才会拉动这个行业的持续创新和发展，大多数企业并无法在这个创新过程中存活下来，因为尽管风力涡轮机不断提高技术，使得发电成本一降再降，但对于残酷的经济竞争市场而言仍远远不够，这涉及供给双方及政府等多个方面。

对于供应方而言，政府最大的困难在于如何做出针对技术发展的明智决定，创新很大程度上需要依赖私人领域和商业推动，而政府公共机构很容易在挑选适当合作伙伴时做出错误决定。更重要的是能源技术创新的投资基本由政府承担，大规模投资研发的结果往往并不一定能够适用于商业发展，风能大型涡轮机就是最好的例子，巨大的投入之下仍然无法彻底商业化，反倒是中小型涡轮机成为商业首选，因此在整个创新过程中更加兼顾商业需求也成为避免创新无用的要求。从需求拉动来看，电力监管基本已经垄断，这使得部分中小电力公司无法在技术创新领域分得一杯羹，同时，环境的影响和补贴的匮乏也限制了私人市场对新能源电力的选择，在利益和生存面前，仅靠单一的环境污染议题根本无法对整个电力系统形成足够的说服力。

通过分析供需双方可以发现，政府在推动技术商业化的进程中扮演了关键角色。化石能源早已通过自己的储藏量和价格优势占据了发电市场的大部分份额，可再生能源也凭借日益降低的成本和逐渐提高的发电效率成为发电市场的常客，政府要做的就是使其从常客变为主力。正是由于政府在能源未进入商业阶段供需两方的前期投入，才直接影响技术创新的路径和政策创新模式，促使可再生能源商业化发展成为可能。

总之，作为能源创新核心的技术创新和"局外人"的政策创新，两者在推动能源转型发展进程中缺一不可，有了大规模的技术投资和灵活的政策应对，创新才能促成可再生新能源在整个能源领域内占有一席之地，在与化石能源相抗衡的情况下不断扩大发展，实现反客为主。更因为可再生能源与环境变化有着密不可分的联系，目前全球为环境变化和保护做努力的同时，新能源创新作为最有效的手段得到施动者的支持也就成为必然。

四、能源创新路径的框架搭建

技术创新和实施是在社会文化、制度背景以及技术的综合影响下发展的，包括技术、相关知识和技能、施动者的网络和制度[①]三个方面，作为施动者主体的政府，它的网络结构和相关制度能够推动其他两者的发展提升，三者之间的相互推动和相互影响必然在技术领域带来一个巨大的转变[②]，这也成为创新体系形成的助推力。在技术创新体系的发展模式中，市场形成是非常重要的一个环节，出现于动态学习的过程中，并创造技术变化与施动者之间的良性循环，能源转型发展必须通过直接影响市场形成

---

① Malerba F. Sectoral Systems of Innovation：Concepts，Issues and Analyses of Six Major Sectors. Cambridge University Press，2004：58.

② Tsoutsos T，Stamboulis Y. The sustainable diffusion of renewable energy technologies as an example of an innovation－focused policy Technovation，2005（25）：758.

这一项功能，与施动者相联合，从而间接影响其他功能。

在市场形成的早期阶段，由于市场规模的有限性和技术的不成熟性，创新就根植于这个逐步建立全新竞争体系并推动技术发展的学习阶段。在创新体系模式中，完整的创新发展路径出现在动态学习过程中，并通过创新工具与创新反馈和施动者之间形成一个良性循环。在技术创新的早期阶段，由于市场规模的有限性和技术的不成熟，创新就根植于建立新的竞争体系和技术发展的学习阶段。此前，学者将学习分为三个过程，分别为边做边学（Learning by - doing，LBD）[1]、边用边学（Learning by - using，LBU）[2] 以及边影响边学（Learning by - interacting，LBI）[3]，创新体系在技术壁垒还没有完全形成之前，通过技术创新和这三个学习过程，在技术不断发展的情况下，成功影响施动者网络和制度，以政策创新的模式出现，开始适应现状并摸索前进，并与技术创新相互影响配合，进而提高完善。最后，在相互作用与反馈中将整个创新发展路径融会贯通，经过施动者和创新工具两个环节后，能源创新通过实际发展路径变化成为最直接的反馈结果。

通过图 2 - 1 可以清晰还原创新发展路径的过程。政府作为施动者主体推动技术创新和政策创新，两者的推动助力截然不同，能源转型发展的技术创新需要前期高昂的 R&D 投资才有实现的可能，没有相关法令的制定和颁布，政策创新也就无从谈起。成功的创新工具会带来技术井喷的春天，技术多样性也就层出不穷，正常情况下，在技术井喷的初始阶段，主要影响都为受益方面，奠定技术提升发展基础的正是上文所说的学习过程，在"边做边学""边用边学""边影响边学"的促进下，技术提升正向推动政策需求，几种因素的综合影响通过创新改变能源现状就会成为现实，进而带来社会收益，直接引发能源实际路径的变化，最终通过多样性反馈形成一个效果显著的成功发展路径。

---

[1]　Kennthe J Arrow. The economic implications of learning by doing. Review of Economic Studies，1962（29）：156.

[2]　Nathan Rosenberg. Inside the Black Box：Technology and Economics. Cambridge University Press，1982：47.

[3]　Lundvall B. - A. Innovation as an interactive process：from user - producer interaction to the national system of innovation. Technical Change and Economic Theory，Pinter Publishers，1988：92.

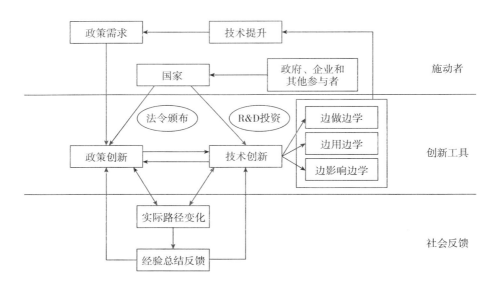

图 2 – 1　创新发展路径过程

　　整个过程都无法脱离成本支持，任何创新都需要大量的资金成本投入，初期的非营利性特点使得成本支持主要来源于施动者的投入，这种支持往往开始于技术科技性支持，这是最能明显看到效果的投入，但由于上述各种因素的发展，就会慢慢形成综合性成本支持，尤其创新体系受到社会认可之后更为甚之。反过来，当技术创新获得成效，必然会提高成本效能，理所应当得到社会收益，而两者又成为政策创新的保障。

　　最后，还需要看清能源问题目前所面临的挑战，因为能源技术创新从来都不能无的放矢，只有真正明确挑战的方向和问题严重程度才能提出有效的创新，这也是必须清楚能源挑战的意义所在。第一个挑战就是如何降低各国对石油的高度依赖，减少其对各国经济脆弱性的影响。由于化石能源运输成本一涨再涨，引发的相关外交政策应对和资本付出，不仅是几个发达国家的问题，也是全球大多数严重依赖油气资源进口的国家所面临的问题，尤其以工业大国更甚。此外，还必须认清一个现实，那就是石油作为不可再生资源在生产过程中必然会经历一个顶峰，然后产量逐渐下降，其中大部分产油国都处在非传统安全的政治动荡地带，对这些地区高度能源依赖的国家等同于命脉不在自己手中，而是进入了听天由命状态。2017

年，全球石油需求增长率为 1.6%，约合 150 万桶/天，10 年时间年均增长率翻了 1 倍，主要原因在化石行业需求和交通运输领域推动了增长；煤炭由于亚洲的能源需求，扭转过去两年的下降态势，2017 年需求增长 1%，基本都用于燃煤发电；天然气则以低廉的价格和丰富的供应性达到了 3% 的增长需求，其中仅中国的增长需求就占全球的 30% 左右，10 年时间全球天然气一半以上增长需求来自发电领域，但从 2016 年开始，工业和建筑领域对天然气增长需求超过 80%。因此必须承认，在短期无法摆脱化石能源的情况下，尽可能选择清洁能源已经成为全球各国共识，其中天然气由于碳排放量小，在化石能源中成为更优选择。

第二个挑战就是如何解决全球贫困地区的能源不足，将其从原始能源消费中解救出来，通过创新发展全新的替换能源。非洲并不缺乏能源，尤其不缺乏清洁能源，水能、太阳能等资源十分丰富，但俯瞰地球夜景，非洲仍然是一片电力不足的黑暗大陆，作为全球典型的能源贫困地区，未来对清洁能源的开发与使用成为整片大陆的挑战与机遇。目前，非洲经济基本进入发展快车道，资源丰富且人口增长迅猛的背景下，2000 年以来非洲每年 GDP 平均增长超过 4%，2017 年 GDP 总量达到 2.3 万亿美元。与此对应的是严重的能源不足，人均能源和电力消费分别仅为世界平均水平的 38% 和 18%，无电人口规模达到 6 亿人左右，占非洲总人口近一半，近 2/3 撒哈拉以南非洲地区无电，因此经济发展虽已逐渐起步，但主要依靠初级产品收入，工业化发展水平堪忧，整个大陆 70% 以上家庭生活用能仍然依赖初级生物质能，造成严重的环境与空气污染。

巨大的无电地区意味着从现在到未来很长一段时间非洲具有庞大的电力需求缺口。据预测，从 2015 年到 2050 年，非洲电力需求总量将增长 5.2 倍，年均增速 4.4%，最大负荷增长 4.8 倍，年均增速 4.6 倍，人均用电量增长 2.5 倍。但解决非洲能源缺口并不能依赖传统化石能源，向竞争激烈的化石能源区域与国家伸手，非洲并不具备应有的经济和外交实力，为此将焦点对准清洁能源成为最恰当的选择。非洲拥有丰富的水能资源，理论上蕴藏全球 12% 的水资源，水电技术可装机量 3.3 亿千瓦，当前总体开发率才达到 10% 左右，刚果河、尼罗河、尼日尔河和赞比西河均可建设世界级大型水电站；拥有丰富的太阳能资源，理论上约占全球 40% 的蕴藏量，太阳能技术可开发量达到 665 万亿千瓦时/年，撒哈拉沙漠及周边地区、非洲南部大西洋沿岸地区及东部内陆地球均适合建造大型光伏发电厂；拥有丰富的风能资源，占全球风能蕴藏量32%左右，风能技术可开发量达到67万亿千瓦时/年，与太阳能相似，撒哈拉沙漠及周边、南部大西洋沿岸及东部内陆平原均可建造大型风电基地。这种巨额当量的清洁能源储备意味着开发可再生能源在非洲成为一种趋势，南非、肯尼亚、埃塞俄比亚、摩洛哥等国已经开展一系列能源项目，南非公布了进一步向风能、太阳能等资源倾斜的能源发展规划，以进入工业化、城镇化为特征的发展新阶段；肯尼亚计划开展东非大裂谷地区地热，中部及北部太阳能及沿海地区风电开发；2017年塞内加尔境内落成西非地区最大的太阳能发电站，并计划未来5年持续推广太阳能，充分利用本土资源将可再生能源发电占比提高到20%以上。

正是由于非洲地区足够丰富的可再生能源资源，只要技术与投资引进得当，作为能源贫困地区的非洲加入全球可再生能源发展就成为大势所趋。2020年之前最具推广效率的是太阳能，因为发达国家在可再生能源领域的技术进步在降低能源成本的同时，也带来极大的投资吸引力和竞争力，可以为新能源在非洲发展做较好的成本保障，很多国际投资者包括中国投资者在内均开展了实际投资行动。当然非洲大多数国家属于不发达或发展中国家，薄弱的经济基础、不稳定的电力需求、动荡的政局均会影响可再生能源未来发展的可持续性，专业技术人才缺失、项目工程后期运维也都是问题，不可忽视。

第三个挑战也是最重要的挑战就是如何降低温室气体排放并进行环境保护。化石能源消耗始终是罪魁祸首，据国际能源署测算，2017年以来，全球能源需求量达到149亿吨石油当量，增速为2.1%，2000年需求量才100.35亿吨石油当量，化石燃料提供全球超过70%以上的能源需求，其中天然气增长最快，已经达到能源总需求的22%，可再生能源也增长迅猛，占全球能源的25%左右，尽管可再生能源增长极快，但预计全球未来30年以化石能源为主的局面仍然很难改变。2017年化石能源约占全球能源总需求的81%，其中主要的能源需求在亚洲，中国和印度占能源需求增长的40%，发达国家虽然在总能源份额占比中不断下降，但能源需求仍然占全球能源需求增长的20%，当然非洲与东南亚的能源需求也增长明显，但仍低于全球平均水平。①

从 2000 年以来，二氧化碳排放量增长了 40%，是 20 世纪 70 年代的 2 倍以上，从全球各国开始关注碳排放来看，碳排放量与世界经济走势有密切联系，两者呈正比关系，如 2009 年爆发全球经济危机，碳排放量出现负增长，但近几年碳排放量与经济走势的关系也逐渐脱钩。2013 年全球碳排放量超过 320 亿吨，此后 3 年基本没变，2000~2013 年，亚洲成为全球碳排放量的主要增长地区，中国碳排放量年均增长率为 8.5%，2010 年以后印度增长率达到 5%，韩国 13 年碳排放量增长了 36%、印度增长了 78%。与此同时，中东地区也出现明显增长，伊朗和沙特均猛增 80% 以上。全球二氧化碳从 2014 年开始连续 3 年实现零增长后，于 2017 年再次出现 1.4% 的增长率，达到 325 亿吨，净增 4.6 亿吨，美国由于天然气和可再生能源替代煤炭，碳排放出现下降，主要增长来自中国、欧盟及印度等国家或地区。② 中国的能源消费结构仍然以煤炭为主，2014 年以来始终保持负增长，2017 年由于工业复苏和经济回暖，光伏、风能等可再生能源还无法彻底弥补能源空缺，出现碳排放反弹增长。因此，作为全球减排大户，想要达到预计目标，中国还需要深入推进能源结构转型。欧盟受英国退欧问题的影响，碳排放量也反弹增加，而印度及马来西亚等东南亚国家对于价格低廉的煤炭无法拒绝，促使碳排放量进一步升高。总之，为了达到《巴黎协定》设定的目标，即将全球平均气温升温幅度控制在工业化前水平 2℃ 以内，从 2017 年起全球碳预算约有 8000 亿吨，按照排放速度最多 20 年就可以消耗完，而 2017 年联合国政府间气候变化专门委员会（IPCC）又进一步发布《全球升温 1.5℃ 特别报告》，强调要采取严厉措施，全球升温控制在 1.5℃ 而非 2℃，才能避免由气候变化造成的影响，在这种严苛的要求下，进一步发展可再生能源以减轻化石能源的碳排放，就成为必由之路。

综上所述，通过梳理整个能源创新理论的发展和框架，剖析当前全球能源面临的挑战与压力后，可以清晰地得到一个针对能源转型发展的分析结构，本书的重点是德国可再生能源政策的发展路径会基本沿着这个创新

---

① International Energy Agency. CO₂ Emissions from Fuel Combustion 2018.

② International Energy Agency. Global Energy & CO₂ Status Report 2017.

理论架构展开，这也是全书的核心所在，即德国政府、能源企业和其他参与者构成的施动者，技术创新和政策创新构成的创新工具以及通过社会反馈形成一个完整路径循环，贯穿于早期阶段、示范阶段、扩散阶段和成熟阶段，最终真正形成德国可再生能源的创新路径。

第三章
德国可再生能源发展的施动者

创新发展路径的第一层次在于施动者，德国政府和公共部门作为其重要组成部分，扮演全面推动可再生能源发展的角色，而不是仅满足于传统能源的供给格局。在目前化石能源仍是能源主体的情况下，日渐增长的全球性能源需求给能源供给带来极大压力，环境恶化、二氧化碳排放和核能发电所带来的问题已经逐步危及普通民众。当然还必须关注政治影响，目前全球范围内中东地区产油国的政治不稳定性和不安全性因素也成为影响能源供给安全的重要外部因素。因此，政府及公共部门在推动能源改革和可再生能源发展的进程中，角色定位和政策载体是研究的切入点，作为欧盟最重要的成员国，德国联邦政府与能源相关部门在不同层次发挥自己应有的职能效应。

第一节　德国的国际能源环境

良好的背景环境是能源转型发展的保障，如果自身资源丰富或者周边盟国石油等战略性能源丰富，可能不会产生强烈的危机感，但德国的现实情况并非如此，对外高依存度的能源战略建立在对中东地区和俄罗斯的依赖之上，严峻的安全格局和日益严重的非传统恐怖主义的弥散使得德国从20世纪八九十年代就开始重新思考定位自身的能源角色，从国家安全、国际定位、环境保护等各方面综合考量，确定了以可再生能源核心的能源转型发展路径。

国际能源署（IEA）认为："当下世界能源的走向处于十分关键的分界发展阶段，人类对清洁能源及可再生能源的需求越来越大，传统的化石能源可能已经正式步入晚期发展阶段，虽然这一衰落过程并不会很快。"[1] 全球能源正逐步向清洁、高效且多元的综合方向加速迈进，曾经一统天下的化石能源风光不再，化石能源的供给安全及对环境的负面影响促使世界各国都在调整能源需求格局，旨在通过加大可再生能源的投入，即大力发展太阳能、风能、生物质能及水能等降低国家对化石能源的依赖，削减能源安全风险，加速能源转型进程。BP 作为全球石油巨头在其发布的《BP 世界能源展望 2018》[2] 中预计，到 2040 年，全球能源结构将呈现石油、天然气、煤炭和清洁能源四分天下的局面，其中石油和天然气仍然占据能源领域的半壁江山，石油增长将趋于平稳，天然气增长需求强劲，会超过煤炭，成为全球第二大能源类型，全球煤炭消费基本平稳，而可再生能源会以 5 倍以上的速度迅猛增长，成为全球增速最快的能源类型，占一次能源消费的 14% 左右，全球能源现状分析具体如下：

一、石油增长将逐步陷入停滞，美国仍是增产主力

在能源转型的压力下，石油的增长基本来自新兴经济体，由其经济繁荣增长程度驱动，国际能源署在《2018 世界能源展望》中指出，印度已经取代中国成为增长的主要来源，经合组织国家需求则继续下降，交通行业仍会主导全球石油需求，总需求比例高于 55%，即全球需求增长一半以上，但由于可替代能源逐步进入交通领域，对石油的需求也逐步降低。

2017 年，全球石油产量为 9530 万桶/日，相较 2016 年的 9510 万桶/日略有增长，经合组织国家原油日产量增长 70 万桶/日，总产量增长 2900 万吨，同比增长 2.6%，经合组织产油量增长主要来自美国和加拿大。美国以 6.2 亿吨的产量规模再次成为世界第一大原油生产国，预计将从当前全球占比的 12% 上升到 2040 年的 18% 左右，超过第二名的沙特阿拉伯（5.6 亿吨），后者在 2040 年占比仅能达到 13%，第三和第四分别是俄罗斯联邦（5.48 亿吨）、加拿大（2.42 亿吨），伊朗以 2.29 亿吨的产量超越

---

① International Energy Agency. World Energy Outlook 2018.
② BP. BP Energy Outlook 2018.

伊拉克排名世界第五，欧佩克（石油输出国组织）原油日产量下降30万桶/日，总产量下降2100万吨。① 由于可再生能源的不断发展，汽车用油会在2020年达到顶峰，电动汽车的大规模增长将直接影响石油需求增速。更重要的是，由于地缘政治的不稳定和国家之间的竞争，全球对石油需求基本平稳，在2040年左右陷入停滞，预计到2030年中国将成为全球最大石油消费国，历史最大石油净进口国——美国的石油高产将持续到2025年并在随后下降，欧佩克组织会受到更大的影响。

二、天然气成为传统能源的支柱并增长强劲

在全球能源格局中石油占据绝对的主导地位，天然气则是与石油联系紧密的区域性能源，但由于世界能源结构的变革，天然气作为化石能源中的清洁能源，其储存量大和碳排放量小的优点愈发凸显，因此逐步发展为传统能源的支柱，产量也逐年增长。在全球能源转型的大背景下，天然气增长有其特定的支持因素，如亚洲国家的电力需求和非洲国家的工业化程度加深、以中国为首的持续性煤改气工程以及北美和中东地区所需求的低成本供给增长等。

2017年，全球天然气产量为3.68万亿立方米，同比增速为3.68%；全球天然气消费量为3.67万亿立方米，同比增速为2.69%。天然气全球范围内分布并不均匀，截止到2017年年底，全球已探明剩余天然气可采储量为193.5万亿立方米，主要集中在中东国家（以伊朗和卡塔尔为主），天然气储量为79.1万亿立方米，占比为全球的40.9%。天然气探明储量排在前三位的国家分别是俄罗斯、伊朗和卡塔尔，分别占全球份额的18.1%、17.2%和12.9%，合计达到48.2%。2007~2017年的10年间，北美天然气产量与消费力始终处于全球第一，2017年北美产量和消费量占全球的比重分别为25.9%和25.7%。从全球范围来看，亚太地区尤其中国的天然气产量和消费量增长较快，也从侧面反映了需求缺口逐年扩大的趋势和亚太地区天然气短缺的问题。② 相对于其他传统能源占比的下降趋势，比如煤炭在电力结构的减少，全球发达经济体对天然气的需求不断提

---

① International Energy Agency. Oil Information Overview 2018.
② BP. BP Statistical Review of World Energy 2018.

升，由于页岩气技术的创新革命，预计到 2025 年，美国的天然气产量将占总产量增长的 40%，而出于经济增长的压力，亚洲新兴经济体将成为天然气主要需求方，预计到 2040 年需求将占全球总需求量的一半左右，其中中国表现最为明显，在 2019 年就会超过日本成为全球最大的液化天然气进口国，到 2040 年进口量将接近欧盟整体水平。

总之，根据国际能源署的预估，未来 5 年全球天然气需求将增长 1 倍左右，大规模的需求量会刺激全球范围内的开采与贸易，当然能源转型的最终目标并不是天然气，可再生能源在技术成本方面的高门槛和产能的不稳定性，迫使其在真正崛起之前，必须存在稳定的过渡能源类型，天然气的支撑就是关键。因此，在可再生能源迅猛发展的同时，将天然气作为减缓全球气候变化的清洁能源支柱，推动天然气和可再生能源并行发展，保障能源转型的顺利实现，造就了天然气的使命和角色，即天然气虽然不是能源转型的最终选择，但仍是能源转型变革进程中不可忽略的重要过渡类型。

三、可再生能源比重攀升，成为全球能源风向标

伴随日益严重的环境污染、气候变化等问题，全球向绿色低碳清洁能源及可再生能源转型成为必然趋势，发达国家与地区为了保障能源供给安全与多元化，在未来能源革命中占有先机，加快向低碳和去碳化的能源体系转变，纷纷提出明确的能源转型目标、具体转型计划、保障措施及推进战略，主要体现在可再生能源占比不断攀升、能源政策积极转型、绿色电力成本下降、能源投资逐步向清洁能源偏移、产业结构和能源消费格局逐步优化等。2016 年 11 月 4 日，全球近 200 个国家参与的《巴黎协定》正式生效，签署国表示会通过不断减排脱碳促进全球实现可持续发展，随后在摩洛哥马拉喀什召开联合国气候大会成为协定生效后的第一次缔约方大会，近 50 个气候脆弱国家发表宣言，承诺将在 2030~2050 年实现 100% 可再生能源供能目标，以推动全球实现 1.5℃控温目标，向全球展现其向清洁能源转变的决心与领导力。随着《巴黎协定》的生效，全球向清洁能源转型的提速促使可再生能源的发展前景更加清晰明确、投资风险逐步减少，联合国环境规划署在《2018 全球可再生能源投资趋势》报告中显示，2017 年，全球实现连续 8 年绿色能源投资超过 2000 亿美元。

从全球可再生能源数据来看，可再生能源在世界能源结构中的占比不

断升高。2007～2017 年，可再生能源消费在全球一次能源消费中的比重从 6.93% 上升到 10.4%，10 年间，非水可再生能源消费的比重从 0.92% 上升到 3.6%，年平均增长率为 16.36%，远远高于世界一次能源消费总量的增长率（1.55%）。从世界主要能源消耗地带来看，2007～2017 年，美国可再生能源消费在一次能源消费中的比重从 3.43% 上升到 7.2%，中国从 5.27% 上升到 11.76%，欧盟从 6.4% 上升到 13.02%，均实现翻倍增长。[1] 其中，在发电领域的增长态势最为明显，全球可再生能源装机容量从 2007 年的 1000 吉瓦左右上升到 2017 年的 2195 吉瓦；可再生能源发电量在全球发电量中的比重从 2009 年的 18% 上升到 2017 年的 26.5%，非水可再生能源在同时间段内增长了 3 倍多；2017 年，预计 17 个国家的 90% 以上电力来自可再生能源。[2] 2004～2017 年，全球累计投资绿色能源 2.9 万亿美元，2017 年可再生能源总投资达到 2798 亿美元（不包括大型水电），相较于 2016 年的 2416 亿美元，增加 15.8%，太阳能获得最大份额，吸引了超过所有其他可再生能源发电类型的投资，高于在煤炭和天然气发电设备上的 1030 亿美元新增投资，达到 1608 亿美元，占可再生能源总投资的 57%，较 2016 年增长 18%，中国成为其中主要推动力，新增的 53 吉瓦装机容量占全球新增装机容量一半以上，约 865 亿美元，2017 年，中国成为可再生能源投资第一大国，投资额达到 1266 亿美元，较 2016 年增长了 31%。[3] 在水电方面，全球 2017 年共吸引到 480 亿美元的投资，几乎是 2016 年投资额的 2 倍。[4]

从可再生能源类型看，太阳能和风能成为可再生能源发展的主要类型，技术创新带来的成本下降，不断促使可再生能源竞争力的上升，随着碳价的逐年升高和低碳转型的政策导向，可再生能源能够逐步退出补贴依赖，与其他能源类型开展平等竞争也具备实现的可能，可再生能源的平价时代正在到来。2017 年，全球光伏发电平均发电成本已降为 0.1 美元/千

---

[1]　BP Group. BP Statistics Review of World Energy 2018.

[2]　REN21. Renewable 2017 Global Status Report.

[3]　UN Environment Programme. Bloomberg New Energy Finance, Frankfurt School, Global Trends in Renewable Energy Investment 2018.

[4]　International Hydropower Association. 2018 Hydropower Status Report: Sector Trends and Insights. 2018.

瓦时，与 2010 年相比，下降72% ；陆上风电的成本为 0.06 美元/千瓦时，G20 国家化石能源的发电成本介于 0.05 ~ 0.17 美元/千瓦时之间，与传统化石能源的发电成本相比已具有较强竞争力。[①] 大规模的风力发电机在相同资源水平下产生更多电力，新的光伏电池架构可以提供更高的效率，实时数据和大数据技术增强了维护的可预测性，减少了运营和维护成本。REN21 的统计数据显示，全球光伏累计装机容量达到 402 吉瓦，同比增长33% ，平均每小时安装超过 40000 块太阳能电池板，新增光伏装机容量超过任何其他能源类型，甚至超过了化石能源发电和核电达到净增容量总和。[②] 相较于光伏的迅猛发展，风电势头相对温和，但也比前两年快，同年风电新增装机容量约 52 吉瓦，累计装机容量达到 539 吉瓦，同比增长11% 左右。整体看来，可再生能源在 2017 年全球电力装机净增量比重达到 70% 。国际可再生能源署（IRENA）等国际能源组织普遍预测，到2020 年左右，包括生物质能、水能在内的可再生能源发电成本将会与化石能源发电成本持平甚至比其更低，这也是全球能源转型进入新时代的重要信号。

从国家层面看，欧盟、美国和中国在 2017 年全球可再生能源电力和燃料投资占比接近 75% ，此外一些新兴经济体的表现也令人赞叹。在全球绿色能源的浪潮下，基本所有的发达国家和发展中国家，甚至包括传统化石能源丰富的中东、北非地区及加拿大等都明确表示将可再生能源发展作为能源转型的重点，并提出各自具体的发展目标，确保国家能源安全尽可能减少对石油等化石能源的依赖，增强太阳能、风能等可再生能源类型的占比。到 2016 年年底，设定可再生能源发展目标的国家有 176 个，其中150 个国家设定了可再生能源发电在电力结构中的占比目标，89 个国家设定了可再生能源在一次能源消费或终端能源消费的比例，41 个国家在交通领域设定了目标。[③]

四、美国、新兴经济体及欧盟三个区域的可再生能源发展

美国虽然在总统特朗普的主导下退出了《巴黎协定》，宣称重振化石

---

① International Renewable Energy Agency. Renewable Power Generation Costs in 2017.

② REN21. Renewable 2018 Global Status Report.

③ 国家可再生能源中心. 国际可再生能源发展报告 2017. 北京：中国环境出版社，2017：7.

能源行业，但并没有动摇其对可再生能源发展的实质性推动。一方面，特朗普上台之前，美国已经对可再生能源政策形成基本发展路径，稳定可再生能源市场成为政策惯性，并不会倒退；另一方面，美国可再生能源的发展已经从联邦层面下降到州政府层面，产业发展也基本实现市场化，部分州政府采取比中央政府更加迅速的可再生能源发展效率。联邦层面，美国并没有直接设定可再生能源目标，生产税收抵免（PTC）、投资税收抵免（ITC）及2009年经济刺激法案中的现金补贴政策是其主要扶持政策，两类税收抵免将在2022年到期，在到期之前为美国光伏发电和风电持续发展奠定了良好基础，当然随后的发展还不得而知。地方层面，美国地方政府采取了比中央政府步伐更快的清洁能源发展战略，并积极介入跨国治理。超过30个州和华盛顿建立可再生能源市场份额政策（RPS），通过此政策售卖可再生能源证书（REC）获益。特朗普上台后，尽管美国联邦政府对清洁能源不再给予之前力度的支持，但加利福尼亚州并未受联邦政府影响，自行走出去寻找国际合作机会，在特朗普宣布退出《巴黎协定》后，加州就与中国四川等7个省建立了清洁能源合作伙伴关系。同时，各类地方层面的治理机制层出不穷，已出现C40城市集团（C40 Cities Climate Leadership Group）、2°联盟（Under 2 Coalition）、气候联盟（Climate Alliance）等多个跨国地方政府组织。

各类政策的推动促使美国风能、太阳能和生物质能的迅猛发展，使得全美可再生能源以每年5%的增长速度发展。美国能源信息署（EIA）的数据指出，2017年，全美发电量约为4万亿千瓦时。其中，天然气发电量占比31.7%，煤炭发电量约为30.1%，非水可再生能源发电量占比为9.6%。在化石能源总体消耗不断下降、天然气继续保持增长的趋势下，水能发电预计将在2050年扩大到31%的占比，未来10年，可再生能源极有可能成为取代核电和煤电的主要发电方式。

新兴经济体以及中国发展迅猛，成为全球可再生能源的中坚力量。中国的可再生能源总量已经超过整个经合组织，印度预计到2030年成为全球第二大增长来源。中国作为吸纳全球能源投资约1/5的国家，是世界能源生产和消费大国，为了保障能源供给的安全稳定，推动可再生能源和天然气等清洁化石能源的扩大与发展，不断完善可再生能源政策。如在电力改革中建立了可再生能源优先上网发电制度、可再生能源目标引导制度、监测预警机制、补贴优化机制、能源绿色电力证书核发及自愿认购交易机制以及可再生能源发电全额保障性收购管理办法等系列政策。在促进可再生能源发展的同时，2012年和2016年中国分别发布《可再生能源发展"十二五"规划》《可再生能源发展"十三五"规划》，并为了解决从2015年开始逐渐严重的弃风弃电问题，出台系列风电消纳政策，在一系列组合拳政策的推动下，中国可再生能源进入大规模增量替代的新阶段，保持全球可再生能源新增市场最大规模的地位。2017年，全球可再生能源占能源消费总量的10.4%，中国以11.7%的比例超过全球可再生能源平均水平，其中全年发电量1.7万亿千瓦时，占总发电量的26.4%，装机容量占全球总装机量的36.6%。

印度在近年的可再生能源发展中表现亮眼，《巴黎协定》中承诺将在2030年前实现40%电力来自绿色能源，作为最易受气候变化影响的国家之一，印度抵抗不稳定季风、干旱等恶劣天气的能力偏弱，而太阳能和风能的先天优势将弥补气候变化带来的问题。因此，印度同样下定决心发展可再生能源，目前已经成为全球最大的可再生能源发电项目招标市场、仅次于中国的全球第二大投资吸引地，2015年印度政府上调了可再生能源的发展目标，即预计在2022年达到可再生能源装机容量175吉瓦，其中光伏占100吉瓦左右的目标。2017年，印度可再生能源发电量占总发电量的7.8%，对外招标超过11吉瓦的可再生能源项目，光伏市场创纪录翻一番，年装机容量达到9.4吉瓦，预计到2022年可再生能源的占比有望从目前的7.8%上升到18%左右。当然这也得益于可再生能源发电技术创新带来的成本降低，近两年成本下降甚至达到50%左右，风能与光伏的批发电价比印度现有燃煤电厂价格还要低20%左右。更由于新技术的不断引进，在竞争性电力拍卖中，65%的燃煤电价高于可再生能源电价，部分可再生能源发电成本比进口煤炭和天然气电价低30%~50%，为此印度新能源与可再生能源部的目标是从2018年到2020年实现80吉瓦光伏和28吉瓦风电项目的招标，以实现此前制定的2022年175吉瓦装机容量的可再生能源总目标。

此外，东盟国家以丰富的水能、生物质能和地热资源在可再生能源发展中有不俗表现，根据东盟合作2010~2015年行动计划，2020年东盟将有15%的电力来自可再生能源。阿联酋作为传统石油生产国，也在可再生能源领域占得一席之地，目前阿联酋已进入全球清洁能源的第一集团军，国际可再生能源署的办公地设置在阿布扎比就是最好的证明，在开展的一系列推进可再生能源的行动计划下，阿联酋提出到 2020 年将实现 24% 能源消费来自清洁能源的目标，计划在 2050 年前投资 1500 亿美元推动可再生能源发电，其中迪拜提出了"2050 清洁能源计划"，旨在将迪拜打造成为全球清洁能源和绿色经济中心，在 2050 年前实现 75% 的电力来自清洁能源，成为全球碳排放量最低的标杆城市。

　　欧盟在全球能源不断朝向清洁绿色低碳浪潮发展的进程中也占有重要位置。事实上，欧盟作为德国能源变革的大背景，在同一阶段也开始向环境与能源先锋角色迈进，成为德国能源转型发展的前提与保障。欧盟的推动始于 1997 年，欧盟议会与欧盟委员会集体出台了《社区战略和行动白皮书》（White Paper Laying down a Community Strategy and Action），主要目标为"通过可再生能源降低进口依赖，提升供给安全，同时减少 CO_2 排放并创造大规模就业机会，1996 年其仅占整个能源比例的 6%，而欧盟的目标是在 2010 年在这个基础上翻倍"[1]。随后，2000 年发表《向能源供给安全的欧盟战略迈进绿皮书》（Green Paper – Towards a European Strategy for the Security of Energy Supply）[2]，主要内容是解决欧盟范围内的能源供给依赖与安全问题，因为保守估计在未来 30 年内，整个欧盟能源进口依赖会达到 70% 的比例，如果不采取任何措施，很快会出现受制于外部影响的超高风险，进而引发欧盟安全战略方面的隐形炸弹。该绿皮书强调，欧盟长期的能源供给安全战略应着重于保障每位普通民众的正常生活需求，同时也需要尊重环境并致力于可持续发展。

　　2007 年是欧盟在气候与能源政策领域扮演领导者角色的转折点，当年 3 月欧洲理事会在布鲁塞尔举行的会议中一致通过一个极具挑战性的目标，即 2020 年可再生能源要在整个能源比例中占 20%，同时所有成员国在生物燃料、汽油、柴油等方面的使用必须控制在 10% 的比例内。[3] 随后，2008 年欧盟委员会提出 2013～2020 年的能源与气候变化一揽子方案，目

---

①　EU. Renewable energy：White Paper Laying down a Community Strategy and Action. 1997.

②　EU. Green Paper － Towards a European Strategy for the Security of Energy Supply. 2000.

③　Council of the European Union. 7224/1/07REV 1. 2007.

的在于进一步落实气候与能源政策，应对气候变化问题并促进可再生能源发展，内容包括"促进可再生能源法令；促进欧盟碳排放交易修正案；促进碳捕集与封存（CCS）以及决策共享"[①]。最终要求所有欧盟成员国到2020年，要将 CO_2 排放量从1990年的水平减少20%，提高能源效率20%，可再生能源要占据总能源的20%。[②] 这也被称为欧盟可再生能源"20－20－20"发展目标。2014年，欧盟正式提出《气候与能源政策2030框架》[③]，旨在希望就2030年减排问题达成内部一致，为2015年的《巴黎协定》作支撑文本，在正式颁布的框架中，欧盟提出到2030年可再生能源要占欧盟一次能源消费至少27%，该目标由欧盟整体实施并具有法律约束力。

随着欧盟及各成员国按照可再生能源既定目标的不断深入发展，根据欧盟统计局数据显示，2016年欧盟可再生能源在能源消费中占比17%，相对于2004年的8.5%翻了一番。按照欧盟要求，2020年各成员国要实现可再生能源在能源消费结构中占比达到20%，到2030年，占比提高到27%，相对于1990年减少40%的温室气体排放，28个成员国中已有11个提前实现2020年可再生能源发展目标：瑞典以53.8%的可再生能源占比排名第一，芬兰的可再生能源占比也高达38.7%，紧随其后的是拉脱维亚37.2%、奥地利33.5%，丹麦32.2%。这是欧盟及部分成员国作为全球低碳、清洁、绿色可持续能源体系领导者的姿态，也是可再生能源在国际领先层面的表现。从以上数据可以看出，部分成员国由于较快实现目标，认为20%的目标设定过于保守，为此内部展开长达一年半的讨论与协商，在2016年6月14日宣布将2030年欧盟可再生能源27%的比例目标提高到32%，并交由欧盟理事会和欧洲议会批准。2018年，欧盟在2009年可再生能源指令的基础上，就2030年可再生能源占比达到32%的目标正式达成协议（RED Ⅱ）[④]，要求必须确保成员国在2019年年底之前和随后的每10年提交一份为期10年的"综合国家能源和气候计划"。具体到电力行业，欧盟可再生能源发展有革命性进步，截至2017年，欧盟成员国有

---

① EU. The EU Climate and Energy Package. Brussels. 2008.

② 这三个目标日后被简称为20－20－20。

③ EU. Green Paper in Policy Framework for Climate and Energy in the Period from 2020 to 2030. 2013.

④ 全称为 Renewable Energy Directive Ⅱ。

30%的电力来自清洁能源，包括11.2%的风能、3.7%的光伏、6.0%的生物质能及9.1%的水电，前三类可再生能源发电量为20.9%，首次超过煤炭发电量，对比5年前煤电发电量还是可再生能源发电量的2倍之多，充分说明其巨大进步。如果继续按照该速度发展，完全可以实现欧盟制定的2030年可再生能源占发电总额50%的目标，其中作为佼佼者的德国与英国在过去3年占比可再生能源增量56%，两国风能、光伏和生物质能发电量与2017年同比增长12%，远超其他成员国。

近20年在全球可再生能源领域的领导性角色，使得欧盟对可再生能源的有效管理和推动"实现了一个对目前能源生产和消费方式的彻底背离"[①]，欧盟通过制定一系列能源框架和预设目标，为能源创新的正向发展提供了机遇。尽管欧盟知道降低温室气体排放和提升可再生能源比例的困难程度，但强有力的干预就是有效推动能源产业商业化及相关技术革新的主要动力，没有政府的补贴，可再生能源在发展道路上将困难重重，在商业市场中基本没有生存机遇。德国与欧盟的关系既相互影响也相互促进，作为欧盟的引擎，欧盟绝大多数法令和政策均有德国的意见和参与，抑或说是德国态度的另一种层次表达；反过来，作为成员国，德国为联邦政府在可再生能源发展中的角色定位扫清了外部障碍，在与欧盟总体发展的协同配合下，政策载体的职能变得更加清晰高效。德国雄心壮志的能源政策，在欧盟能源体系的大框架下，试图寻找一个可以整体平衡能源可持续、可负担以及全面竞争的转化方案。更重要的是，德国能源政策的决定也会不可避免地影响欧盟其他成员国，与欧盟层面形成联动配合效应。

第二节　德国政府的能源战略与定位

作为经济发达国家和传统工业强国，德国对能源需求与依赖的加深促

---

① Vicki Norberg-Bohm. Creating Incentives for Environmentally Enhancing Technological Change: Lessons from 30 Years of U. S. Energy Technology Policy. Technological Forecasting and Social Change, 2000 (65): 140.

使其开始重视能源供给安全，能源命脉不能被石油供给国家和国际环境影响。为了解决能源供给安全问题，同时由于80年代以来环保理念的兴起，减排压力和对核能安全的不信任促使德国将能源转型提上日程，并开始朝着清洁、绿色、环保能源方向迈进。

2010年，联邦政府正式制定战略规划并提出能源转型概念，计划逐步将能源重心转移到可再生能源，预计到2020年温室气体排放量减少40%，一次能源消费比2008年降低20%，到2050年降低50%，到2050年全国范围内彻底实现绿色能源供给。换言之，德国政府的能源战略定位就是能源转型，旨在通过能源转型逐步转变成为以可再生能源为支柱的能源体系国家，尽可能减少温室气体排放，并改变由核电和煤电承担能源主要部分的传统模式。在能源转型的战略定位下，联邦政府的可再生能源目标设定为，到2020年可再生能源实现总能耗占比的18%，2030年达到30%，2040年增长到45%，最终在2050年实现60%，其中2050年可再生能源电力要占总电力消耗的80%。如此雄心勃勃的能源转型目标，实现起来并非易事，最主要的障碍就是化石能源在整体能源结构中的削减和调整。

德国本土石油和天然气资源匮乏，主要依赖进口，为保障能源供给和国家安全，在不断的能源改革和调整中已逐步削减供给比例，但煤炭作为另一大类传统化石能源则不同，硬煤和褐煤在德国始终扮演重要角色，也是能源转型进程中最难解决的问题。德国作为全球硬煤和褐煤储存量最大的国家之一，百年的工业发展始终与煤炭紧密联系，战后的经济繁荣也是从硬煤产区北威州和萨尔州起步，鲁尔区作为德国最重要的煤炭产区和工业基地，煤炭产量一度占全国的80%以上，经济总量达到德国经济总量的1/3，为德国经济腾飞和工业发展做出了巨大贡献。这种背景下，煤炭始终在德国能源中占有很大比重，到2017年煤电仍然占总发电量的37%，是德国电力供应的支柱能源。但在能源转型的战略要求下，煤炭成为必须割舍的能源类型，其中硬煤由于储存量低、开采成本相对于进口而言过高①、就业人数较少②，缺乏竞争力的情况下，长期由政府补贴，联邦政府

---

① 据统计，德国1吨硬煤的平均开采成本约为180欧元，而进口硬煤的平均价格在2015年就已经达到68欧元的水准。

② 德国联邦地球科学和自然资源所（BGR）统计，在2015年德国硬煤开采的就业人数已经不足10000人。

在 2007 年已逐步停止硬煤开采，并最终在 2018 年彻底关闭了德国境内所有的硬煤煤矿。

褐煤则不同，虽然褐煤发电量占德国总发电量的比重从 1990 年的 31.1%下降到 2007 年的 22.6%，但从 2005 年以来，褐煤发电量基本稳定在 22%～25%，是德国电力的主要来源之一。作为全球最大的褐煤生产国，褐煤在德国市场始终具有极强的市场竞争力，虽然相对于硬煤而言燃料价值低、露天开采污染严重，但储存量大、开采成本低、靠近发电站、营利性高的优点令联邦政府很难放弃。此外，受福岛核泄漏事故影响，联邦政府决定在 2022 年前彻底放弃核电，为了弥补核电不断缩减的缺口，福岛核泄漏事故后有 12 座新的煤电站启用，一度造成德国境内电力过剩向周边国家出口的情况。在不断削减核电的背景下，2017 年核电仍然占德国总发电量的 11.6%，比例虽然没有煤炭高，但核电弃用的时限仍然十分紧迫，因此根本无法设想核电和煤电均停用后的巨大用电缺口。

尽管如此艰难，德国政府仍然决定继续向能源转型的目标靠近，研究如何科学合理地逐步停止褐煤开发使用。2018 年，联邦政府为了研究退出煤炭进程，德国总理默克尔委任成立了由 28 人组成的煤炭退出委员会，全称为"增长、结构转型与就业"委员会①，成员来自政府、环境保护、能源领域及学界。该委员会表示，将全方位研究德国退出煤电使用时间表，计划将像核电一样，制定明确的时间放弃使用褐煤，并在 2019 年年初公布具体日程和详细安排。目前，德国煤炭贡献三成左右的发电量，一旦确定退出，巨大的发电空缺将会给德国经济带来较大影响，委员会也试图得出一条逐步放弃褐煤的路线图，以确保德国能源安全供给。预计一旦发布弃煤时间表，德国东部产煤地区的经济形势将受到剧烈影响和波动，甚至涉及数十万人的工作岗位。为尽量减少煤电厂关闭对当地经济带来的影响，联邦政府极有可能要在未来数十年付出数百亿欧元的补贴。此外，弃煤还会引发能源价格的上涨，将进一步加重德国能源密集型企业的成本负担，加剧普通居民生活成本，通过税收等方式对受影响企业进行合理补贴也就被提上日程。总之，弃煤所带来的影响会成为德国经济发展一段时期内的障碍，但德国政府能源转型的决心和意志并不受此影响，继续朝着

---

① 全称为 Kommission "Wachstum, Strukturwandel und Beschäftigung"，简称 WSB。

可再生能源占比不断扩大的目标迈进。

在讨论完德国政府的能源战略后，就可以对德国政府在能源中的定位有基本认知。本书在前面讨论创新理论框架时详细分析过能源转型在早期发展和示范阶段成本巨大，高昂的投入使其不可能最先从商业领域开始发展，政府及相关部门要扮演公益性角色，也只有政府能够在去除商业利益的同时，综合考量整个能源发展趋势和走向，对社会、环境以及生活和未来的发展做出负责行动，成为表率。这意味着推动可再生能源并非一个单线循环，而需要以扩大各类可再生能源在电网和电力领域中的应用为突破口，通过大规模的资金投入和支持，制定一系列监督程序以后才能发展，为此可以看到庞大的能源转型推动必然有很多障碍，政府在可再生能源发展路径的角色定位也是基于解决这些问题而设立展开的。

一、能力培育者

石油、煤炭和天然气作为化石能源的核心组成部分，经过漫长的发展期，目前全球范围内发生的所有能源行为基本上都与化石能源相关。更重要的是，化石能源基本渗透到了国际军事、安全等核心领域，在军备、军力发展及国际安全战略中，成为衡量国家安全格局的重要标准。美国从2000年以来发动的一系列针对中东和阿富汗的军事行动，固然有反恐的需求，但其背后深层的原因应该是竭尽全力对全球能源的控制，或者说是怕能源安全和能源供给不在自己的控制范围内，美国引发的页岩气革命就是最好的例证，很长一段时间内可再生能源都无法与石油、天然气等传统能源进行效率比较，但页岩气作为一种新的清洁能源在经过革命性发展后，会比太阳能、风能等可再生能源有更明显的优势，摆在政府面前的就是如何跨过能源效率这一障碍。在这方面页岩气比可再生能源领先一步，通过对页岩气发展进程进行分析，可以得出政府在针对能源效率问题上的第一个角色定位——能力培育者。

页岩气的研究与发展最初源于美国，这种燃料气体是一种从页岩层中开采出来的天然气，成分主要是甲烷，但却是一种非常规天然气资源。页岩气基本上分布在盆地内厚度较大的页岩烃源岩地层中，具有自己特殊的形成与富集特征。与常规天然气相比，页岩气埋藏深度范围很广，基本上从200米至3000米都有存在，有自生自储的特点。大部分产气页岩分布范围广、厚度大，且普遍含气，这使得页岩气井能够长期以稳定的速率产气，具有开采寿命长和生产周期长的优点。但页岩气发展的前提是美国有意摆脱传统石油和天然气的束缚，尽可能减少中东地区国家和俄罗斯等能源大国对其国际安全战略的影响。在这种思路主导下，美国政府扮演了美洲大陆推动页岩气革命的角色，并不遗余力地在全球范围内开展针对页岩气的宣传与肯定。

仅有鼓励和推动是不够的，能够掀起革命性浪潮并看似真正威胁传统能源地位的页岩气需要可衡量的事实数据说话。"水力压裂"①技术的出现成为革命性转折点，使页岩气获得极高的能源效率，真正进入实用领域，这是一项在开采页岩气时广泛使用的方法，通过水压将岩石层压裂，以此释放天然气。在这种技术的影响下，2006 年美国页岩气仅是天然气总产量的 1%，而到 2017 年全美页岩气产量已达 4620 亿立方米，较 2016 年的4316 亿立方米增长了 7%，占全美天然气总产量的一半以上。也正因如此，一直有这样的言论，认为就算仅依赖页岩气的革命性开发，美国在未来 10 年也能够改变传统的能源格局，与大举进口天然气的现状彻底告别，甚至可以在自给自足之后留有余地，成为液体天然气出口国。2017 年，这个目标得以实现，美国第一次自 1957 年以来成为天然气净出口国。起源于美国的页岩气革命不仅动摇了全球天然气市场的格局，还具备改变世界能源格局的能力，美国政府在整个过程中发挥重要作用，如果没有政府不遗余力的投入、推动和宣传，页岩气技术很可能还默默地在寥寥可数的几个实验室中辗转。换言之，能源潜在能力的培养在开始不可预测，具有极大的风险，需要政府作为培养者，在毫无商业利益可循的情况下推动和培养创新能力。

页岩气突飞猛进的发展是全球许多国家始料未及的，原油、煤炭及传统天然气都受到强烈的冲击，美国每年以超过 40% 的速度增加页岩气开采，这种爆发性增长占天然气比重翻了 10 倍还有余，2013 年已经占据美国天然气市场总量的 1/4，2017 年超过一半，且规模化生产使得天然气价

---

① 原文为 Hydraulic fracturing，专业用词。

格从 2006 年的 14 美元/百万英热单位①下跌到 2017 年的不足 3 美元/百万英热单位。在页岩气的挤压下，从 2013 年开始煤炭行业开始不可避免地面临衰落和下跌。煤炭需求大幅度下降、煤价下跌以及对未来预期需求的担忧，使得美国作为全球第二大煤炭生产国不得不将加大出口作为煤炭行业转移的主要方向。

以页岩气为例分析政府在能源革命和能源潜在能力培养上的角色定位后，需要继续思考，如果说页岩气真的已经实现革命性发展，能够改变能源格局，替代石油、煤炭等传统能源，还需要可再生能源干什么？欧盟和德国不遗余力地在可再生能源上的转型和发展还有存在的意义吗？要回答这样的问题，就必须从环境和可持续发展的角度来剖析。页岩气技术对环境的影响十分复杂，虽然有很多正面影响，但负面问题也是存在的，这是德国禁止这项技术进一步开发的原因，页岩气开发会污染水源，威胁当地生态环境和居民身体健康，给环境在大范围内带来很大伤害，如地下水污染、淡水耗损、空气质量风险、气体和水力压裂化学品迁移到地表面泄漏和回流的污染以及这些问题对健康的影响等。② 因此，页岩气的发展与流行从环境角度来讲，仍然是传统能源的一种拓展，并非从根本上解决环境破坏、温室气体排放以及能源与环境良性循环的根本途径，这也是德国更加坚定推动能源转型、发展可再生能源的背景因素。

更具体一些，虽然页岩气革命对振兴美国经济和改变能源战略格局具有重要意义，但水力压裂技术引发的水体污染已经出现，甚至不排除人为引发的可能性。直接计算的话，页岩气的主要成分甲烷比二氧化碳作为温室气体的效果还要高 4 倍，意味着页岩气不仅在减排和改善温室气体方面毫无帮助，还会加剧全球变暖，那么这种所谓的能源革命其实仍然是换一种方式的能源扩展，对人类和环境没有根本性改变，只不过是从个体国家角度出发对自身能源地位的改善。以风能和太阳能为代表的可再生能源与页岩气彻底不同，后者相对而言只能说是一种过渡性技术，是在可再生能源没有彻底获得替代能力之前的一种替代品，并不是真正的可持续能源。

---

① 全称为 Million British Thermal Units，简称 MMBtu，代表百万英热单位，具体而言，1 桶原油等于 5.8 MMBtu。

② Valerie J Brown. Industry Issues：Putting the Heat on Gas，Environmental Health Perspectives. US National Institute of Environmental Health Sciences，2007（115）：67.

这里会出现另一个问题，为什么是德国而不是美国或者中国扮演这个推动可再生能源发展、坚定地进行能源转型的角色，可再生能源能力培养者的定位为什么落在德国政府头上，甚至不受历届选举影响，成为德国各政党的共识？规模就是最好的回答，美国和中国都属于全球地缘性大国，广阔的地理范畴和丰富的资源使得此类大国虽然顶着二氧化碳排放前两位的帽子，但从现实主义角度出发，自身在国际安全战略中的地位更加重要，而德国则不同，虽然经济实力强大，但作为欧盟成员国，一个区域性国家，不仅在资源储备上无法同洲际大国相比，同时更需注重自身环境保护，也正因如此，小国的先天性危机意识使得德国在能源问题上史无前例地坚定，在前景不可预期、投入量巨大的情况下，政府作为可再生能源能力培养者的角色，坚定地支持可再生能源发展，试图在严格的步骤执行下获得未来的预期效果。

二、创新支持者

可再生能源发展需要突破性技术才有普及的可能，太阳能受制于晶硅面板的效率，风能受制于涡轮机的效率，提高能源转化率才是关键，其他可再生能源也一样。与传统化石能源不同，化石能源的利用只需要拓展开采范围，不需要在如何使用这种问题上投入，但可再生能源发展是从无到有的，是经过大规模化石能源开发，并真正影响和威胁到人类生存的境地后才开始逐步出现的，也可以说是一种彻底的能源替代形式。技术不足是可再生能源前期发展最大的障碍，想要解决这个问题，创新就是关键，投入研究资源和精力，在可再生能源领域内所有相关的技术方面进行推动，政府就需要在其中扮演创新支持者的角色。创新是对未来新事物的探索和使用，是在已知可以实现目标背景下的一种努力，需要的就是源源不断的动力。

以光伏产业为例，欧洲是全球最大的光伏发电地区，占全球光伏发电量的2/3，其中德国和西班牙是欧盟光伏普及率最高的国家。德国政府作为光伏行业的领先者，早在20世纪90年代就开始投入大量财力物力推动光伏产业发展，通过对技术创新的支持，不断刷新多晶硅太阳能电池的转化效率，以减薄的薄膜特性来降低多晶硅的用量，推动空间太阳能发电技术，逐渐降低光伏发电成本。为了鼓励光伏发电，相关补贴额度极高，直接推动德国在 2001～2010 年的光伏复合增长率达到 169%。随后由于光伏补贴过度和受挫等因素，2013 年德国全年新并网光伏装机总量为 3.3 吉瓦，同比增长减少了 55%，同年年底默克尔组阁成功后，德国联邦经济与能源部部长西格玛尔·加布里尔（Sigmar Gabriel）提出削减光伏装机量，并计划在 2014 年将发电装机总量降至 2.5 吉瓦。这种削减并不表示政府从支持走向反对，而是建立在过往数年迅猛发展基础上的一种调整，过于丰厚的补贴在新技术未成熟之前可以起到良好的培育扶植效果，但在发展中期就成为抑制其成长的温床，不利于光伏顺利进入市场竞争。

创新支持是政府培育可再生能源的一贯模式，德国将光伏发电作为能源转型进程中的重要一环，十分重视技术研发与创新，对研发创新的资金投入和资助力度很大，且保持不间断长期性，并不会在前期成果收效甚微时就产生动摇。2000 年伊始，德国政府以太阳能补贴政策为工具，大幅度扩大光伏产业，通过创新降低成本，提升相关技术能力，光伏产业进入了高速产业化阶段，仅过去十几年政府对于光伏产业的补贴就超过了千亿欧元，使得德国成为全球光伏发电领域领先国家。从 2004 年开始，德国光伏产业进入重要的发展阶段，当时德国光伏占全球市场份额的一半，面对用电市场的供不应求，光伏发电成本在当时并不算低，甚至比市场价格高出一截，其中由于光伏面板所需原材料硅也是信息产业材料，在半导体组件以平方毫米为计量单位使用时，光伏面板和电池则以平方米来计量，由此导致的光伏制造材料匮乏直接促使光伏发电成本价格居高不下。面对这种情况，德国的光伏产业遭受来自四面八方的压力和批判，但联邦政府并未动摇对可再生能源的创新支持，直面光伏发展的成本困境继续推动，直至后期生产效应和技术的革新促使光伏发电成本降低，进入稳定阶段。国际可再生能源署（IRENA）数据显示，2010 年至今，七八年的时间全球光伏发电成本平均下降 73%，2010 年全球光伏发电成本每千瓦时 36 美分（约合 2.4 元人民币），2017 年已经降至 10 美分（约合 0.67 元人民币），预计到 2020 年光伏发电成本会继续降低一半，甚至低于煤电价格，而在 2009 年之前，德国光伏发电成本支出就接近每千瓦时 50 美元（约合 3.34 元人民币）。光伏仅仅是可再生能源中的一项，其他类型能源的培育也如出一辙，如此看来，没有政府作为创新支持者，能源转型根本无从谈起。

三、市场开拓者

创新理论认为，在早期和示范阶段后，最难的是市场化阶段，完全性市场竞争需要成熟的商业能力，在能源市场中可再生能源仍然先天不足，无法与化石能源抗衡。最明显的假设莫过于，没有政府的宏观控制和扶持，可再生能源在电力领域能否与煤炭等成熟化石能源在发电过程中竞争？显然是需要不断扶植的，高度商业化市场衡量发展的唯一标准是价格，前期高昂的开发费用使得可再生能源注定无法靠自身进入市场。政府在前期承担一定角色职能后，在市场商业化阶段还需将自己的定位调整为市场开拓者，在保证可再生能源稳定发展后，通过政治性或强制性手段主观开拓可再生能源的市场份额，进行不断扩大，这也是政府最后一层角色定位。

其中，联邦政府主要负责把控基本基调，具体的细节和操作需要相关公共部门进一步深入。德国联邦环境、自然保护和核能安全部（BMU）[1] 是德国负责环境与能源最大的部门，也是可再生能源政策发展的主导性公共部门，所有关于环境保护和能源的统计、报告和发展方向预测都从这里发布。2013 年以后发生变化，因为德国联邦经济事务与能源部（BMWi）[2] 于该年调整成立，此前经济与劳工合并被称为联邦经济与劳工部，2005 年组建经济与科技部，2013 年在调整撤销中与能源合并，因此该部门在 2013 年以后与联邦环境部并行统筹管理德国能源事务，但大部分与能源相关的职能转向该部门，发布关于能源的权威统计数据和各类相关报告。根据 1996 年德国《电信法案》建立的联邦网络局（BNetzA）[3]，主要负责德国电力、燃气、通信等业务，2005 年以后将重心转向了可再生能源在电网中的分配，以风电或光伏电力为代表的可再生能源在整个输配电网中的管理和调整均由网络局负责。促进高效可再生能源和智能能源系统的德国能源署（DENA）[4] 50% 的股份由联邦政府控制，代表为联邦经济科技部（BMUWi）[5]，并同时与联邦食品、农业

---

[1]　全称为 Bundesministerium für Umwelt，Naturschutz und nukleare sicherheit。

[2]　全称为 Bundesministerium für Wirtschaft und Energie。

[3]　全称为 Bundesnetzagentur。

[4]　全称为 Deutsche Energie - Agentur。

[5]　全称为 Bundesministerium für Wirtschaft und Technologie，2013 年以后已经改为联邦经济事务与能源部。

和消费者保护部（BMELV）[①]、联邦环境、自然保护与核反应安全部（BMU）和联邦交通、建设和城市发展部（BMVBS）[②] 协同合作。

2012 年，德国能源署在关于电网研究的一份报告中提出，要为德国电网未来的发展建立一个战略性规划，重点基于可再生能源在最高成本效率利用和高层次欧洲电力贸易方面的连接整合。[③] 报告全面分析了德国到 2020 年之前的能源供给发展方案，认为 39% 可再生能源电力比重是稳妥的计划，在所有相关部门促进发展之下具有安全性和保障性，也具备使可再生能源进入德国市场乃至欧洲市场的能力。当然，随后的发展出人意料，2017 年德国可再生能源电力占比已经达到 33.1%，意味着此前德国政府制定的 2020 年可再生能源发电占总发电量比重达到 35%、2030 年达到 50%、2040 年达到 65%、2050 年达到 80% 基本能够实现，甚至超越，为了匹配现有发展水准，德国政府将 2030 年 50% 的占比提高到 65%，通过大力推动光伏和风电，实现可再生能源在电力市场的尽可能扩大增长。

总之，经过几年的发展与实践，可再生能源在光伏发电和风电领域已经取得很大突破，具备一定程度的商业竞争能力，当然想要达到更高的要求仍有许多新的挑战，在经济上能够真正实现可再生能源的商业独立，仍需要持续不断的扶持和发展。这里有一个原则性目标需要注意，那就是可再生能源在电力市场上的增长和发展，主要贡献应该来自风电和光伏发电，经济上投入和技术上的不断优化使其具备常规能源的能力，是联邦政府和相关机构在市场保护角色中的作用体现。事实上，政府对市场的保护、技术拓展和经济支持缺一不可。

第三节　德国企业及施动者之其他参与者

政府是推动能源发展创新的主要施动者，但并不能说是唯一，因为创新

[①]　全称为 Bundesministerium für Ernährung, Landwirtschaft und Verbraucherschutz。

[②]　全称为 Bundesministerium für Verkehr, Bau und Stadtentwicklung。

[③]　German Energy Agency, DENA Grid Study Ⅱ. Integration of Renewable Energy Sources in the German Power Supply System from 2015－2020 with an Outlook to 2025. 2012.

理论认为相关能源企业和其他参与者也是不可忽视的。能源的技术创新投入和随之而来的学习机制是推动能源发展的关键因素，也是能源体系发展的基础，政府作为管理国家的机构，无论怎样也无法替代企业在商业社会和市场的角色。作为宏观管理者，在对可再生能源发展做出发展定位和前期推动投入后，也就是从示范阶段开始企业作为施动者就变得不可或缺了。

前期高昂的研发成本和投入市场的不可确定性，使得政府必须成为可再生能源的主要推动者，将能源转型上升为国家行为，政府行动才能稳步前进。正如先天营养不足的孩子一样，虽然父母的养育很重要，但未来想要真正独立生活，并不能始终依赖父母，必须学会社会法则，获得真正竞争的能力。可再生能源无论怎样最终都需要进入成熟的能源体系中，与传统能源一较高下，企业就是能够深化能源的重要动力。虽然政府和企业都在推动可再生能源的发展，但出发点不尽相同，政府是出于国家战略、全球定位及自身总体性发展考量；企业则不同，最重要的目的就是营利，尤其是可再生能源企业，在环境道德上获得绝对性优势后，最重要的目的是让可再生能源获得足够的经济效益，最终与传统化石能源抗衡。正是政府和企业分别从宏观与微观层面推动可再生能源发展，才有德国能源转型和创新发展的基础。

在德国，企业的推动要具体到一些重要的能源企业，可再生能源发展在政府提出相关路线和法案之后，由于政策性的优势和倾向，越来越多的企业看到未来光明，尤其以风电和光伏两个领域最为突出。德国政府从能源转型开始，在风电领域的投入和创新主要集中于海上风电，因为相对于陆上风电的稳定发展，海上风电由于距离和钻井技术等问题的限制始终发展缓慢，在政府下定决心大力推动海上风电发展的背景下，与海上风电相关的企业开始迅猛发展，当然其中两者的互相促进和配合也是不可忽视的因素。风电的高投入和高技术标准意味着小企业根本无法生存，从2000年开始随着并购和联合的发展，德国风电企业逐步减少，目前由六七家大型企业控制，其中3家进入全球风电十大企业，这里选取几个代表性企业就其在可再生能源创新中的表现进行分析，借此说明创新系统中企业作为施动者的一个组成部分是如何进行角色定位和职能发挥的。

技术推动者是企业的第一定位。能源企业在发展中拥有技术推动的原动力，这是其赖以生存的基础，尤其在德国这种技术至上的国家，能源技术是发展的重中之重，政府只能给予支持，具体的创新和技术发展仍然需要企业来完成。爱纳康（Enercon）是德国最大的风机制造商，由艾伦斯·沃本（Aloys Wobben）创立于 1984 年，由于创始人技术出身的缘故，这个全球知名的风机制造商始终专注于技术创新，因此风机叶片所有主要配件均为自主研发，在风电垂直技术领域达到了史无前例的深度。1991年，该公司研发了世界上首个无齿轮风力涡轮机，此种机型通过一种新型变速箱，大幅度提高风力发电机的转速效率。1993 年，爱纳康大规模生产并借此在德国市场及周边站稳了脚跟。2002 年，安装了容量为 4.5 兆瓦的风机，在全球范围内保持将近 3 年最大风力发电机纪录，随后这项纪录被自己打破，在 2005 年升级为 6 兆瓦的风机，2007 年额定功率达到 7.5 兆瓦的风机在该公司面世，成为全球风电业的翘楚，5 年之内地位无人撼动。爱纳康的主要市场始终在德国本土及欧洲，占据德国陆上风电市场超过60%，是当之无愧的风电霸主。此外，爱纳康的专利技术也所向披靡，拥有全球风机领域接近 40% 的专利技术占有量，这对于一个企业来说是不可想象的，但由于创始人认为海上风电成本和风险始终难以把控并高于陆上风电，所以该企业并未涉及风生水起的海上风电。成立于 2001 年的瑞能公司（Repower Systems AG）是德国主要从事风机研发、生产、组装的企业。该公司成立之始就已经成功跻身全球十大风力发电机组制造商的行列，在全球市场份额超过 10%，该公司还生产世界单机容量最大的 5 兆瓦级海上风力发电机，并在 2008 年将该风机发电能力提升至 6 兆瓦。瑞能与爱纳康不同，注重全球市场，在北美和中国等市场都赢得大量订单，在德国本土市场份额约占 10%，但与爱纳康相同的也是技术至上，充分说明企业在能源创新发展中技术推动者的定位当之无愧。

西门子（Siemens）则不同，作为德国拥有上百年历史的大型跨国企业，涉及领域众多，其中电力作为该公司六大核心业务之一使得能源也与其有紧密的联系。2004 年，西门子收购丹麦 Bonus①能源企业，借此西门子成功跻身于全球十大风电企业。正是由于这项收购，西门子同时从 Bonus 手中获得了叶片专利技术，拥有了风电的核心竞争力。与爱纳康不同的是，西门子侧重点在全球市场和德国海上风电，不仅设计制造了世界上第一台超大型海上漂浮式风电机，在美国获得全球最大风电订单，在中国

---

① 没有准确的中文译名，因此用英文原名。

有一定市场份额，同时也成为德国北海和波罗的海地区大型海上风电项目的主要供应商。作为德国能源转型寄予厚望的海上风电企业，2012 年 8 月，德国一项推动加快海上风电的法律通过后，以西门子为代表的企业就在这个方向开展了自身推动和努力。海上风电之所以一直比陆地风电发展缓慢，其高昂的成本和风险是最大的障碍，这些风电场远离海岸，在深海区域，使得建设和此后的持续性维护成本都居高不下，在陆上风电已经基本趋于饱和的当下，德国迎难而上加大海上投资，西门子在这个领域投入巨资并全方位为降低海上风电成本进行努力。预计到 2020 年，以西门子为代表的海上风电企业会将成本降低 30% 左右，到时电力价格可能会降低到 10 欧分每千瓦时。从现状来看，由于海上风电安装、调试及维护等一系列费用的影响，海上风电电价要超过陆上风电电价接近一半，这种价格上的劣势也是推动企业加快能源技术研发最核心的动力。换言之，降低成本就意味着发展，发展意味着企业的生存和扩大，那么企业作为推动降低海上风电成本的角色不仅恰当且十分贴切。

政策影响者是企业的另一层角色定位。政策与经济发展是息息相关的，抑或说政策与市场两者无法分割，没有哪个企业不希望获得有利于自身发展的倾向性政策，同时希望通过政策去除对自己不良影响的经济行为。这里以光伏企业为例，分析企业在能源创新系统中政策影响者的角色定位。从 2000 年开始，作为可再生能源的重头戏，光伏产业就呈现爆发性增长，截止到 2010 年年底，德国光伏发电累计装机容量为 32.3 吉瓦，随后 2012 年一年新增装机容量就达到 7.6 吉瓦。[①] 作为连续多年稳居全球光伏发电第一位置的德国，相关企业在世界范围内也属于领先者，甚至有不少是整个国家制造领域的星级企业，以至于在欧债危机爆发后的几年中，德国光伏产业并未受到太大影响，在纵向领域所向披靡，从基础材料到绝大多数设备零件都自行生产。作为新兴能源企业，德国曾有一大批光伏企业如 Solar World、Aleo Solar、Solan、Q – Cells 和 Conenergy[②] 等，一度支配欧洲市场，并将产自德国的硬件和技术出口至全世界，但好景不长，紧接而来的转折使得德国相关企业生存受到挑战。

---

① EWEA. Wind in Power: 2012 European statistics. 2012.

② 这些公司均没有统一的中国译名，因此为表示准确，这里正文用原名。

德国光伏企业的转折来源于以中国为首的亚洲市场的冲击，中国通过价格竞争大幅度占据欧洲光伏市场，2012 年年底，仅中国出口产品就占据欧洲光伏市场一半以上的份额，这是对德国本土光伏企业的致命打击，直接将众多风光无限的企业推向生死边缘。与此同时，联邦政府对于可再生能源中光伏的推动和补贴存在变数，德国光伏装机总量逐渐下降，或者说经过数年的发展光伏装机容量已经趋于某种程度的饱和，连续数年的增长趋势不复存在，以至于每隔两三个月就会有一家德国光伏企业不堪负担而破产。从就业人员数据来看最为明显，"在 2011 年，德国从事光伏制造业的从业者大约有 12 万人，但经过一年的变化，到 2012 年年底，从业人员数字已经降至 8.7 万，仅 2 年时间德国光伏企业营业额就从 119 亿欧元下跌到 73.4 亿欧元"①。甚至连西门子（Siemens）和博世（Bosch）此类超级跨国企业也必须依赖削减业务才能存活下来，损失均达到 10 亿欧元左右。在这种背景下，以 Solar World 为首的企业开始影响政府政策的行动。

Solar World 是德国一家主要从事光伏产业的企业，业务覆盖整个光伏产业链，从原材料到晶硅片、太阳能电池面板以及后期的加工安装都涵括其中，产业在欧洲、美国等地都有发展。在没有受到中国光伏产品冲击之前，Solar World 一直享有政府的巨额补贴，该企业老板弗朗克·阿斯贝克（Frank Asbeck）以企业为平台，通过在政府中的多年游说获得成功，德国通过终端电力消费者支付的光伏发电基础设施补贴额度超过了 1000 亿欧元，这种补贴对于光伏企业而言是巨额且有效的，能给相关从业者带来实惠的利益收入，仅阿斯贝克一人就通过 Solar World 股票和期权获得超过 7000 万欧元的收益，这还不包括他作为领导层的高额薪酬。但中国光伏企业大规模低价销售改变了这一切，Solar World 逐步出现财务运行困境而面临破产，认为主要原因正是来自中国光伏产品的冲击，如果没有中国光伏晶硅面板的低价倾销，该公司不会出现这样的运营困难，甚至提出一旦恢复价格上的平等竞争，德国和欧洲光伏市场中所有本土企业都将逃过一劫。从该公司财报来看："2011 年，由于整个光伏行业的光伏组件产量过剩以及硅片供应合同遭到取消等，公司减损支出 3.13 亿欧元，其中主要用于老旧生产设备的账面

① BMU. National Renewable Energy Action Plan in accordance with Directive 2009/28/EC on the promotion of the use of energy from renewable sources. 2011.

价值削减，企业的亏损大约 2.33 亿欧元。2012 年 1～9 月，经营亏损接近
1.9 亿欧元，流动资产损失率高达 60%；在 2012 年三季度后，其总亏损额
已超过 10 亿欧元。2013 年第一季度企业发布的公告显示，行业继续面对恶
劣的经营环境，集团忙于重组，经营亏损为 4000 万欧元。"① 在这种背景
下，阿斯贝克带领 Solar World 针对中国光伏产品在欧美展开了近乎疯狂的
封杀性游说，注意，这里指出了欧美两地，意味着欧盟和美国针对中国光
伏产业展开的"双反"，客观而言都是由企业影响政策带来的。

美国针对中国的光伏"双反"从 2011 年 10 月开始，Solar World 带领
7 家企业一起联合向美国联邦政府递交要求，认为有必要对中国 75 家光伏
企业出口到美国的产品进行"双反"调查，并采取贸易限制措施，强调中
国光伏企业存在违法性补贴和倾销行为，包括数十亿欧元的廉价政府贷款
在内都是需要注意的问题。2012 年 5 月，企业游说成功，在部分议员的支
持下，美国政府接受这些企业的相关请求，决定对中国出口到美国的太阳
能组件征收最高达到 250% 的惩罚性关税，直接使原本仅有 20%～30% 成
本价格优势的中国企业遭受巨大打击，结果就是 2012 年 6 月起中国对美
光伏组件出口同比猛跌近 60%，导致中国在美国的光伏市场全军覆没。

欧盟针对中国的"双反"调查也是由 Solar World 引发而来的。对于 So-
lar World 来说，中国光伏产品对德国以及欧洲的冲击更加令其难以容忍，因
此在欧盟多晶硅"双反"调查过程中，该企业是最早提出投诉并要求对中国
进行贸易性惩罚的企业之一，在美国政府刚刚接受游说两个月后，Solar
World 就联合 25 家欧盟光伏企业，成立了欧洲光伏制造商联盟（Prosun 联
盟），即在大部分欧洲太阳能企业加入平价太阳能联盟的情况下，仍坚持游
说欧盟贸易委员会，向欧盟委员会提出申请，要求在欧盟市场发起对来自中
国光伏企业的相关进口产品进行"双反"调查申请。两个月后，欧盟委员会
接受调查申请，宣布未来会对来自中国的进口光伏产品进行反倾销式调查，
紧接着欧盟委员会开启反补贴式调查。在光伏领域，欧盟拥有全球最大的市
场，其整体装机容量要比美国市场大 10 倍左右，中国的光伏产业主要出口
地就是欧盟，于是在欧盟宣布"双反"调查后，整个中国光伏产业遭到前所
未有的打击，基本等同于市场前端全部沉没。反过来看，欧盟不惜冒着失去

① Solar World AG. Annual Report 2011. 2012.

20 多万个欧洲就业岗位的风险，宣布自 2013 年 6 月 6 日起对产自中国的太阳能电池板及关键器件征收 11.8% 的临时反倾销税，意味着企业通过游说影响政府政策以倾向于有利自己的方式是奏效的。尽管 Solar World 最终仍然无法避免破产的命运，但相对于没有提交"双反"之前处境要好得多，说明企业在影响国家甚至是区域性组织方面的角色是存在的。

一系列贸易争端后，在德国光伏领域问题就转变为相关企业是否能重新振作，通过调整和改革重回过去。尽管德国光伏产业前景仍旧光明，但附属的制造业却奄奄一息，针对中国展开的"双反"调查虽然在一定程度上缓解了其进一步的退化和淘汰，始终不能依靠政府的政治性行为来保护发展，企业作为政策影响者的角色定位首先要让自己在完全竞争性商业市场中站稳脚跟，这是一切的基础。因此，德国本土光伏企业在意识到这个问题之后，开始寻找能够重获优势的办法，起码德国相关领域专家对本土光伏产业发展充满信心，认为德国拥有优秀的硬件制造背景，有能力在光伏高科技创新的领域中获得解决方案及利润。正如在整个过程中扮演重要角色的 Solar World 在一番挣扎后破产被收购后，仍然计划重新寻找回到市场的方法，但从某种程度上而言，与其说 Solar World 是重新开始，不如说是通过压缩自身规模对市场进行妥协。因为 Solar World 也意识到仅仅局限于德国本土市场是导致其失败的另一个原因，必须将焦点投向国际市场，毕竟全球光伏硬件市场正在逐步走向繁荣。当然 Solar World 并非行业中唯一关注国际市场的，来自美国、亚洲、拉丁美洲及南非的企业也纷纷将眼光投向国际市场，这种情况下，德国光伏企业的出口比例从 2010 年的 50% 提升到了 2012 年的 60%，并且这个出口比例还在继续上升，比如包括光伏逆变器在内的一些德国王牌光伏产品在国际市场上仍保持原有竞争力。

不过这种转变仍然很矛盾，尽管许多德国光伏企业当时在本国已经处于破产边缘，但在国际市场上仍然发展良好，比如 S. A. G. Solarstrom 和 Phoenix Solar 是巴伐利亚的两家太阳能系统供应商，2012 年上半年，德国本土市场的不景气使其分别将焦点转向国际市场并成功获得盈利。德国光伏领域研究人员认为，德国光伏企业如果想要获得真正意义上的生机，不仅仅是适应海外市场这种改变，应该对自身进行重新定位。例如，在电力领域光伏企业需要站在智能电网的角度思考，能否找到与电网契合的新市场定位。换言之，光伏产品的消费对象应该是分布式生产商、行业消费者以及精打细算的居民，不应将焦点一直投放在初级晶硅面板价格的竞争之上。因为在任何领域，针对技术的竞争都不会停止，德国能源企业在发展前沿创新技术上的能力也不会停滞，通过创新技术帮助德企在全球光伏市场保持领先就变得极有可能并十分合理。

德国太阳能协会认为，"越来越多的居民和企业希望使用自家屋顶太阳能设备生产的电力，自产型太阳能的成本越来越低，使得这一太阳能设备成为市场上的香饽饽"①。为了恢复本土光伏企业信心，2013年5月，德国投资2500万欧元用于光伏储能系统的小规模生产商能够合法获得低息贷款和折扣，因为储能设施的生产成本居高不下，当时一个4.5千瓦时的储能系统成本为7000欧元，10千瓦时的成本则为1.15万欧元，在贷款项目开始实施的前3个月，德国复兴信贷银行（KfW）收到上千份相关贷款申请，庞大的需求量可见一斑。尽管低息贷款能够起到刺激行业发展的作用，但若想复兴德国光伏行业，还远远不够。因为除了贷款规模这个问题以外，申请贷款和折扣的手续与文书处理异常复杂，对行业发展的推进力度完全不足，仅仅是一种形式上的缓解。更重要的是，严峻的形势依旧威胁储能设备生产商，与太阳能模块生产商所面临的情况截然不同，储能设备生产方面德国并没有明显优势，20余家国外电池生产商早已做好进入德国市场的准备，其中就包括中国企业，因为中国企业同样具备生产储能设备的能力。

总之，将德国光伏产业进行一番梳理之后，可以清晰地看到企业在德国能源转型和发展道路中对政府政策的影响力度。Solar World针对中国在欧美两地提交的"双反"调查仅是管中窥豹的一个横截面，在能源发展的更多方面，能源企业为了自己而进行的政策影响数不胜数，甚至可以假设德国在推动可再生能源发展的进程中，有无数力量来自企业，可能无法确切衡量估计，但其背后的巨大影响不可忽视。

除了政府和企业，在能源创新体系的施动者中还占据一个位置的就是以专业科研机构为代表的其他参与者，这里主要就是与能源相关的科研机构与高校科研院所，它们无法被其归纳到前两个门类，但又不能忽视能源创新中专业研究机构的力量，于是这里将此类参与者的角色定位在前沿探

---

① David Wedepohl Interview. http: //www. ases. org/2013/03/friday – plenary – growing – the – so-lar – industry – challenges – opportunities – the – view – from – germany/，2013 – 11 – 5.

索者之上。因为不考虑商业竞争、经济价值以及未来的扩散程度，对于科研参与者而言，最重要的是在能源领域上不断突破，将现在认为的不可能变成可能。百年前人类不会想到太阳能可以发电，不会想到风力可以成为电力的依赖，但现在一切都成为可能，究其原因就在于科研参与者不断向不可能发起的挑战，在探索未知的领域进行努力。政府或者企业起码都是知道在发展已存且可行的情况下才会推广努力，科研参与者则不同，是真正以科学精神对世界探索，用在可再生能源领域就是不断拓展能源类型、提高能源效率、降低能源成本、增加能源储存，这一切都在不断的发展和积累中成为能源转型的推动力，那么前沿探索者的角色定位再合适不过。

弗劳恩霍夫风能与能源系统研究院（IWES）[①] 是德国境内最大的关于风能研究的专业科研机构，主要研究重点包括：风力发电机和风电发电厂的技术及运行管理；风力发电机和部件的动力学；风机叶片、驱动装置和基架的部件开发；风力发电机及其部件的测试和评估方法；风、海以及海床的环境分析，以利用风能和海洋能；分布式能源转换和储存系统的控制以及系统集成；智能电网、能源管理和电动汽车；光伏和生物能的系统技术；能源供应结构和系统分析。该研究院基本涵盖可再生能源整个产业链，在德国能源转型和技术创新过程中担当着重要前沿性推动角色。在弗劳恩霍夫研究协会内部，各研究院之间在专业技术和研究经验方面取长补短、互通有无，比如弗劳恩霍夫风能与能源系统研究院与很多高校科研机构开展密切合作，与汉诺威大学、奥尔登堡大学、不来梅大学组成 For-Wind[②] 联盟；与负责北方地区风能群的风能机构 WAB 一起成立新的德国国家风能研究联盟；与卡瑟和斯图加特大学继续保持密切合作；同时发展和巩固与不来梅大学及其他大学的关系；与位于黑森州巴德·海尔斯菲尔德市（Bad Hersfeld）由黑森州农业企业经济部参与经营的沼气研究中心（HBFZ）展开合作。通过弗劳恩霍夫能源和风能网络与智能能源网，促使德国和国际上的研究院与众多公共和工业研究机构进行成功合作，大多数项目都是与工业企业界合作及直接从企业得到的订单，显示出弗劳恩霍夫

---

① 全称为 Fraunhofer Institute for Wind Energy and Energy System Technology。

② 所有目前没有明确中文译名的外国机构、组织、项目等均使用原名，后面全文均如此，不再说明。

风能与能源系统研究院接近实际应用的研究。

最终，研究结果经过研究院众多科学家的努力在德国或国际特定标准化组织得到标准化和规范化认证，如德国电工委员会（DKE）、欧洲电子技术标准委员会（CENELEC）和国际电工委员会（IEC）等。作为专业的科研咨询机构，弗劳恩霍夫风能与能源系统研究院也将自己的技术和经验融入政治经济领域，在制定可再生能源法时，将海上能源利用、未来能源供应结构的开发应用到德国政府全球环境变化咨询委员会（WBGU）的工作中。如此看来，作为这种一定程度上半商业化、半科学化的科研机构不断研发推动革命性和创新性能源技术，发挥科学研究角色作用，与政府的导向角色、企业的商业角色完整构建创新系统中的施动者部分。

第四节　德国的可再生能源发展基调与现状

德国联邦政府在 2010 年秋天做出对能源政策最大的长期调整，即彻底向可再生能源转变，直接将能源发展道路设置到 2050 年，并将可再生能源定位为未来能源供给的主要类型，这个转变建立在过去数年政策成功的基础之上，尤其是对 2007 年能源和气候项目的整合，但目标更加远大，联邦政府努力将德国打造成为全球最具能源效率和环境友好的经济类型，同时还试图保持稳定可控的能源价格和高水平的经济繁荣。

在提出"能源转型"这个概念以后，联邦政府确定了以 1990 年为基准，到 2020 年之前削减 40% 温室气体排放的目标，到 2030 年削减 55%，2040 年为 70%，最终到 2050 年削减 80% ~ 95%；能源效率是"能源转型"另一个支柱，设定与 2008 年相比到 2020 年一次性能源消费中要削减 20%，2050 年要削减 50% 的目标；[1] 可再生能源占比目标要求 2020 年电力领域达到 35%，终端能源领域达到 18%，到 2050 年要分别实现至少 80% 和 60% 的目标（具体数据见表 3 - 1）。迄今为止，德国在所有领域都

---

[1]　BMU. Transforming our Energy System – the Foundation of a New Energy Age. 2012.

取得了不错的成绩，但想要达到 2020 年设定的目标仍然需要努力，在工业和交通领域大规模地提高可再生能源比重，促进能源效率是"能源转型"的核心。因此，德国能源转型的基调为：2022 年以前彻底退出核能应用；全方面动态扩展可再生能源；快速扩大和改造升级电网；在技术创新的支持下大幅度提高能源效率。尤其是在建筑、交通、电力领域，联邦政府为了确保这种改革下能源供给的可靠性和稳定性，要求全面加强推动工业化，并更加严厉地执行可持续环境保护政策。

表 3 – 1   联邦政府可再生能源 2020～2050 年目标   单位：%

年份	可再生能源占电力消费比重	可再生能源占终端能源消费比重
2020	至少 35	至少 18
2030	至少 50	至少 30
2040	至少 65	至少 45
2050	至少 80	至少 60

资料来源：BMU – Development of renewable energy sources in Germany 2012 Graphics.

首先，退出核能。在日本福岛核泄漏事故发生后，德国政府重新评估了核电风险，并最终决定退出核电领域，整个退出过程根据原子能法案修订法分步实现，在 2022 年将最后一个核电站彻底从电网中分离出去。德国全境共有 17 座核电站，日本福岛核泄漏事故之后，联邦政府暂停 2010 年延长核电站运营期限 3 个月的计划，关闭 7 座 1980 年之前投入运营的核电站，剩余 10 座核电站暂定继续维持使用。[1] 在德国传统能源政策中，核能作为清洁能源的典型代表，一直在电力领域发挥重要作用，虽无法与太阳能、风能等可再生能源的环保度相比，但其优越的效能与性价比仍然使政府无法放弃核能开发。2010 年，核能发电份额占比 23.3%，福岛核泄漏事故发生后，2013 年德国核能发电量为 970 亿千瓦时，同比下降 30 亿千瓦时，占德国总电量的 15%。核能依然是德国第三大能源载体，巨大的能源利益促使联邦政府始终维持核能在电力领域的开发，直到福岛核泄漏

---

[1]   Historischer Beschluss: Atomausstieg bis 2022 perfekt, http://www.focus.de/finanzen/news/energie – historischer – beschluss – atomausstieg – bis – 2022 – perfekt_ aid_ 641714. html（历史性的决定：2022 年核能彻底结束），载于德国《焦点》杂志网站。

事故发生，才从根本上改变德国对于核能开发的态度，也更加坚定了联邦政府彻底退出核能的决心。

其次，扩大可再生能源。在核能退出的背景下可再生能源变成整个德国能源系统的重要支柱，计划到 2020 年前可再生能源要占电力供给的 35%。为此，保障可再生能源发展的《可再生能源法》（EEG）修订案于 2012 年 1 月 1 日正式生效，对同年遭受大起大落的光伏给予重点关注。《可再生能源法》的目的在于确保可再生能源能够在电力领域持续不断地增加份额，并同时扩大市场和系统整合。此外，从 2012 年开始的灵活溢价和可选择性市场溢价也为以需求和市场为导向的可再生能源发展提供相应保障，整个可再生能源法在欧盟法令 2009/28/EC[1] 要求的框架下推动可再生能源的发展和提升。当然热力系统可再生能源促进行动（EEWärmeG）和市场刺激计划（MAP）等也推动了可再生能源在热力和建筑领域的发展，同时研究与发展（R&D）领域大规模的创新也是促进因素之一。

再次，扩大电网。未来整个电网系统必须改造升级，以确保接纳可再生能源电力。因此，能源管理计划第一次从国家范围内调整扩大电网，通过强有力的公众参与和修订原则确保其透明度，使扩大具备了可能性。在与德国联邦网络局[2]的合作中，草拟了网络发展计划（NEP）逐步实现并网发电，最终确保电力安全供给。在此基础上，联邦议会通过了关于加快电网扩张的行动，优先考虑与配电网相关的 51 项措施，同时因为来自风能跟光伏的波动式电力显得越来越重要，还考虑通过迷你电网改造旧电网，以便更好地完成发电与用电的平衡。

最后，能源和环境基金和能源转型的监督管理。为了加速促进能源转型，联邦政府专门建立了一个特别的能源和环境基金，关注建筑节能减排、可再生能源和储能技术的研究和发展，资金来源主要是碳排放交易权的拍卖所得税。2011 年 10 月，联邦政府还批准名为"为了未来的能源"的监督进程，目的就是回顾整个能源转型的调整发展过程，包括相关的目标计划及需要补救的措施。作为这个进程的一部分，联邦政府每年都公布相关年度监督

---

① EU. Directive 2009/28/EC（23/04/2009 Official Journal of the European Union L140/16）. 2009.

② 全称为 Bundesnetzagentur - BNetzA。

报告，且每 3 年公布 1 次进程报告，第一次报告在 2014 年年底公布。

全方位向可再生能源转型是一个巨大挑战，基于可再生能源的能源体系可以推动德国成为工业化国家中的先锋代表，为能源转型的可持续性发展和经济成功铺平道路。更重要的是，生态与环境上的优势和对进口化石能源依赖的脱离为整个国家许多相关行业带来了巨大机遇，同时也极大地符合环境、经济和社会的可持续标准。总之，适当的规模、良好的基础、优越的群众氛围以及政府清晰的角色定位和助推使得德国可再生能源发展具备稳定且具有未来发展前景的现状，这里通过表 3 - 2 和图 3 - 1 来了解目前德国可再生能源的基本现状。

表 3 - 2　2016～2017 年德国可再生能源基本情况

分类	2016 年	2017 年
可再生能源占比（%）		
占终端能源消费	14.8	15.6
占电力消费	31.6	36.0
占冷/热最终能耗	13.5	13.2
占交通能耗	5.2	5.2
占一次能源消费	12.4	13.1
使用可再生能源可避免的温室气体排放量（百万吨）		
温室气体避免总量	158.1	177.1
通过《可再生能源法》中电力补贴避免量	98.9	115.6
通过使用可再生能源的经济动力（亿欧元）		
投资建设可再生能源项目	154	157
可再生能源运营的成本/收入	156	162

资料来源：BMWi - Renewable Energy sources in Figures 2017.

截止到 2017 年年底，德国可再生能源占终端能源消耗的 15.6%，相较于 2016 年的 14.8% 是稳步提升的（见表 3 - 2）；2016 年占电力消耗的 31.6%，2017 年已经达到 36.0%，增长速度已经超过此前设定的 2020 年 35% 的目标；2017 年占冷/热能源消耗的 13.2%，相较于 2016 年的 13.5% 略有下降；2017 年占交通行业能耗的 5.2%，与 2016 年基本持平；2017 年占一次能源消耗的 13.1%，2016 为 12.4%，也有增长。通过推动可再生能源削减的二氧化碳排放量也表现不俗，其中 2016 年温室气体避免量 158.1 百万吨，2017 年上升到 177.1 百万吨；通过《可再生能源法》的电力补贴避免的二氧化碳排放在 2016 年为 98.9 百万吨，2017 年为 115.6 百万吨。此外，可再生能源带来的经济效应在近两年也均在 150 亿欧元以上。

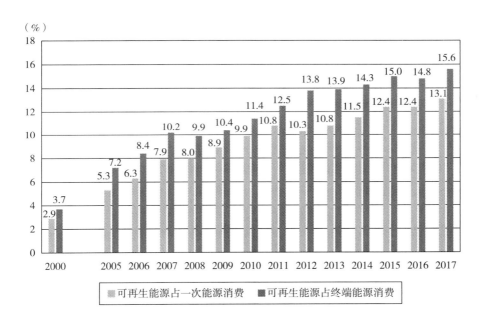

图 3 - 1　2000~2017 年德国可再生能源占终端能源与初级能源消费比

资料来源：BMWi - Renewable Energy sources in Figures 2017.

从目前基本发展情况来看，虽然政府压力较大，但执行推进情况良好，也可以充分说明德国对可再生能源的重视和推动。具体到电力领域，可再生能源表现更为突出，如图 3 - 2 所示。2017 年德国可再生能源发电量达到 2164 亿千瓦时，占比全部能源类型的 36.0%。其中风电近几年替代光伏表现优异，排名第一，占全部能源类型的 17.6%，陆上风电占比为 14.7%，发电量 880 亿千瓦时，海上风电表现优异，占比达到 2.9%，发电量为 177 亿千瓦时；光伏全年发电量达到 394 亿千瓦时，占比为 6.6%，排名第二；而包含沼气、生物液体与固体燃料、生物甲烷等在内的生物质能发电量占 8.3%，发电量 492 亿千瓦时，仅次于风电与光伏发电，排名第三。

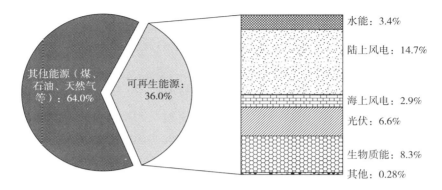

图 3 - 2　2017 年德国可再生能源在发电领域中的具体占比

数据来源：BMWi - Renewable Energy sources in Figures 2017.

德国每隔 10 年实现一次较大飞跃与提升，从 1990 年开始可再生能源就在不断累积中增长，以可再生能源在电力领域的占比为例，从 1990 年仅有 3.4% 的份额，到 2000 年翻倍到 6.3%，2010 年则增长达到了 2000 年的 3 倍左右（17%），到 2017 年已经突破 35% 的目标，达到 36%，如图 3 - 3 所示。按照这个增长速率不仅可以达到所有既定目标，甚至可以实现超越。其他领域虽然较电力领域来说没有如此明显优势，但也基本稳定增长。

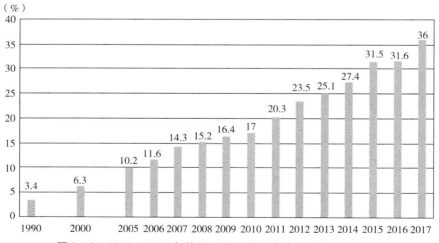

图 3 - 3　1990 ~ 2017 年德国可再生能源在电力消费中的占比

数据来源：BMWi - Renewable Energy sources in Figures 2017.

此外，除去投资、就业、减排及降低能源进口依赖和成本等益处，推动以可再生能源为主的能源转型在社会方面也有收获。一方面，减少环境污染，避免额外成本。以化石能源为基础的热能和发电必然会比以可再生能源为基础的热能和发电带来更多温室气体排放，如果通过可再生能源减排会从经济上极大推动成本节约，且成本节约还包括更多下游领域，如由于空气问题而导致的土地污染、健康和水的影响、生态系统的危害以及对农业、生物多样性等各种负面问题；另一方面，可再生能源扩大的其他积极影响除了可以避免环境危害，还有部分被量化的社会优势：保护稀有资源；为可再生能源基础建设提供创新动力；加强分散性结构并借此增加区域价值；扩大向其他国家进行的技术和设备转移影响；减低进口和能源供给依赖，减少国际安全风险等。通过可再生能源降低稀有资源竞争，间接为外部和内部能源安全做贡献，在宏观经济领域，通过可再生能源推动的地区和国家层面的经济发展，最终会形成就业和附加值增加的正面促进。

总而言之，德国可再生能源具备转型的基础和条件，无论是欧盟作为外在背景环境，还是联邦政府作为本身推动力，针对可再生能源发展路径定位恰当的角色，都使得可再生能源在德国能够比在其他国家发展更加平稳。仔细分析可再生能源在电力和终端能源消耗两个领域2050年的目标，就会发现，这并非一个单纯的能源转型，而是通过此次转型彻底改变德国在国际安全格局中的地位，石油、天然气等传统能源是俄罗斯等国保障自身地位的重要手段，一旦德国经济发展彻底脱离境外传统能源的约束，不仅对普适意义上的环境保护有价值，更加在欧盟以及与美国的跨大西洋关系中占据主动性优势。德国针对能源转型的坚定信心是其他国家无法相比的，核能就是最好的说明，作为清洁能源的代表，虽然在环保程度上无法跟可再生能源相比，但在发电领域具有很大优势，由于核废料处理始终是个隐患，在日本福岛核泄漏事故后，德国民众终于找到爆发点。德国也正是意识到这一点，以自身为载体，从能源各个领域推出相关创新性技术和创新性政策，合理定位自身角色，成为能源创新体系中推动可再生能源创新路径形成的施动者。

第四章
德国可再生能源创新工具
——技术创新

在施动者设定系列目标后，德国的可再生能源发展路径在第一个层次变得清晰明朗，即具有目标明确的蓝图愿景，一切处于计划方案中。德国想要真正感受到通过自身努力与反击环境和能源问题获得的成功，需要在推动实现的过程中以有效的工具促使可再生能源发展。正如一个武士拥有了清晰的头脑和明确的方向，还需要武器才能真正行动，而创新工具就是实现这个过程最重要的武器。本书提出的创新工具由技术创新和政策创新两个部分组成，也是德国可再生能源发展路径的核心环节。这一章主要探讨各类相关的技术创新。

第一节　R&D的大幅度投入

在能源转型进程中，可再生能源与传统能源相比，其技术门槛和商业化是推动发展必须解决的问题，如高昂的成本、季节和气候的不稳定、地域限制以及能源波动性等。在前期无利润的技术困境下，德国只有以政府的力量大规模开展 R&D 投资才能突破技术壁垒，真正通过技术创新实现可再生能源的成本降低和商业化融合。

欧盟的研发投入是德国可再生能源发展的重要支持背景。欧盟研究与技术框架计划（Framework Programme，FP）是目前全球最大的官方科技计划之一，目的在于欧盟成员国共同努力探索突破国际前沿与超竞争性课题，经过

30 多年的发展和完善，成为欧盟战略轨道的一部分。从 1984 年开始第 1 期，已经成功完成 6 期，2007 年欧盟委员会启动第 7 个科技框架计划（2007~2013 年），"总预算额为 510 亿欧元，其中 23.5 亿欧元将投资能源相关的项目，仅 2012 年 FP7 用于能源研发的资金就达 3.14 亿欧元，主要用于可再生能源、洁净煤技术、智能电网与智能城市三大主题"[1]。

　　在 2013 年年底结束后，由于欧债危机的影响，欧盟认为通过技术创新促进欧洲经济增长，全方位复苏成为重点，为了进一步肯定技术创新的重要地位，顺利承接的第八研发框架计划（2014~2020 年）就更名为"地平线 2020（Horizon 2020）"[2]，包括整个欧盟层面所有框架计划在内的科研创新项目，总资助金额达到 770 亿欧元，与到 2013 年年底结束的 FP7 相比，资金增幅达到了 23.4%，最明显且颇具争议的就是针对技术创新的资助金额从 FP7 的 3.09 亿欧元增长为史无前例的 25 亿欧元，主要领域就是可再生能源、气候变化等。其中第一期（2014~2015 年）、第二期（2016~2017 年）已经顺利完成，最后一期（2018~2020 年）300 亿欧元的预算中将在影响力大而关注度不够的领域投入更多，低碳与气候的研究课题获 33 亿欧元拨款，可再生能源、能效建筑、电动运输和能源储存方案四个相关领域的清洁能源研究会获得 22 亿欧元的资助，能源储存以下一代电池为重点，预算 2 亿欧元，旨在进一步减少对化石能源的依赖，并减少二氧化碳排放。不断推高的技术创新资助一方面可以极大减轻可再生能源发展中所面临的技术投资困境，帮助欧盟在实现"20–20–20"[3]能源目标的过程中更进一步；另一方面，让欧盟成员国在助推本国能源转型道路进程中吃下定心丸，这样德国作为可再生能源领域发展迅速且深入的国家，就可以获得联邦政府和欧盟双重资助带来的技术创新动力。

　　对于 R&D 的投入，在欧盟的支持下德国也不遗余力，正在逐步将能源供给向以可再生能源为基础，环境更加友好、可靠且价格能够承担的方向迈进。2012 年 12 月，德国能源转型的第一份检测报告获得批准。报告认为，第一个两年计划任务取得了极具重要意义的进步，在许多方面已经

---

①　Energy research in the 7th Framework Programme. http：//cordis. europa. eu/fp7/energy/home_ en. html.

②　Horizon 2020. http：//ec. europa. eu/research/horizon2020/index_ en. cfm.

③　是欧盟于 2008 年提出的气候与能源一揽子计划中到 2020 年，CO_2 排放量从 1990 年的水平减少 20%，提高能源效率 20%，可再生能源要占据总能源的 20% 的简称。详见：The EU climate and ener-gy package. 2008. http：//ec. europa. eu/clima/policies/package/.

看到积极发展趋势，且政府认为能源转型在向既定目标顺利推动，可再生能源对能源供给的贡献前所未有，正在以不断加速扩大和转化电网为基础展开，推动能源效率的提高。

　　未来数年，除去提高能源效率这一核心任务，德国还将焦点更多落在通过能源政策降低成本方面，并灵活改组能源供给体系。以联邦环境、自然保护和核安全部[①]为主，兼与其他部门开展的研究和资助在落实挑战的过程中发挥了关键作用，能源研究政策支持通过技术研发，以更加环保的方式，稳定而经济地达到预计目标。在能源政策执行的全新过程中，联邦环境部不断扩展对可再生能源项目的支持，并持续关注研究和发展进程，从风能、光伏及地热的发电技术到电网和储存系统技术。毫无疑问，支持以可再生能源为基础的能源供给系统转化的关键要素就是技术，因此联邦政府格外支持高质量的项目研发，以便进一步在能源供给体系中提高可再生能源的比例，降低可再生能源成本并提高能源效率，巩固德国在未来全球范围内的领导力及德国企业在全球市场中的竞争力。

　　具体来看，联邦政府在 2011～2015 年的财政预算中批准针对可再生能源技术研发投入 35 亿欧元，其中最具标志性的就是建立"能源与气候基金"（EKF）[②]，2010 年 9 月德国政府建立了一个特别的能源与气候基金，该基金从 2011 年 1 月开始运营，主要通过碳排放交易市场的收入获得资金来源，这样就不需要受国家预算控制，旨在支持整个国家能源体系转型的加速发展。碳排放交易是一个以市场为基准，用于限制温室气体排放和保护气候的工具，在这个体系中，碳排放交易意味着购买和销售排放具有国家规定的温室气体配额。所有碳排放交易收入都将注入能源和气候基金，促进能源效能、可再生能源、储能及电网技术及能源相关的建筑现代化、国家与国际气候保护、环境项目、电力流动性研究和能源密集型企业电力价格的补贴等领域的发展。

　　此外，自 2008 年以来，联邦环境部的国际气候倡议组就提出针对发展中国家、新型工业化国家以及转型国家相关气候项目的融资，基于联邦议院的决定，气候与能源基金每年可以从碳排放交易所得收入中为这个项

---

① 此后文中简称联邦环境部。

② 全称为 Energy and Climate Fund。

目融资留出一部分，通过这种创新金融机制，德国政府可以有效地为减排和适应气候变化做出相应贡献。

能源与气候基金成功地为能源研究、电动汽车发展、建筑节能改造和国内国际气候保护项目提供强有力的经济支持，从2013年开始，该基金就为可再生能源技术和应用提供每年30亿欧元的R&D资金支持。到2014年年底，德国用于可再生能源研究经费的80%都由该基金提供，无论是企业还是科研机构，只要与可再生能源相关，并能够在提高能源效率、降低能源成本以及能源技术突破上获得进展，都可以通过这些支持得以实现。能源转型开始推动的前几年，从数据来看强有力的资助力度十分明显："仅2012年一年，新核准项目就获得明显增长，尤其是能源与气候基金会框架下的项目更为显著，大约有370个、总金额在2.9亿欧元的新项目被核准通过，仅这一年的新核准项目就是2010年的2倍之多。2013年，联邦环境部从财政预算以及能源与环境基金中划分出1.86亿欧元用于可再生能源领域支持相关研究发展项目，比2012年增加了3250万欧元的资助，是2004年的3倍，这一切都展现了德国能源转型的决心。"① 在此期间，2011年8月联邦政府还发布"第六能源研究计划"②，也被称为"面向环保、可靠和廉价的能源供应研究"③，确定了随后几年德国促进能源技术创新的基本定位与相关原则，由联邦经济与能源部、环境部、农业部及教育与研究部联合参与。2011~2014年的执行期间，该研究计划资助金额拨款达到34亿欧元，其中可再生能源获得资助13亿欧元，能源效率的拨款达到12亿欧元，重点支持可再生能源、能源效率、储能技术、电网技术及可再生能源整合等推动能源转型的研究领域，为打造兼顾环境、安全及经济性的能源供给系统创造前提条件，推动德国顺利进入可再生能源时代，成为全球节能与环保经济体标杆。

德国针对不同类型的可再生能源展开的资助也十分可观。其一，风电。在未来可预见的情况下，风电的成本和利润都会不断降低，只有追赶保持这一领域的技术领先才能持续获得利润。考虑到此，联邦环境部支持规模数量极大的动叶片、短舱以及支撑结构的研究，其中，还有在实验室

---

① BMU. Entwicklung der erneubaren Energien in Deutschland im Jahre 2012.

② 全称为 Das 6. Energieforschungsprogramm der Bundesregierung。

③ BMWi. Forschung für eine umweltschonende, zuverlässige und bezahlbare Energieversorgung. 2011.

环境下测试原型大小设备的项目，主要是为了加快研究进展并能够长期降低成本。在海上离岸风电部分，2012 年 3 月德国就实现了风电关于削减成本、提高稳定性和经济性的研究突破。其间，弗劳恩霍夫风能和能源系统研究院的离岸基础研究部与海上风电企业展开合作，提出了"分布式实验场"的应用规划，主要设立在商业风电厂周边，用于促进离岸技术的研究和发展。2011 年，联邦政府新批准风电项目投资达到 8121 万欧元，68 个新项目上马，随后由于市场拓展艰难，技术创新进度较慢，2012～2014 年投资下降，但从 2015 年开始又恢复增长，达到 8539 万欧元，新项目数也上升到 103 个，到 2017 年新增投资已经达到 9597 万欧元。① 此外，欧盟委员会的 NER300② 项目为德国关于可再生能源的三个示范项目提供资助，其中除去溢价生物质电厂，其他两家为离岸风电公司，分别属于 RWE Innogy 和 BARD Holding，作为 NER300 项目的第一期，德国获得了该项目最大数额的资助。

其二，光伏发电。2011 年前后，光伏产业经历了一个艰难阵痛的过程，过高的成本和资金投入并没有换来相应的产出，但针对光伏研究超过 5 年以上的技术创新项目始终向政府和大众强调其可行性，所有参与的企业和研究机构对光伏创新都给予积极评估，并得到相应认可。2012 年，能源与气候基金会向光伏相关项目的投资达到 5170 万欧元的新高度，尤其是针对光伏创新技术的研究，毕竟可再生能源中光伏始终是应用范畴最广泛的类型。2015 年，联邦政府针对光伏的新批准投资达到 7864 万欧元、97 个项目，虽略少于风电，但远远高于其他可再生能源类型。2016 年，新增投资突破 1 亿欧元关卡，达到有史以来最高的 1.17 亿欧元的规模，166 个新增项目也在同年批获。2017 年略有回落，8931 万欧元的新增投资低于上一年，但仍保持高投资水准，新批准项目在百个以上，即达到 103 个。③

其三，其他类型可再生能源。针对地热，太阳光热能厂的新增资助也在 2011 年增加到 3033 万欧元，随后不断降低，到 2017 年已经降到 1362 万欧

① BMWi. The energy transition：Innovation through Research. 2016.

② NER 全称为 New Entrance Reserve，具体是指新入碳储存额度在碳捕捉和存储 CCS 和可再生能源领域针对 CO_2 证书交易的示范项目。

③ BMWi. Erneuerbare Energien und Energieeffizienz：Projekte und Ergebnisse der Forschungsförderung 2017，2018.

元的资助规模。其中，地热的资助从 2011 年的 2144 万欧元降到 2017 年的 800 万欧元，太阳光热能厂的新增资助从 2011 年的 889 万欧元降到 2017 年的 562 万欧元。这说明在能源转型最开始提出时联邦政府的资助力度最大，但在发展中联邦政府逐渐将重心转向风电和光伏发电等重点领域，降低了对其他小众可再生能源的研发资助，这与德国通过重点投入高回报领域从而获得较好反馈与效果的态度是一致的。针对电网扩张和转化，能源供给和消费的智能互动以及能源储蓄的关键问题，技术解决战略至关重要，可观的资助金额证明了这一点。储能系统在 2011 年只有 1037 万欧元的新增资助，但到 2017 年已经达到 3819 万欧元，新增项目也升至 94 个，其间在 2015 年曾达到 4279 万欧元的水准，而电网改造的资助力度更大，2011 年获批新增投资 2588 万欧元，2015 年飙升至 7792 万欧元，新增获批 163 个项目，足以证明政府对其升级的决心，2017 年虽略有下降，也有 5496 万欧元。

总体来看，可再生能源和能源效率作为能源政策的两个核心支柱，从 2006 年开始就持续增长和发展，政府针对相关的研究项目资助力度前所未有，这种制度性的资金运行和投入成为可再生能源创新发展最好的保障。因为德国可再生能源的扩展并非一个短期项目，或仅仅是一笔预算就可以解决的，要形成创新性能源发展路径，必须通过长期性、规划性且持续不断的努力，才能实现设定目标。

传统能源通过长时间积累的能源惯性不可能在短短几年内就得到彻底修正，可再生能源要逐渐取代传统能源，在没有具备足够商业竞争力之前，都是一个漫长的技术变革过程，需要 R&D 的可持续支持。在德国可再生能源发展道路中，创新的施动者政府、企业和相关专业研究机构参与者三个层次的角色定位完整，即在主体具备能力且不遗漏的情况下，作为创新工具核心的技术创新，只有在大规模资金投入的推动下才能保证其高速发展。从外在来看，欧盟的研发框架计划大部分都落到了几个重要国家，德国在此前的七轮框架计划及正在进行的"地平线 2020"计划中都获得了数额巨大的研究经费支持，其他地区和国家根本无法企及；从内在来看，联邦政府持续多年不遗余力的大规模资助，使得可再生能源在欧盟与德国自身的双重支持下，技术创新获得真正的保障。

继续稳定保持 R&D 的持续投入支持，国家的经济能力也十分重要。在欧债危机、欧盟各成员国经济衰退的背景下，德国经济的强劲生命力和稳定表现给能源技术创新吃下了定心丸。创新的施动者来自三个层次，在政府把控宏观走向的前提下，企业以商业竞争和市场发展为压力展开创新投入，创新动力不仅仅来自那些家喻户晓的超大型跨国企业，更重要的是来自极具竞争力的中小型企业的贡献。技术创新在工业细化逐步提升的今天，中小企业的专业性深入到创新的每一个角落，从研究最前端开始保证技术的突破及对未来要求的符合，并尽可能在生产过程及此后的应用中提高能源效率，降低各种生产成本，以技术革新为基准推动发展。不仅在能源领域，事实上包括整个工业制造业，德国的产品和技术质量均十分可靠，从相关技术的使用周期和稳定度来看，能源消耗和碳排放的低排位都在世界领先，这是德国在全球工业及技术领域内保持高端竞争力的保障，同时也是可再生能源发展的坚实基础。

优良的工业基础细化到能源领域效果显著，德国在能源领域技术的优势和领先地位受到最大范围肯定，大规模的 R&D 投资获得了极高的回报率。换言之，能源创新系统的构建和发展并不是任何一个国家或区域想当然的改革，没有雄厚的工业基础和在此基础上的大规模资金投入，技术创新无从谈起。德国正是因为具备这些条件，可再生能源领域的技术创新才能全方位地发展并呈现。

第二节　风电领域的技术创新

在德国，风能始终是可再生能源在发电领域的支柱，其研发经费的主要关注点在于如何有效地降低能源成本，以经济和生态的视角来优化陆上和海上风电的扩张，并支持德国风电企业尽可能地进入市场进行全方面的竞争。风电领域的技术创新涉及很多方面，不仅包括风力涡轮机内部设计的改进，也包括风电稳定性和未来发电预测能力、可再生能源供给系统中和电网的融合、市场和技术发展领域内的优化等，当然还有更为细节的技术创新。这里讨论的几项都是实质性技术推动发展，甚至影响可再生能源政策制定方向，同时也是吸引极大规模资金投入的创新。

从可再生能源现状来看，风电作为现阶段发展最快的可再生能源类型之一，在全球电力生产结构占比中逐年攀升，在各国的支持力度均十分强劲，发展前景广阔。根据全球风能协会预测，未来全球风电累计装机容量仍然将以每年9.5%的速度继续保持增长，并有可能在2022年达到841吉瓦。此外，下一阶段全球风电新增装机容量也将继续保持稳定增长，预计每年新增装机容量都能达到50吉瓦以上。相对于陆上风电而言，海上风电具有发电量高、单机装机容量大、机组运行稳定、适合大规模开发等优势，因此也成为未来全球风电场建设的新风向，根据现在的发展速度估计，全球海上风电总装机容量可能在2030年达到100吉瓦。

2017年，全球风电的新增装机总容量达到52.49吉瓦，整个欧洲风电呈现创纪录增长，新增装机容量为16.8吉瓦。其中，德国新增装机容量超过6吉瓦，占全球新增装机容量的12%，位居全球第三；英国的装机容量表现不俗，新增装机容量4.2吉瓦，相较于2016年增加了5倍；紧随其后的法国以新增装机容量超过1.6吉瓦的数据重振市场；芬兰、比利时、爱尔兰和克罗地亚也都突破了装机纪录；欧洲海上风电装机容量以超过3吉瓦的成绩证明了未来海上风电的宏伟蓝图；中国在过去几年早已成为全球风能领头羊，虽然增速放缓，但2017年新增装机容量为19.7吉瓦，占全球新增装机容量的37.45%，累计装机容量也达188.4吉瓦，均位居世界第一。此外，北美也继续保持强劲增长，美国以占全球新增容量13.37%的数据位居第二。但过去几年，风电的强劲发展却带来产能过剩问题，从而引发风电价格下降的趋势，风电的低价在全球各国市场比比皆是。在摩洛哥、印度和加拿大，风电价格在0.03美分/千瓦时左右，而墨西哥更是出现0.02美分/千瓦时的招标价格。2017年，德国风电招标中甚至出现全球首个"无补贴"海上风电项目，这一项目装机容量达到1吉瓦，其电价也将不会超过电力市场的批发价格。

德国自从风电价格和利润开始不断下降后，也出现了产能过剩现象，多数人认为风电不太可能遭遇与光伏市场发展类似的情况，当亚洲的竞争者过度削弱德国风力涡轮机价格时，至少物流成本可以进行一定程度的弥补，因为多年的经验积累是德国制造商的优势，能够让它们获得优惠条件下与风电厂有关的大型投资。在这种背景下，2012年9月，联邦环境部针对风电未来的发展方向展开讨论，联邦政府内部一致同意主要目标为削减成本和增加设备稳定性，因此过去几年风电的研究议题主要包括风电场风力涡轮机和接入陆地复杂地形潜在可能性之间的管理、运营和交互影响，比如状态监测系统、本地传感器以及元件测试和容量测试的标准。未来，发展的关键则主要落在旋转叶片和驱动技术的引入。考虑到这一点，联邦政府支持各种关于旋转叶片、短舱以及支撑结构的大规模实验，所有相关实验台都是目前世界上最为先进的，也确实取得了国际领先突破。比如，在阿尔法·文图斯（Alpha Ventus）海上风电厂设立的"分布式实验台"选择具备商业用途的涡轮机，目的在于证明未来的成本降低可行度，并能够实现大范围分析不同种类涡轮机和建厂条件的可行性，经过几年的技术创新基本实现了相关设定目标。

目前，德国大部分可再生能源电力都是由现代风能设备生产的，许多陆上和海上的新建风电场除了安装新式风力涡轮机以外，以旧换新（Re-powering）项目也将现有设备更新为更高效的涡轮机。在大部分情况下，由于海上强劲稳定的风力，可以促使海上风电场产生两倍于陆地风电的电力，但由于技术和后勤补给的需求挑战，海上风电在建设和维护方面的高昂成本使得海上风力发电价格始终居高不下。经过多年的技术创新突破，三叶片水平轴风力涡轮机已是普遍型号，走向更大规模的风能设备和更高产能成为未来趋势，80米或者更长的叶片长度成为后续维护的主要挑战。

密集的研发创新和开发工作逐步推动风电价格的不断降低，扩大其在整个电力市场的话语权，联邦政府在风电领域的研究经费重点投入在利用创新技术和工艺提高风力发电量并进一步降低成本方面，从风能设备的规划和生产入手，比如基于计算机的设计流程推动连续自动化转子叶片制造等。为了尽可能从风中获取更多能源，风电塔架设计越来越高，叶片越来越长，带来的问题就是各组件负载增大，因此相关领域的创新着重推动开发新材料和复合材料，有助于减轻叶片的重量并稳定具有超级长度的叶片，通过创新的控制过程和强大的电子设备促使风电设施运转实现平稳运营且降低后期维护难度。

在德国，风电设备在投放市场运行之前，要进行全面测试，不来梅测试场由弗劳恩霍夫风能和能源系统研究院于2017年开始主持运营，德国的科研机构和风能设备制造商均可以在这里进行实地操作或在室内试验台开展广泛测试。在海上，建造风电设备常常面临与其基础相关的额外挑战，例如强大的海流可能导致沉积物的移动、侵蚀地基周边海床等，mar-Tech 研究项目使用沿海研究中心（FZK）的大波浪水槽来预防或减少这种冲刷问题，该波浪水槽是当前世界上最大的海上测试设备之一。总之，德国联邦教育和研究部以及联邦经济事务和能源部在 2017 年累计提供了约 7511 万欧元资金支持 354 个正在进行的风能项目。德国历年风电研发资金投入如图 4 - 1 所示。此外，各部门在 2017 年还为 86 个新研究项目拨款约 9597 万欧元用于支持技术研发。

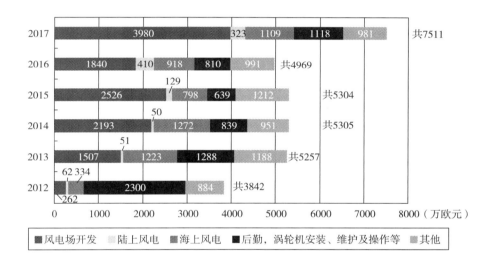

图 4 - 1　德国历年风电研发资金投入

数据来源：BMWi. 2018 Federal Government Report on Energy Research.

在此背景下，风电作为技术创新的标杆之一，具体体现在以下几个方面：首先，针对风电稳定的新技术。在联邦政府推动可再生能源发展的进程中，想要真正达到环保、低碳经济的目的，不仅是单纯增加可再生能源总量这么简单，而要推动可再生能源能够为电网提供完整持续增长的系统服务。必须承认，到目前为止，风能发电由于各种各样的原因均无法保障提供持续稳定的电力，由此带来的消费者和电力公司之间的不平衡补偿问题以及维持日常的电网安全就成为必须解决的难题，于是在稳定风电过程中技术的重要性凸显，技术合作伙伴弗劳恩霍夫风能和能源系统研究院、风力涡轮机的制造商爱纳康（Enercon）公司、风电经营方 Energiequelle 公司以及两家传动装置网络运营商 Amprion 和 TenneT TSO 开始共同推动相关技术创新，以便解决风电发展的这个核心问题。其中的一个挑战就是如何提供稳定电力的供给，传统的发电站主要根据实际测算输出得出对比计算输出结果，但这种方法在风力发电厂却行不通，因为无法控制的天气必然使精确计算输出成为泡影。于是在这个领域的技术创新中，实际是通过真实的电网接入量对比了解潜在真实的量度，针对这个问题提出改进技术，如在测算真实输出溢出或不足的可能性下运行预报机制，设计控制算法以便区分大型风电厂和独立风力涡轮机输出的稳定电力。最终，通过技术创新解决上述问题。

追求风能的稳定还必须支持风能领域的基础研究，尤其是能源转换材料、支持提高风能设备寿命和降低成本的相关研究。目前正在开展的 WEA – GLiTS 合作项目就是良好范例，通过开发更可靠的风能设备，减少由于抗摩擦轴承损坏而引发的故障或停机时间，研究围绕滑动轴承涂层的新材料展开，并进一步开发带可更换滑动部件的分离轴承，通过这项创新可以获得具有更高抗疲性和更长寿命的新材料，为风电稳定运营降低成本。

其次，通过钻孔代替大规模打桩以降低噪声和成本。在海上建立离岸风电厂至今都是一项很大的技术挑战，如何将涡轮机设立在海底大陆架是其中的核心问题。与此同时，在海底大陆架打桩需要深入三四十米，会发出大量的噪声，直接威胁和影响到海底动物群。为了自然保护，在建造海上风电厂的同时，降低噪声也十分重要，且已存的基础设施也需要改造升级，借此降低噪声。为了这个目标，联邦政府支持解决离岸打桩的替代创新技术——钻孔，即基础设备钻孔后再垂直置入海底，垂直钻井过程要比打桩在噪声方面降低很多，在海底固定直径超过六米的桩洞，这种单孔单机的模式也使得涡轮机成本降低很多，于是通过自升式钻井平台和安装船的支持，桩洞可以第一次低于海底大陆架。离岸风电钻机的核心由电脑控制，固定在桩洞的内壁，可以直接将钻取废料通过垂直井道运送到海平面以上。在整个钻孔过程中，桩洞始终都是低于竖井的，直到达到所需求的深度，最后再将钻头从桩洞中取出，在联邦环境部支持的可行性研究和钻孔技术的不断提升之下，现在主要研究转向细节设计与标准施工，在经过陆地风电的功能性尝试后，整个系统已经通过类似海底生态条件的近海岸测试。

还有其他降低风电对环境影响的技术解决手段。为了保护海洋生物，海上风电场必须竭尽全力把噪声降到最低，于是通过模拟预测噪声降低可能性就成为选择。也正是由于这个原因，许多关于降低噪声的项目在整个打桩进程的发展中已经研究多年，气泡遮蔽就是其中的标志性技术创新，因为气泡在水中升起的过程能够有效降低噪声，但也必须认识到并不是所有的相关技术均已经成熟，许多噪声技术仍需要不断研发测试。例如，此前汉堡工业大学模拟与计算机研究院与莱布尼茨大学岩土工程与结构分析院曾合作开展名为 BORA 的水下降噪技术研究，所有相关研究均通过实际海上风电厂的测试，第一次测试调查于 2012 年 9 月在博尔库姆岛西北约 90 千米的地方完成，随后又经过几次测试，技术才逐步稳定成熟。

为了消音，进一步优化旋转叶片也是降噪技术的一种。在陆地风电场扩大的过程中，改造升级是提高效率最主要的方式，其中新设备的噪声是需要考虑的重要环节，通过优化降低噪声的旋转叶片不仅能被大众接受，还可以在同一个噪声级别获得更多的电力输出，提高风电场的成本效率，对于许可牌照的发放也大有裨益。旋转叶片的后沿是风电场噪声最主要的来源，与空气直接接触的界面层是噪声的罪魁祸首，两者的相互影响和作用直接制造噪声，ActiQuiet 项目专门针对这个问题开展研究，通过人为干预气流降低潜在的噪声，且与被动测试不同，主动测试可以根据当下的流动状态获得最佳调试效果，整个研究成果被广泛应用于所有应用的相关维度，并通过最小能量消耗进行整体测试。

再次，提高风电的预测能力并降低成本。气象资料直接影响风电输出，尤其在与一些大型风电厂的数据结合起来后，就可以直接形成一个完整的产业链，为了优化预测系统，重点放在相关部件和标准的研究上。降低成本主要体现在弥补大规模组件实验台的差距之上，几年来风电发电成本大大降低，主要原因在于风力涡轮机的增大和效率的大幅度提高，总之塔台越高，旋转叶片越长，发动机越大，就会越促使涡轮机重量、材料强度以及部件的运输向极限靠近。目前，简化的强度计算被用于相对而言高安全保障度的部件设计，但在没有降低安全操作标准下，为了减少应用于大范围组件的材料总量，相关材料压力必须被置于真实环境并纳入设计中。因此，风电在该领域的技术研发一方面提高风能和太阳能领域发电需求的预测精准度；另一方面，深入研发大型组件的实验台，尤其是主轴、旋转叶片和承轴，缩小大型实验台和纯材料间的差距，并使得结构能够大范围应用于其他领域。此外，全方位且灵活的软件模型也不可或缺，在风力涡轮机发展过程中，数值模拟使得创新研发可以脱离物理性工具，节省大量时间和资金，并能够进行多重设计比较。比如，弗劳恩霍夫风能和能源系统研究院就设计研发了一整套关于单独涡轮机和整个风电的软件系统，完整模拟整个风电场的运行，不再需要实际操作，大大简化了负载计算和组件设计的循环系统，降低了错误率与成本。在研发初级阶段，弗劳恩霍夫风能和能源系统研究院已经可以运行独立组件，并开始下一阶段的软件研发，联邦环境部也投入了大量相关的持续性创新资助。

最后，安全问题与地形评估。生产安全问题主要针对远距离海上急救，海上风电场的扩大直接创造新的就业机会，海上风电场的位置通常远离陆地，很难进行医疗救助，海上艰苦的气候条件意味着进行维修保养工作的技术人员个体人身危险性增加。与陆地风电场完善的规章制度相比，没有针对海上风电的紧急救助措施。为解决这个问题，德国建立了急救—海洋离岸安全（SOS – Sea and Offshore Safety）制度用来进行海上紧急医疗救助，主要通过远距离视频将陆地的医疗人员与海上需救助人员进行无缝对接，而所有海上工作人员都会接受相关培训，确保正确救助，通过数据收集和使用，搭建对整个救助过程的模拟建构数据模型，最终达到海上远距离安全救助的目的。复杂地形的位置评估主要针对陆上风电，作为目前最具经济性的风电类型，陆上风电始终是德国政府能源转型进程中的有力支柱。陆地风电最重要的环节是选址，不同的自然条件会直接影响涡轮机的设计与安装，比如平原和山地的风电规划就截然不同，因此更新老式涡轮机实现设备改造升级，并科学探索选定新址就是陆地风电重点关注的创新环节。

总之，风电领域内的技术创新覆盖前期风机效率提高及成本降低、中期环境保护以及产能预测，以及后期后勤保障及安全选址等非核心问题，在可再生能源创新发展过程中，每个步骤和环节虽细节复杂但必须重视。通过上述德国在风电相关领域卓有成效的创新推动阐述，可以看到创新工具对可再生能源发展的推动和效果。任何革新和转变都要落到创新发展各个环节之中，如果始终重复此前的步骤，抑或消耗曾经的基础，并不能有效促进可再生能源发展，也不可能真正实现能源转型。因此，精确到细节的创新才是路径形成的必由之路。

第三节　光伏领域的技术创新

光伏与风能不同，不仅在电力领域是重要部分，同时还在热能领域占有主导地位，因此技术创新在这两个领域都有体现。比较而言，因为电力领域涉及接入电网、份额占有等问题，涉及创新更多且更为重要。在光伏发电领域，提高发电效率、降低相关电力价格是技术创新的核心，这是能够与传统能源竞争最重要的部分。传统能源的成熟度已经确定其在电力领域的低廉价格和垄断优势，经过多年的技术发展，能源效率基本提升到相对极限。光伏发电则有很大的提升空间，同时还有降低价格的极大可能，这也是光伏在德国、欧洲乃至全球如此盛行的原因。

从基本数据来看（见表4–1），在世界范围内，2017年全球光伏新增装机容量已经达到94.6吉瓦，欧盟8.6吉瓦的容量占全球11%。[1] 其中，德国累计光伏发电容量为42.9吉瓦，约占全球10%，新增装机容量为1.75吉瓦，相较于2016年度的1.5吉瓦增加了约200兆瓦，全年可再生能源在德国的净电力消耗约占总量的38%，光伏电力占德国电力需求的7%左右。光伏系统在技术发展的进程中性能提升很大，从2000年70%的性能比增加到2017年的80%～90%，且全年德国安装了约160万个光伏系统。[2] 光伏的迅猛发展推动其价格一路下跌，1990年，典型的10～100KWp[3]的光伏屋顶系统价格约为14000欧元/KWp，到2017年年底，同类系统的平均成本已经降到1140欧元/KWp，估算下来，27年的时间价格

---

① BMWi. Erneuerbare Energien in Zahlen2017.

② Fraunhofer ISE. Photovoltaics Report 2017.

③ 太阳能发电峰值功率单位，即1KWp表示光照强度足够充足的情况下，1小时发电1千瓦。

回归达到90%。以经验曲线或学习曲线说明，这都意味着成本的降低来自规模经济发展和技术革新。

表4-1   2017年光伏数据对照表

类型	德国	欧盟	全球
新增装机容量（吉瓦）	1.75	8.6	94.6
累计装机容量（吉瓦）	43	114.6	415
光伏发电（亿千瓦时）	38	120	443
光伏发电占比（%）	7.2	3.6	1.7

资料来源：Fraunhofer ISE. Photovoltaics Report 2017.

2011年前后，全球光伏产业的大跃进引发光伏相关产品价格大幅度降低，直接影响整个产业发展，成为全球包括德国在内光伏产业的一道分水岭。当时的光伏产业在经过狂飙突进的发展后陷入低谷，来自中国的光伏产品对德国本土企业的价格优势压制，使得德国光伏企业受到重创，也成为过去很长一段时间世界范围内的挑战，中国部分光伏产品的价格甚至低于很多国家的成本，造成德国及全球许多光伏企业销路受阻，部分企业破产、收购和重组。但光伏本身在能源领域中的发展却并未受到限制，主要在于光伏产业吸收太多R&D投资，但经过一段时间发展后由于能源效率的原因，出现投入产出不成正比现象，即高额的投入并没有得到相应的成本降低与技术升级，引发其他类型的可再生能源不满，认为光伏过度占据资源，却无法产出相应的高效能源。

因此，在前几年全球光伏市场的疲软、容量过剩、商业环境艰难、整个产业面临多元性挑战的背景下，所有生产阶段都必须考虑成本因素，对于德国企业而言更意味着要持续性发掘高质量产品才能维持市场份额，只有将降低成本和产品升级建立在高效的组件、模型概念和相关产品设备上，重视内部消耗储能等整个系统的运行平衡，才能保障光伏的持续扩张和电网的稳定运行。通过技术创新，以改造升级度过价格下跌带来的暂时困难时期，为光伏赢得了发展前景。

光伏发展的困难时期，技术创新始终不断前进，联邦政府的决心也未被动摇，德国联邦环境部联合科研教育部对光伏技术创新的补贴持续不断，在

2012 年光伏产业重创低谷期，更多的资助集中于应用研究，用于提升技术水平，对于选择哪个光伏技术领域进行支持，一般围绕降低成本和提高效率的晶体、模型和相关技术展开，同时还着重于设备工程，目的在于推动创新、新型材料应用和效率提高过程。比如，2012 年之前德国联邦环境部的资助将焦点放在硅晶体、薄膜技术和系统工程之上，而不是太阳能电板，因此当年硅晶体仍占据整个光伏电池最大的市场份额，生产成本从 1976 年的 75 欧元每瓦降到了 1 欧元每瓦。[①] 持续不断的投资意味着联邦政府对光伏寄予厚望，希望通过技术创新增加光伏在能源市场的竞争力和占有率，所有意见一致认为尽最大可能提高创新潜力和发开新市场是光伏领域未来发展的希望。得益于德国持续不断的政府补贴，仅 2012 年新增资助额度就达到 6543 万欧元，当时为了将光伏产业拉出低谷，技术创新重点从五个方面展开，也是联邦政府针对光伏技术创新自主投入的重点项目。

　　第一，通过光伏创新联盟实现使光伏电力与化石能源电力拼比价格成为可能。光伏发电 14.6% 的能源效率是基于 CIGS 薄膜技术产生的，也就是晶硅体的效率，2012 年 9 月，光伏创新联盟和巴登符腾堡机械工程公司（Manz AG）创造了一个光伏薄膜分割的世界纪录，新的模块设计、更快的沉积速率、改建的电路和其他方面的提高都进一步帮助光伏发电降低了成本。正是由于这些技术的成功，依赖于地理位置，光伏发电企业将电价控制在 4 ~ 8 欧分/千瓦时，前者是西班牙电价，后者是德国电价，在可以预见的未来，光伏电力的价格应该可以降低到与化石能源竞争的地位。此外，还有光伏小型逆变器最佳效率的设计，针对电力接入电网的补贴正在持续不断地缩减，个体的小型光伏电厂比大型的光伏电厂更具吸引力，电网逆变器创新主要集中于 5 千瓦的最小输出，着重提升逆变器的输出功率，通过逆变器系统在保证内部消耗的同时能够接入公共电网，这种混合概念需要逆变器对蓄电池高效而灵活的应用。

　　第二，通过降低多晶硅残次率提高效率。在光伏发电中，最核心的目标就是降低生产成本，提高模块效率，以便光伏发电能够变得更具经济性。联邦政府支持旨在解决以晶硅体为原料的光伏组件成本问题的项目，项目的技术核心集中在 200 微米范围内的硅片，以原技术为基础，优化提

---

　　① BMU. Renewable Energy Sources in Figures – national and international development. 2012.

高晶硅利用效率 0.3%～1%，便于进一步提高光伏转化的比例。研究重点在单晶硅和多晶硅之间选择：单晶硅晶体结构单一，具有较强的转化效率，价格更加昂贵；而多晶硅虽然价格具有优势，但型号复杂，具有一定的残次品率。为此，研究者希望找到多晶硅的优化方法，降低残次率，逐步接近单晶硅的转化率，降低光伏组件工业化生产成本。

第三，推动低廉聚光电池的全新生产过程。与传统光伏不同，能够聚集多倍能源转化的浓缩型光伏最初主要应用于工业领域，比如光学器件等，当数个单独的光学晶体叠加在一起时，意外发现的光谱具有生产电力的可能性。光学器件可以将光伏发电效率提高 1000 倍以上，转化率达到40%左右。因此，较小型号、价格便宜的光学器件和极高的转化率可以抵消传统光伏材料的高昂成本，恰当的位置、高强度的日照和低廉的电价可以通过浓缩型光伏器件获得，而不再依赖传统的晶硅材料。浓缩型光伏能够获得价格低廉的器件是创新的核心，联邦政府推动借此技术在 2015 年前实现实质性成本降低，通过升级优化整个产业增值链，提升太阳能组件结构，获得更好的能源效率发展创新性产品技术。此前，相关创新研究已经通过浓缩光伏破纪录地将效率提升至 43.3%，也为未来的转化率再次提升增强了信心。

第四，光伏发电站的动态电网支持。光伏发电想要顺利进入中等电网就必须遵守一定条件，在德国，这些要求包括动态的电网支持，包括对由发电波动引起的电网故障和中断的回应。比如，在电网故障期间，为了支持动态电网，发电厂必须通过 LVRT① 的测试，保障在低电压或突发电压障碍的情况下电网仍然可以继续运转，在光伏电厂多重变压器交叠的情况下，一般个体变压器的测试就可以决定整个光伏电厂 LVRT 的能力。弗劳恩霍夫太阳能系统（ISE）研究院曾投入相关研究并取得一定成果，多重变压器网络的 LVRT 能力在实验室和现场都实现了良好测试，一旦电网出现差错，就可以进行更加精准的纠正，并提出适当的解决方案。

第五，光伏发电和消费预测。在难以预测的天气情况下，尽可能保持可再生能源电力稳定性是提高效率的重要途径，保证电网的平稳运行，需要建构能够忽略天气背景的稳定电网，精确且具体到地区的电力需求预测

---

① 全称为 Low Voltage Ride Through，意为低电压穿越。

在其中格外重要。为了更好地提高这种能力，Energy & Meteo 公司与德国气象部门、电网运营商 Hertz Transmission 以及能源巨头 E. On. Avacon 合作名为 ORKA 的项目，提高对可再生能源入网电力预测的准确性。天气因素在整个环节中发挥着重要作用，它直接影响输电网对可再生能源比例的计算，如果预测出现失误，就可能引发局部效应，例如当云层遮盖某个电站时，联动反应会出现大批电站预测失误的情况，为此德国气象部门提出了专门针对电网保护的高清晰度整体预测，提供 8 小时内的短期预测水平，改善整体预测出现的最坏情况。

与此同时，太阳能在热能领域的发展和技术创新虽然无法与光伏发电技术创新成果相比，但也值得肯定。关于低温太阳光热能，德国能够做到其境内最大的太阳能热力厂可以提供周边超过 50% 的热能，在其他国家，这种能源效率是无法想象的。例如，巴登符腾堡州一个小镇克莱尔斯海姆（Crailsheim）260 户居住单元、1 所学校和 1 个体育馆超过 50% 的热力供给来自太阳能。2012 年，德国最大的太阳能热电厂 Hirtenwiesen Ⅱ 以同样的名字开始进行住宅开发，成为太阳能供给整个周边地区热能最优秀的实践榜样，这个开发项目也成为德国已建立的 11 个用于长期储存太阳光热能的试验场种造价最低廉的一个。该项目拥有约 7600 平方米表面面积的太阳能集热器的热能，需要安装 7 个屋顶和 1 个防噪墙并入集中供热网络，太阳光热电厂分别提供 480 平方米和 100 平方米容量的缓冲存储器，前者用于弥补夜间时段，后者则用于补充天气恶劣的短暂时期。为保障太阳光热能能够负担整个周边地区的供给，项目建立约 39000 立方米的季节性钻井热能储备（BTES）系统，钻井深度达 55 米，吸收和储存夏天多余的太阳光热，在冬天将这些热能从地下取出，通过热泵提高到所需求温度，再进行供给。即便没有热泵，平均获得的太阳光热也可以满足 35% 的整体需求，在夏季的供给满足是 100%。正是因为全年蓄能体系的运行，2012 年[①]太阳光热供给覆盖率达到 51%，当然这与巴登符腾堡州环境能源部、克莱尔斯海姆（Crailsheim）当地政府的支持密不可分。

总之，通过一系列技术创新推动德国度过了光伏低谷期，随后也没有停止推动光伏技术创新的步伐，仍然在相关领域开展大规模的投入与支

---

① 具体是指 2012 年 3 月 1 日至 2013 年 2 月 28 日这段时间。

持，并获得了更多技术创新突破。2012～2017年德国光伏研发资金投入如图4-2所示。2017年，联邦经济事务和研究部在光伏领域为449个正在进行的项目提供了8445万欧元的资金支持。此外，各部还在2017年为104个新项目提供了9071万欧元拨款资助。从近年德国在光伏领域的技术创新投入来看，可以明显感到与2012年前后相比实现了突破与进展。

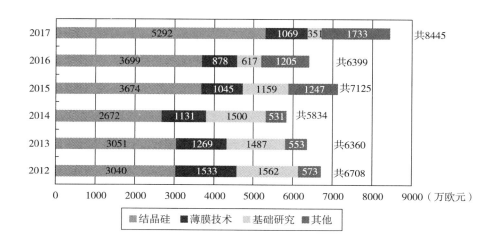

图4-2　2012～2017年德国光伏研发资金投入

资料来源：BMWi. 2018 Federal Government Report on Energy Research.

为了保护德国现有的竞争优势，即产品高质量、先进技术及创新生产工艺，进一步降低成本的同时提高质量，所有创新项目都围绕有助于减少材料和能源损耗，建立更加有效的制造工艺、提高电池效率，以创建更高性能的模块和高效的系统技术展开。例如，弗劳恩霍夫太阳能系统研究院在2017年通过多晶硅太阳能电池这种光伏发电最常见的硅体形式创造了新的世界纪录，运行效率达到21.9%。创造该纪录的multiTOP项目就得到了联邦经济事务和能源部的支持，这些研究成果与工业进步密切相关。又如，萨克森州领先的光伏组件生产商Heckert Solar仅仅通过宽度和长度几毫米的改变就提高了模块效率，这些最佳维度是在相关部门资助下获得的成果，整个项目包括弗劳恩霍夫太阳能系统研究院、弗劳恩霍夫硅光电中心（CSP）以及12家德国工业合作伙伴共同努力，是整个模块优化创新的结果。

　　基于晶体硅作为半导体的电池仍然是德国在光伏技术创新领域关注的重点，技术领跑点已经转向钝化发射极和背面电池技术（PERC），即可以通过电池背面添加一个电介质钝化层，减少电池光电损失，提高转化率。标准电池结构中效率转化被光生电子重组趋势限制，而该技术可以最大化跨越这种限制，使电子更稳定流动，从而得到更高的效率水平。设备制造商也越来越多地选择基于工业4.0的技术革新方法，降低潜在客户的投资成本，薄膜技术领域就在此背景下获得成功，2017年欧洲光伏展中，德国光伏制造商提出了薄膜太阳能电池（CIGS）模块效率改进技术，除了制造成本低以外，该薄膜技术的优点就是易于安装在建筑物外墙上。

　　为了减轻电网负担，技术创新与研发还侧重于本地电力消耗，通过减少扩展网络并构建储能系统，从而降低总成本。鉴于电网中光伏电力的不断增加，模块和系统效率的可靠评估至关重要，模块优化和质量改善值得反复关注。就光伏系统整体而言，组件中的逆变器十分关键，受到资助的ModulWR-4项目着重研发太阳能模块中新一代逆变器，进一步提高效率降低系统成本。

　　此外，从能源转型进程中联邦教育与研究部披露的提案来看，德国还将在光伏领域重点投入钙钛矿太阳能电池的研发，确保其在全球的领先地位。CISOVSKIT项目重点就是开发用于薄膜太阳能电池的钙钛矿材料，并将该材料与薄膜太阳能电池（CIGS）配置连接在一起，这样形成的混合太阳能电池将比单个电池综合效率更高，这种研发创新可能在未来彻底改变光伏发电。资金还支持包括太阳能电池新型材料、环境友好型薄膜太阳能电池吸收层等技术创新的研发。有机电子产品也是一种前瞻性技术，可以有效利用资源与能源。为此，联邦教育和研究部从2011年推动有机发光二极管和有机光伏发电的技术创新，包括提高有机太阳能电池和模块的效率。有机太阳能电池在形状、颜色和透明度方面具有多重适应性，可以被用于玻璃幕墙、车辆制造和纺织品中，作为POPUP项目已经完成的一部分，2017年汉诺威工业博览会展出了半透明有机太阳能电池制造的玻璃太阳能研究原型。

第四节　能源储存技术创新和国际合作

可再生能源和能源转型技术的迅速发展意味着必须关注能源供给系统的转化，包括发电、运输、储蓄、电力分配乃至终端消费各个环节均需对系统进行优化。因为对于环境友好、安全且极具竞争力的能源供给需求强烈，围绕能源储存技术展开的项目成为技术创新的重点，并在一定程度上决定可再生能源的份额占比。具体项目包括：能源储存系统，即为弥补可再生能源短期性的波动式能源，需要推动长期性能源储存技术，调节可再生能源季节性波动对电网供给造成的影响；电网系统，即适应和提高改善电网基础设施，为了更大比例接纳可再生能源电力调整电网，小型电网需要支持发电、消费和电网之间的互相影响作用，增大离岸海上风电的投入等；系统服务，即提高可再生能源系统服务的接受度；可再生能源复合循环电厂，为了达到直接进入市场的目标，加强发电商、储能系统和消费端的联系；增强发电和消费的预测，主要是为了更有效率地进行电网运行和能源交易；等等。

其中，能源储存系统就是推动可再生能源提高能源效率，降低能源成本的重要技术领域，因为可再生能源先天受环境和气候的制约，在能源生产中无法按照需求控制总量，比如风电的原理决定其在大风的时候能够获得源源不断的电力，但在无风的情况下发电量会迅速降低，这对于需要持续电力供给和稳定电压的电网而言损害极大。同理，光伏发电也存在这样的问题，发电情况取决于天气晴朗与否，阴天与晴天之间发电量的差别足以摧毁一个完整电网，能源储存技术产生于这种背景下，将高峰时期的电力储存起来，弥补到低峰时期的电力容量中，不让发电与用电脱节，尽可能形成一个平稳的电力输送，真正在并网中发挥主要作用。

能源储存涵盖能源系统所有领域的技术应用，在各个能源领域都有固定或移动的解决方案，提供适应各种不同类型的储能方式，能源储存为电量分配以及电力、加热/冷却和运输部门的耦合提供可能，使用拥有光伏设施的家庭，也可以通过储能设备获得可再生能源自我消耗的更高支持。

此外，储能设备还可以应对电网拥堵，并在供电网络中创建灵活的选择性，如可再生能源可以根据当前天气情况间歇性供电，目前德国配电系统运营商电网中高达 80% 的电力来自可再生能源，运营基本稳定意味着能源储存已经可以根据当地具体情况提供解决方案。总之，在未来的能源系统中，如果大部分可再生能源可以被整合到所有供应部门或领域，那么储能必然发挥核心作用，有大量风电和光伏电力累积之时，就可以通过储能来积蓄能源，待到需要的时候再将其释放。

因此，为了抵消可再生能源波动性供给风险，也为了满足能源储存的未来需求，电力储存和储能体系的建设都需要相关智能负载管理，以确保可再生能源电力供给的平稳增长。什么地方需要多大的储能设备，哪种储能技术是最适合当地的，是最为关键且需要解决的两个问题，为了达到目标，在全德国范围内优化扩大储存能力十分必要。相关项目研究模拟德国 2020 年、2030 年以及 2050 年的电力供给，按照不同的蓄能技术标准分析需求分布、成本和收益，扩展性研究还包括鉴于欧盟和全球背景下德国可再生能源发展的长期愿景和策略以及由电网运营商递交的作为未来规划基础的电网发展计划。影响未来发展的因素很多，模拟只能尽可能涵盖所有能够想到的情景设置，即假定一种情景是电网扩张需要减速，那么原则上扩张项目就需要谨慎上马；而当另一种情景为扩张加速时，意味着所有建设都是符合需求成功的，同时也增加了与周边国家的贸易量。为了避免过度估计德国的蓄能需求，整个欧洲都需要纳入模拟计划中。从蓄能计划、许可证批准程序到能源成本和适当税率等各个方面出发，所有相关的技术经济分析都将会被增补到法律范畴内，结果就是区分发电和运输，通过国家补助支持电力储存的需求，最终以经济上可行的操作概念和补贴方案落实相关路线图。

未来，可再生能源要成为德国整个能源供给的核心，预计到 2050 年政府希望可再生能源能够在电力系统中占据 80% 的供给，这样在一个动态的能源系统混合发展中，传统能源将会逐步被可再生能源替代，为此要全面检视整个能源供给体系，在电网转化和扩张的情况下促进可再生能源发展。在这种情况下可再生能源供给系统和电网整合（SystEEm）① 项目应运

---

① 全称为 Regenereative Energy Supply Systems and Grid Intergation，即指可再生能源供给系统和电网整合，为方便表达，接下来均用缩写。

而生，目的就是通过技术创新与发展促进未来能源世界的变化，并于2008年联邦环境部主导建立了 SystEEm 基金。向可再生能源成功的过渡需要传统能源运营商和可再生能源企业共同努力，德国未来的能源供给以波动式能源为主，传统能源需求将在未来变得更加灵活，转型使得智能电网结构、创新负载管理和潜在的可再生能源储蓄成为必然。为了达到这些目标就需要更加优良的技术，联邦政府从提出能源转型以后就开始不断优先扩大 SystEEm 基金，共同支持能源储存系统和未来可行性电网的研究。

在整个能源储存研究过程中，减低投资成本，提高效率和延长使用期限是关键性任务，中短期的能源储存比长期储存更为需要，同时还需要强调配电网的运行管理，企业和个体电网的负载管理、技术咨询、联通发电、设备操作以及电力、天然气、热能等不同类型可再生能源接入电网的整合都是发展的关键问题。以下通过已经取得一定成果的重点研究方向解读可再生能源在储能领域的技术创新。

首先是储能技术，能源向气体的转化，即过剩电力转化为氢或甲烷。电力转化为氢或甲烷的混合能源系统是可再生能源长期性储蓄的关键技术，储存中介就是天然气网络能够容纳无限制的甲烷等，这样可以解决可再生能源波动性问题，在产能过剩的季节将电力转化为气体储存。在能源向气体转化的过程中，氢主要通过电解水产生，而第二个阶段是用二氧化碳将其转化成甲烷，通过示范性试验电厂对技术的测试，可以使其为未来工业化大规划使用奠定基础，即可再生能源电力和甲烷生产可以被纳入天然气网络中，同时通过示范性试验场测试能源向气体转化过程中的能源供给平衡问题，确保电网稳定。

其次，光伏电力的效率和迷你储存。在光伏发电领域，如何高效地调整光伏电力进入公开配售的电网十分重要，储存能力是其中的关键环节。为了确保本地电网系统局部储存最适比例，并同时降低电网压力，需要电网智能控制和沟通以及理想的迷你电网。相关企业和研究所将重点放在光伏电池储存和检验上，希望研发出与智能控制盒联系紧密的超效率、高电压光伏电池系统，这是一个需要多重转化阶段的过程，首先要把直流电变成交流电，然后再将剩余的使用电力重新转化成直流电，光伏发电厂可以直接对高压电池充电，可以减少部件使用数量，简化转化阶段和降低效率损失，获得较低的系统成本。为了进一步获得更大容量的光伏蓄电池，此类研究创新还涉及用于优化内部损耗、入网和充电循环的能源管理系统。

再次，电网技术，可再生能源示范地区的迷你电网。在可再生能源领域将分散能源转化入迷你电网已经成为一个核心研发主题，2008 年 6 个主要示范区域的项目在联邦环境部和财政部支持下展开，2013 年上半年顺利完成。例如，RegModHarz 是位于哈茨山区的一个可再生能源示范项目，围绕虚拟电厂研究展开，包括哈茨山区多样化的可再生能源体系、能源储存以及消费者的信息沟通技术。该虚拟电厂可以通过公路地图的方式整合周边电力市场，同时根据反馈增加需求，通过建立一个新设备与虚拟发电厂简单连接的标准，进行模拟检查和输出预测，并模仿真实的电力市场交易，现场测试可再生能源区域性可变电价的接受度，这个研究还接纳个体消费者的价格反馈，在测试期间安装高精密测试仪对电网状态进一步调整，以便保障现在和未来更稳定的可靠度和成本收益。Moma 则是一个位于曼海姆、属于城市区域的项目，主要关注城市环境下本地能源系统的虚拟市场调整，与前者截然不同，虽是同一领域但应对不同地理环境研究侧重点不同。总而言之，通过智能交流技术平衡用户和电力生产商的能源管理以及超过 1000 个用户参与的可变电价现场实验让迷你电网技术创新得到实现，每个用户都通过配备"能源管家"进行控制管理，现场实验则用数据证明用户不怕改变习惯，更加倾向于通过控制家用电器迎接低价电力时代，因此作为智能家居和智能电网的开放性平台，OGEMA 系统①也进入了大众视野中，用户通过追踪未来的可变电价，自行控制能源使用，获得更加合理的能源消费支出。

最后，电力储存设计实验基地的真实性实践。在特定的气候条件下（强烈日照或大风的情况），可再生能源电力产量会超出电网容量体系，电力储存成为必然，未来能源储存系统在周期性可再生能源储存容量变动的情况下变得越来越重要。北海的佩尔沃姆岛（Pellworm）是德国可再生能源应用及电力生产与储存的基地，也是世界上该项目的第一个实验基地，得到联邦政府的大力资助。微型佩尔沃姆地区项目主要发展一种中央集中、兼顾地区分散的综合性储存系统，以光伏和风能为核心，外加储能系统的综合性发电站

---

① 全称为 Open Gateway Energy Management Alliance。

通过直接市场销售概念为终端用户提供用电服务，储能系统由锂离子电池①和氧化还原液流电池②两个大规模的蓄能装置组成，其中可控制的分散式家庭电力消耗系统和发电机也是整个储能系统的一部分。正是由于储能系统的存在，其多功能用途还包括电网服务以及更多的成本效益提供，因此该研究创新实现了可再生能源高比例的情况下一个稳定、成本效益优良且以市场导向为主的能源供给。这个项目由 E. On Avacon 和石勒苏益格 – 荷尔施泰因电网主导整合，同时还与古斯塔夫·克莱恩及撒福德公司（Gustav Klein GmbH & Co. KG，Saft Batterien GmbH）一起合作，西岸大学、弗劳恩霍夫及亚琛理工负责整个系统技术的研究，能源储能基金提供资金支持，这个基金是由联邦经济部、环境部及教育与研究部共同划拨 2 亿欧元组成的。

　　储能领域的技术创新不仅于此，在上述领域逐步实现实验性技术突破后，出于对相关技术成熟化与规模化的追求，德国在能源储存领域继续深化两个旗帜性领域的创新研究，以确保商业领域的应用，即配电网电池，尤其在光伏领域内的可再生能源发电企业蓄电池和风 – 氢能源混合系统，即运用多余风能生产氢或甲烷。此外，还有未来电网创新研究，主要焦点在连接离岸海上风电的迷你配电网。目前对能源储存的研究还更多关注动力燃料问题，在德国全面推动"能源转型"的背景下，2018 年推动了约 20 个关于替代燃料的研究项目，其中包括甲醇、乙醇、煤油、合成天然气及含氢沼气等。联邦各相关部门始终支持各类能源储存基础研究项目，从储能电池到储热及氢、甲烷及合成燃料均有涉及。比如，R2R 项目的研究对象是铝固态电池，该电池可以达到锂电荷密度③的 4 倍，与商用锂离子电池相比，可以使汽车行驶时间延长 2 ~ 6 倍。在成熟的生产和回收行业基础上，相比传统的锂系统可以降低约 1/5 的成本。该项目还展示了规模庞大、品类繁多、研究时间漫长的应用基础研究如何为未来创造选择机会，如铝固态电池的潜力就是在此前一个名为 ChryPhysConcept 的项目中被确定的，如果没有层层递进、持续不断的研发支持，根本无法实现能源储存方面的技术突破和创新。

　　由于大多数储能系统基本都使用锂离子电池，但很长一段时间内锂离

---

① 容量为输出 560 千瓦，蓄能 560 千瓦时。
② 容量为输出 200 千瓦，蓄能 1600 千瓦时。
③ 电荷密度是电磁学中的一种度量，描述电荷分布的密度。

子电池的储能系统并无法保障系统长期运行中的绝对安全与稳定性。为解决这一问题，德国联邦经济事务与能源部分别从 2014 年和 2015 年起为 SPEISI 和 SafetyFirst 两个合作项目提供资金，并在 2017 年取得了突破性成果，这些研究成果首次为光伏储能系统安全性提供了比较标准，并在不久的将来可能调整以适应其他国家的情况。除了在安装光伏装置的家庭中直接储存电力外，还存在将电力转化为氢气或天然气并在各领域使用的可能性，例如天然气工业等，为此联邦经济与能源部也资助了各类项目。

总之，2012~2017 年德国储能领域研发资金投入如表 4-2 所示。在能源储存领域，联邦经济事务和能源部以及联邦教育和研究部 2017 年为 429 个正在进行的项目提供了 4970 万欧元的资金。此外，各部门也为 2017 年新设立的 116 项研究项目提供了 5489 万欧元的资金支持。联邦经济事务与能源部的数据显示，2017 年，德国共计安装了 33500 个家用光伏装置储能系统，侧面证明德国对储能技术创新源源不断的支持力度，以及储能技术的进步与市场的迅猛。

表 4-2 2012~2017 年德国储能领域研发资金投入 单位：万欧元

年份 支持项目	2012	2013	2014	2015	2016	2017
能源储存	3102	593	5699	6159	5334	4970
电化学储存	1448	2387	1986	1841	2124	2371
高温储能	47	47	152	351	216	92
机械储能	119	326	153	197	248	301
电气储能	74	028	5	248	454	411
低温储能	153	337	513	514	319	186
材料储能					34	115
基础研究	102	1937	1721	1561	1079	360
其他	241	867	1170	1448	861	1134

资料来源：BMWi. 2018 Federal Government Report on Energy Research.

与此同时，随着能源生产的发展，德国或欧洲的需求不再局限于技术创新，而是意识到气候和环境保护在全球范围内的潜力，不断提高可再生能源的利用。德国的相关企业和研究所为可再生能源在全球的发展做出了贡献，反过来也需要从别国或地区学习技术和经验，国际合作成为进一步突破技术创新的必然选择，以下通过一些典型合作进行说明。

一方面，通过欧盟开展可再生能源的科技合作，如欧盟能源技术战略计划（SET－Plan）①。该计划由欧盟发起，汇集各成员国不同的新能源技术，促进不同能源技术的协同发展。2008年，欧盟能源技术战略行动计划正式被成员国所接受，成为在欧洲框架下国家和欧盟层面技术发展的第一步，希望能源技术的发展能够加快速度推进实现2020年的气候目标，加强成员国与世界能源伙伴国家的国际能源科技合作。为了实现能源技术的革命性突破，建立完善的研发创新机制，成立了最高科学决策委员会来督促和指导各项行动计划的执行与落实。

该计划分别成立风能、太阳能、生物质能、智能电网及碳捕捉与封存技术（CCS）等各项欧洲产业行动分委员会，其中最重要的就是风能和太阳能分委员会。欧洲风能行业委员会由欧盟建立，欧洲风能协会牵头成立，旨在推动欧洲风能产业计划的创新和发展，计划开始之初就获得60亿欧元的预算，一半用于风能产业，在SET框架的保护下确保欧洲在风能领域的领先地位，使得陆上风能能够在2020年全面变为竞争性能源，海上风能在2030年也达到同样的位置，并在2020年前能够承担整个电力供给的20%。太阳能行业委员会聚焦于光伏和聚焦式太阳能发电两个部分的研究和发展，促进共同技术创新的实现。除此以外，地热等方面也开展相关合作，共同促进欧盟当局和各成员国对新能源的研究和发展工作。随后，SET计划又围绕各类可再生能源供应价值链的研发创新潜力与竞争力进行技术升级，通过内部市场整合，刺激欧盟不同气候与地理环境可再生能源生产的优势互补与跨境整合，以供给安全、高效生产、可持续竞争的国际合作开展能源体系改革，满足欧盟持续增长的能源消费需求。

另一方面，集中于与国际能源署（IEA）的合作。在可再生能源领域，联邦政府针对能源技术的研究、发展、市场开发和应用的合作平台，将国际合作重点放在国际能源署框架下。大部分成员国通过合作协定在能源技

① EU. A European Strategic Energy Technology Plan（SET－Plan）—Towards a Low Carbon Future. 2007.

术相关项目上开展合作，德国通过直接和主动的沟通支持相关工作，扩大德国在相关领域的影响，其中包括风能体系的研发和调度、光伏项目、地热实施协定、太阳能供热、海洋能源以及可再生能源技术调整等，可再生能源技术调整更多关注一般性的问题和短期项目，而不在长期项目上进行投入。

风能方面，与国际能源署的合作侧重于风能数据库和测试方法的标准。风能数据库能够促进已获数据的全球性分享，帮助专家从失误中吸取教训并优化系统。光伏方面，着重与国际能源署的合作在发展中国家光伏发电使用的选择权，因为光伏的重要目标是向新的发达国家和发展中国家推广光伏经验，在发展中国家开展区域性光伏普及的调查和推广。德国为了顺利推动现代化电网和光伏与可再生能源在发展中国家的高效应用，通过分享关于能源供给系统经验扩大合作发展，尤其是强调光伏在农村一些特定能源供给领域的作用，如饮用水供给、健康中心、光电微循环服务等。

总之，通过可再生能源的各类细分领域的国际合作发展及推广，向上兼容互利弥补德国国内可再生能源技术的欠缺与不足，向下兼容扩展德国可再生能源在国际领域的影响力和领先位置，为德国可再生能源创新路径的形成提供重要支撑。

第五章
德国可再生能源创新工具
——政策创新

最初的能源创新主要集中于技术领域，如风能涡轮机对风电大规模商业化的促进，储能技术对成本和供给的影响，都是能源技术创新的典型。除此以外，越来越多针对政策进行的创新呈现发展趋势，这种现象可以称为另一种创新范式，同时也作为技术创新的"局外人"存在。技术与政策是科技与社会的两个象征代表，对于技术创新的发展和重视，会愈发凸显相关配套制度与政策的落后，"局外人"的角色日渐重要，甚至逐渐平等。因此，想要平稳推动可再生能源创新发展，政策创新就成为需要重视的另一方面。德国以一系列法令条规为手段，在政策创新方面的表现堪称榜样，《可再生能源法》的不断修订、能源转型的颁布与实施、与时俱进的"固定入网电价"制度及招标竞价制度就是最好的代表性政策。

第一节　德国《可再生能源法》的修订与变化

在可再生能源发展的进程中，一定无法绕过补贴环节，没有国家政府的补贴，可再生能源根本不具备与传统化石能源抗衡的能力，扩大和发展更无从谈起。德国作为全球可再生能源发展的领先国家，绿色补贴一直根据实际情况不断调整，并在调整中成熟，为当前德国可再生能源的发展水平和地位奠定了良好基础。1990～2017年可再生能源法律的修订历程，正是关于绿色补贴制度的一个佐证，也可以看到补贴对于可再生能源在一个国家不断扩大发展的巨大作用。

拥有 28 年可再生能源法律历史的德国，通过特有的可再生能源立法模式推动新能源的孕育、成长及成熟。整体来看，德国可再生能源法律大致分为两个阶段，即 1990 年开始的《电力入网法》（StromEsG）① 和 2000 年立法的《可再生能源法》（EEG）②，而后者又在不同时段经历过数次修订。

《电力入网法》于 1990 年 12 月 7 日制定，1991 年 1 月 1 日正式实施。该法主要对象为用于接入公共电网的可再生能源电力，旨在将上网电价这一全新的制度引入德国，保障可再生能源发电和并网的稳定与不断扩大。法律规定，电网运营商有义务接入可再生能源电力并网，并以固定价格收购，这种固定溢价的收购模式极大促进了德国可再生能源的发展，尤其风电领域更加明显。1991 年德国风力发电装机量就达到 4.38 吉瓦，比此前增加了 48 倍，超过美国成为当年全球风电冠军。

但当时接受可再生能源电力的企业主要是一些小型的电力公司，大型电力公司则并不乐意接受，因为该法要求电网运营商接受的可再生能源电力补偿标准是根据以往两年电力平均价格的一定比例计算得出的，发电量超过 5 兆瓦的水电、沼气发电还不在补偿范畴，电网运营商认为成本不划算，推动效率较慢。此外，《电力入网法》还给部分公共事业单位带来经济负担，尤其是沿海风电密集地区更是如此。为了解决这些问题与障碍，1994 年和 1998 年德国分别对该法进行了两次修订。

修订后的《电力入网法》增加了限制，规定输电商和配电商所购买的可再生能源电力不能超过总发电量的 5%，同时可再生能源发电比率要保持在 10% 以下。通过此类修订，1998 年以后德国电力行业逐渐市场化，销售电价整体下降，但整个电网供应链也增大了成本。到了 2000 年，德国北部风电发达地区可再生能源发电已经达到临界的 10%，意味着法律不再促进反而阻碍可再生能源电力的发展。为了消除障碍，进一步有效推动包括光伏和生物质能等在内的各类可再生能源，缓解可再生能源发电商和输电商之间的矛盾，2000 年德国颁布了《可再生能源法》，迎来了新的发展阶段。

2000 年 3 月 29 日颁布的《可再生能源法》（EEG2000）替代了实行

① 全称为 Stromeinspeisungsgesetz，简称 StromEsG。
② 全称为 Erneuerbare Energien Gesetz，简称 EEG。

10 年的《电力入网法》，标志着可再生能源在法律领域进入新的阶段。该法最重要的创新就是设立电力输送的优先原则以及德国范围内的再分配法则。换言之，《电力入网法》是对固定电价的第一次尝试，而 EEG2000 就是在此基础上的改革，为不同类型的可再生能源电力设定了不同价格，增大了光伏发电的补偿力度，将水能、生物质能发电补偿界限由此前的 5 吉瓦提高到了 20 吉瓦，并将地热发电等其他可再生能源发电类型包含其中。此外，还明确规定新建的可再生能源发电厂可以享受 20 年时间的固定补贴，其中对于太阳能发电的补贴以每年 5% 的幅度递减，并以 350 兆瓦为限制，超过的部分在下一年度会减少补贴。2000 年版的《可再生能源法》的补贴方案如表 5 - 1 所示。

表 5 - 1　2000 年《可再生能源法》修订版补贴方案

能源种类	补贴额（欧分/千瓦时）	2002 年后递减比例（%）
风能发电	6.19 ~ 9.10	1.5
太阳能发电	50.6 起（2001 年及以前）48.1 起（2002 年起）	5.0
水力发电	7.67 起	
生物质能发电	8.70 ~ 10.23	1.0
地热发电	7.16 ~ 8.94	

资料来源：EEG2000。

2004 年，为了更好地实现全新制定的可再生能源发展目标，即 2010 年可再生能源电力要占整个电力供应的 12.5%、2020 年达到 20%，同时也为了落实欧盟的《可再生电力指令》（RES - Electricity）①，德国对《可再生能源法》（EEG2004）进行第一次修订，通过调整可再生能源发电的补贴方案，完善上网电价制度，提高发电供应商的法律地位，推动可再生

---

① 《可再生电力指令》全称为 RES - Electricity，简称 RES - E，代称为 Directive2001/77/EC，是 2001 年欧盟出台旨在促进可再生能源电力的一项指令，对欧盟和其成员国可再生能源电力发展指标、可再生能源电力支持机制、行政程序、电网、可再生能源来源保证等方面做出原则性规定。同时也给成员国国内立法留下一定空间，成员国在不违背欧盟法律的前提下，可以选择适合本国国情的可再生能源电力支持机制。该指令为欧盟和成员国设定了 2010 年可再生能源电力发展指标，但只有德国少数国家可以完成指标，多数成员国无法完成，欧盟为此不得不调整指标。

能源的扩大与发展，也更加完整体现了针对可再生能源的强制入网、优先购买与固定电价的优惠性政策。在此背景下，2009 年德国可再生能源发电量就已突破设定目标，达到占总发电 16.3% 的成绩。

2009 年，由于此前设定目标的提前完成，远超政府预期，德国第二次修订《可再生能源法》（EEG2009），大幅度提高可再生能源的发展目标，即将曾经设定到 2020 年可再生能源发电占全部发电的 20% 提高到 30%。此次修订主要解决光伏发展过快、补贴过高等问题，通过调整补贴政策控制光伏发展速度，在重新设定目标之外，还完善了新增发电容量的固定上网电价调整机制，如调整可再生能源补贴性价格标准，调低对新项目入网价格每年递减速度，将大部分新项目的入网价格递减的速度由原来规定的每年 2% 降低为 1%，还鼓励可再生能源电力自发自用，并首次提出了市场化方面的规定，具体如表 5 - 2 所示。

表 5 - 2　三次《可再生能源法》补贴变化

单位：欧分/千瓦时

《可再生能源法》对部分可再生能源上网电价调整			
能源类型	EEG2000	EEG2004	EEG2009
陆上风电	9.10	8.70	9.20
海上风电	9.10	9.10	13.00
光伏发电	50.59	45.70	31.94
生物质能发电	10.22	9.90	9.18
地热发电	8.94	8.95	10.50

资料来源：由历次《可再生能源法》数据整理而成。

在 EEG 的正面效应影响下，可再生能源在德国呈现爆发式增长，但其发电的不稳定性特征也越发凸显，电网运营商逐渐无法保障全额接受可再生能源电力，因为会在高峰时期对电网运行安全造成影响，为此 EEG2004 和 EEG2009 两次修订都规定，如果电网超载时可再生能源电力无法削减发电量，运营商可以不履行可再生能源电力优先并网的原则，EEG2009 还对此进行进一步细化规定。由此可见，德国对于可再生能源电力从无条件收购已经转变为优先但有条件收购，最大限度地减少了可再生能源电力不稳定性对电网造成的影响，减少供电事故发生的概率。

为了进一步稳定并扩大可再生能源发电的地位，2011 年德国第三次对《可再生能源法》（EEG2012）进行大幅度修订，并于 2012 年 1 月 1 日正式实施，可再生能源发电目标再次提高，即将曾经设定到 2020 年可再生能源发电占全部发电 30% 的比率提高到 35%，到 2030 年达到 50%，2040年达到 65%，在 2050 年达到 80% 的占比。此次修订鼓励可再生能源发电进入市场，保障长期稳定的投资环境，因此根据可再生能源不同类型的技术、安装和施工难度进行差别定价，精确规定了水电、生物质发电、沼气发电、风电、太阳能、地热发电等十多种可再生能源发电设施的具体上网电价，推动可再生能源电力继续快速发展，也进一步确立了德国可再生能源发电的核心地位。当然也再次凸显对发展过快的光伏进行调控的态度与决心，通过调整补贴政策、关注光伏在电网中的消纳问题推动光伏市场化。

又经过两年的发展，2014 年 8 月，《可再生能源法》（EEG2014）进行第四次修订，因为可再生能源的扩张已经发展到需要科学管理的程度，针对可再生能源发电补贴进行严格控制调整，此次修订也被称为 EEG2.0 时代，可再生能源政策进入一个全新的阶段。此次修订与最早的版本以及此前的三次修改相比都有了很大变化，鼓励补贴的步调开始转向，真正朝着无补贴市场化的方向探索发展。一方面，不再鼓励可再生能源发电的大规模补贴，而是开展调控与限制政策研究，其中重点推进光伏发电的去补贴市场化，并针对光伏发电首次提出了招标制度，分阶段推动光伏彻底进入电力市场退出补贴，从规模上对光伏、风电进行限制，要求光伏与陆上风电年装机容量不能超过 2.5 吉瓦，海上风电 2020 年和 2035 年的发展目标分别从 10 吉瓦和 25 吉瓦降低到 6.5 吉瓦和 15 吉瓦；另一方面，鼓励电力运营商主动走向市场，不再以政府补贴为主导和依赖，通过对用电密集型企业、自发自用电量等电力附加费的减免优惠政策，调控可再生能源电力的附加费用，政策的转向不仅成为《可再生能源法》的重要转折点，也为可再生能源发电国家定价制度转向招标竞价机制奠定了基础。

此次修订充分说明可再生能源并不是越多越好，更不能依靠国家支持与政策发展形成唯我独大的局面，必须嵌入整个能源结构体系中平衡协调发展。具体到修订内容涉及几个方面：一是整个范围内削减补贴力度与强度，预计在 2017 年就落地实行竞价而非固定入网的方式推动可再生能源发展；二是强制可再生能源企业实行直销电交易并进行相应市场补贴制度，即从

2014 年 8 月开始，德国新增 500 千瓦以上的可再生能源电力企业必须进入电力交易所直销，直到 2017 年将范围推广到所有新增 100 千瓦以上的企业，相应的补贴也从修订前的固定入网电价补贴变为市场补贴，这种改革可以根本上杜绝可再生能源电企毫无计划发电的可能性，需要其从开始就考虑自身发电的必需性和具体发电量，而不是为了补贴去盲目发电，进一步规范市场供需合理化，提高市场的科学运行与整合程度；三是除进入发电市场交易的可再生能源电力以外，自用的电力部分也需缴纳可再生能源附加费，其中可再生能源电企自用发电只缴纳 40% 的附加费，新设工业企业自用电力及规模在 10 千瓦以上或 10 千瓦以下但自用电超过 10 兆瓦的部分需缴纳附加费。此外，传统热电联产的发电企业也需要为自用发电缴纳全额可再生能源附加费。由此看来，大规模的修订内容凸显了 EEG2.0 的转折意义，旨在通过此次改革将德国可再生能源发电带入本国和欧盟无保护的自由商业市场。

　　2014 年 4 月 9 日，欧盟出台的《成员国对环境保护和能源资助指南2014 ~ 2020》[1] 明确指出，为鼓励可再生能源发电市场的成长与发展，接受可再生能源补贴的所有受益方均应将所生产电力售卖到统一电力市场，参与公平竞争，而不再继续接受政府的保护。这意味着各成员国必须降低对国内可再生能源的补贴，不断提高可再生能源自身竞争力，通过市场溢价手段取代政府补贴行为。德国决定通过调整可再生能源政策，取消对发电企业的补贴，以市场竞争提高企业生存能力，同时提出 2025 年可再生能源发电量占总发电量的 40% ~ 45%，2035 年达到总电量的 55% ~ 60% 的目标，并继续维持 2022 年全面废弃核能、2020 年碳排放量较 1990 年减少 40% 的承诺。按照欧盟的规定要求，EEG2014 基本符合要求，但部分光伏发电试点项目需要通过招标机制展开调整，即除部分小型可再生能源发电项目外，2015 年开始对部分新建可再生能源发电项目改为竞标机制，因此欧盟裁决该法只能实行到 2016 年年底，随后需要重新调整修订新的《可再生能源法》，德国政府也希望通过法律修订有效降低电力成本，以便更好调整可再生能源目标的实现，这也成为 2017 年《可再生能源法》修订出台的前提背景。

　　面对可再生能源发电电价补贴成本过高造成电力终端用户电价迅猛攀

---

　　① EU. Commission Communication Guidelines on State Aid for Environmental Protection and Energy 2014 – 2020. 2014.

升的问题，保持可再生能源比例不断提升发展、控制电力成本、推动可再生能源经济稳定健康成为修订《可再生能源法》的指导原则。此前法律规定的电力入网补贴政策以扶持为主，因此电网运营商必须以较高的固定电价收购可再生能源生产的清洁电力，这些成本基本由终端用户承担，电费逐年高涨致使终端用户不堪重负。这种政策倾向在开始起到了良好的鼓励保护作用，但随着可再生能源产业的不断发展，难以平衡的高电价也就成为无法忽视的问题。2016 年伊始，德国的可再生能源补贴改为市场溢价机制，新的可再生能源电力必须进入电力市场，与化石能源承担一样的常规电力输送平衡义务，且价格不再由政府制定，是在市场价格基础上做出部分发电补贴，这种做法极大减少了可再生能源补贴，同时尝试性引入可再生能源发电项目的竞争性招标制度。2016 年 6 月 8 日，德国拟定最新的《可再生能源法》修订案，旨在降低可再生能源发电设施扩建和入网补贴成本，鼓励行业内竞争，保障可再生能源投资的科学稳定。

2017 年 1 月 1 日，第五次修订的《可再生能源法》（EEG2017）正式生效，最大变化是针对可再生能源上网电价方面进行了大规模调整，按照规定开始正式施行在 2014 年就已经提出的招标竞价机制，将可再生能源发电补贴由此前的固定模式转为竞争性招标模式，但修改幅度远超 2014年的既定计划，德国政府希望通过本次修订控制可再生能源发电企业的建设速度和规模。

具体变化主要体现在政府不再制定固定价格收购可再生能源电力，而是以市场竞价的模式，将补贴发给出价低而中标的可再生能源发电企业，企业也由此获得新建可再生能源发电项目的入网补贴；为鼓励家庭自用光伏发电系统的安装，小型可再生能源发电机组不在招标范畴内，即装机容量不足750 千瓦的小型太阳能发电设施不需要招标竞价，不足 750 千瓦的陆上风电发电机组和不足 150 千瓦的生物质能发电机组亦如此，依旧遵循此前补贴方式；增加了绿地农田等光伏补贴区域，在城市则增加引入绿色电源地区来源证明机制，使终端电力用户可以清晰了解使用电源是否来自本地区；增加出租房屋用电模式，即居民楼供电被本楼住户消耗，电价可以免除一部分可再生能源分摊费，加大出租房屋吸引力的同时，租客也可以享受到电费优惠。

从 1990 年颁布《电力入网法》到 2017 年最新一次修订的《可再生能源法》历经 28 年，德国可再生能源从蹒跚学步逐步成长为可与化石能源相抗衡且经受市场考验的重要能源类型，可再生能源发电也从需要扶持转变成需要有效控制的领域。两次立法、五次修订，巨大的变化是德国在可再生能源政策创新中的勇敢尝试与壮举，在不断调整中攻克一个个随时出现的问题，通过立法与修订而实现的此类政策创新推动德国可再生能源发展基本进入较为成熟阶段，可以在一定程度上脱离政府扶持补贴而进入市场领域自我发展，全新的竞价体系在改变可再生能源发电行业专项补贴资金监管框架的同时，也保障市场参与度的稳定与提升，这是政策创新的瞩目成果。目前，德国已经进入能源转型的全方位阶段，经过几十年的不断努力与推动，部分可再生能源补贴已具备不再依赖政府，而是由市场竞价体系来决定的能力。因此，2017 年版修订也被称为 EEG3.0，全力向 2025年可再生能源发电占总发电量 40%～45% 的目标前进。

第二节　德国能源转型战略的颁布与实施

全球人口持续增长，化石能源的供给不断受到挑战，想要保障经济的可持续发展就需要自然资源的加倍消费，同时还须考虑温室气体的排放量，因为地球大气层对其容量是有限的，如果不尊重大气环境和有限的化石资源，只能带来全球性变暖以及未来人类生存环境的极度恶化。在这种挑战下，每个国家都有责任在环境和能源上竭尽全力，推动可持续绿色经济发展，而不是短视性地追求眼前利益。

2011 年 6 月，随着德国议会包括执政党和反对党在内几乎全票通过一项关于未来能源供给的立法条案，一项具有历史性的决定出台，意味着德国第一次以官方形式有计划地逐步退出核能，并以可再生能源和能源效能计划全面替代原有能源规划，终结了德国对未来几十年能源发展前所未有的公众大激辩，这就是著名的能源转型（Energiewende）战略。与此同时，政府相关部门也做好了为可持续经济增长铺垫的计划，其实能源转型战略出台之前德国就已经是能源和环境技术发展的领先者，可再生能源发展领域拥有 30 多万个工作岗位，根据 IRENA 发布的《2017 年国际可再生能源与就业报告》① 最新数据显示，2017 年德国可再生能源从业人数达到 33 万，全球排名第五，在此之前更多。

2010 年，德国政府关于能源概念的解读就已经出炉，第一次呈现出一个全面而具有现实性战略的能源系统转型长期性规划（见表 5 - 3），为了达到目标，联邦政府在扩展可再生能源，提高能源效能和降低温室气体排放三个方面设置了雄心勃勃的目标。随后由于日本福岛核泄漏事故的发生，2011 年德国政府决定在 2022 年前逐步放弃核能，进一步加快能源转型。在这种背景下，能源转型战略的出台彻底成为一个牵涉社会、经济、技术和文化发展的根本性决定，当然最重要的就是能源供给和使用的根本性转变，这个转变过程包含两个核心要素：扩大可再生能源使用及其相关配套基础设施和显著性地提高能源效能。

表 5 - 3　2011 年德国能源转型战略现状及目标　　　　单位：%

年份	2011	2020	2030	2040	2050
温室气体排放（与 1990 年相比）	-26.4	-40	-55	-70	-80 ~ -95
一次能源消费（与 2008 年相比）	-6.0	-20			-50
电力需求（与 2008 年相比）	-21.0	-10			-25
住宅采暖		-20			
交通行业能源消费（与 2005 年相比）	-0.5	-10			-40
可再生能源占电力消费比重	21.4	35	50	65	80
可再生能源占终端能源消费比重	12.4	18	30	45	60

资料来源：BMWi。

能源体系的转型是在道德领域、技术现代化和创新的基础上实现一个领先性工业国家成长和发展的绝佳机会。如表 5 - 3 所示，德国能源转型战略的长期目标已经确定，如何具体实现这些目标就成为转型的关键，即在不牺牲能源体系稳定可靠高标准的前提下，尽可能最低成本实现从化石 - 核能体系向可再生能源体系的转变。一方面，扩大可再生能源并扩展能源基础设施建设。2011 年，可再生能源占德国整个终端能源消费份额的 12.4%，未来的目标是在 2050 年增加到 60% 的份额，其中在电力市场的消费中，可

---

① IRENA. Renewable Energy and Jobs Annual Review 2017. 2018.

再生能源占比 2011 年为 21.4%，2017 年已经达到 36%，增长十分迅猛，联邦政府在 2020 年使得可再生能源在电力市场占据 35% 份额的目标已经提前完成，那么在 2030 年、2040 年、2050 年分别达到 50%、65% 和 80% 基本没有悬念，未来德国可再生能源至少将在电力领域成为支柱性供给能源（具体如图 5 - 1 所示）。此外，可再生能源电力需要用户通过高压线传输，为了确保持续而稳定的电压，并将电价维持在一个稳定合理的范畴，德国电网仍然需要小型电网、变压电网、负载设备、新的储存技术和全欧洲范围内的输送网络才能平稳传输可再生能源电力，由于可再生能源如风能和光伏均会受自然天气的影响，平行增加灵活性电厂等能源基础设施，以确保在风力较小或阴天的时候保持电力供给的稳定十分必要。2010～2050 年，德国可再生能源未来在电力和终端消费份额的规划如图 5 - 1 所示。

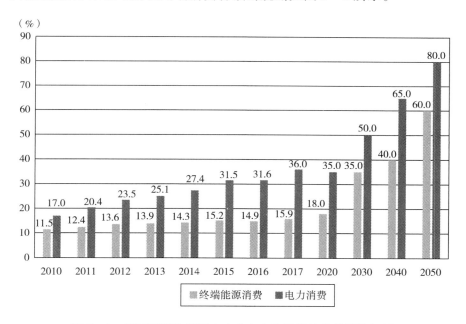

图 5 - 1　德国可再生能源未来在电力和终端消费份额的规划

资料来源：BMWi。

另一方面，提高能源效率。能源转型的核心目标是使德国能够成为世界上最具有经济活力的国家之一，它是德国开启全新能源时代的标志，联邦政府的目的是在全德范围内 2020 年前至少降低 10% 的能源消耗，而达到这个目标主要通过集中于低损耗高利用的能源效率技术创新，通过这种方式可以降低相关企业产品的成本，提高竞争力。此外，建筑的节能改造也不能忽视，它占据了整个能源消耗40%的比例，也是联邦政府为建筑改造设立财政支持的原因，即政府投入的每1欧元都会直接刺激私人投资，并因此带来经济增长，所有的当事人都要参与这个部分，无论是建筑所有者还是房客。良好的能源效率开发同时还强调要在2020年前降低运输系统内能源消耗的10%，在2050年前可以降低大约40%。政府试图在2030年前增加600万辆清洁能源电动车[①]，要求车辆发动机必须依赖太阳能、风能、生物质能等或者运用能够储存可再生能源电力的电池。

一、能源转型战略提出的原因

能源转型战略对于德国而言，是重大的政策创新，是关系整个国家未来发展定位的核心政策，在提出之前经过缜密、科学且反复的论证，那么支撑能源转型最重要的因素是什么，对这个问题的解答也就构成了能源转型战略的创新基础。

第一，对下一代负责的行为。德国的环境保护和能源运用在全球范围内原本就比较领先，而在2011年3月日本发生福岛核泄漏事故后这种能源转化的危机意识直接被加速提到了每个人的面前。尽管此前民众和相关研究人员一直强调核能废料处理的危险性，可某种极小概率存在的可能在日本变为现实给整个德国带来了很大冲击。安全应急委员会的分析显示，类似日本福岛事故这样的问题在德国出现的可能性并不大，但一个科技先进的发达国家因为自然灾害极有可能遭受毁灭性打击的现实还是令德国将相关行动提上日程。福岛核泄漏事故从根本上改变了德国对于核能安全和风险的社会认知，对下一代和未来负责的能源政策成为全民的需求，无论怎么考量技术和经济的可行性，选择一个安全而高效的能源供给都成为政府和社会必须承担的责任，这也是2011年德国政府建立的道德委员会所建议的。正因如此，联邦议会以压倒性赞同票通过了能源体系转型的法令，并重新制订计划，按照比原定更快的速度逐步退出核能，并加快可再生能源的应用。

---

① BMU. Bundesbericht Energieforschung 2013.

　　第二，保护环境和自然资源。想要达到联邦政府制定的环境目标就必须转变能源体系，在 2020 年前德国想要相对于 1990 年减少 40% 的温室气体，到 2050 年减少 80% ~ 95%，仅仅是按部就班地推动能源变革没有任何实现的可能，减少温室气体排放、保障自然资源与能源安全供给更是天方夜谭。必须以革命性的战略改革方式，通过扩大可再生能源应用和更新能源基础技术来转变能源体系，才能使德国实现目标，与整个欧盟继续在国际环境保护前沿发挥重要作用。

　　第三，供给安全、稳定竞争力和成本。能源体系转型对于德国未来的能源供给是增大安全性的，因为核能的逐步退出是渐进过程，电网的安全可以得到保障，而可再生能源的扩张也伴随基础设施的更新迎来春天，同时政府的投资也确保相关能源企业能够在一个稳定而长期的框架下发展，不再将能源进口作为主要依赖支柱。高度工业化的国家能源不仅需要满足工业生产的日常需求以及日常阶段足够的供给量，还必须为小型企业提供同等价格的供给，德国工业体系远超平均水平，能源转型战略意味着整个工业体系可以降低对国际化石能源的依赖。这是《可再生能源法》大力保护可再生能源的原因，想要降低海外依赖风险，就必须在内部新能源应用上大力发展，同时也能提升自身能源竞争力和市场一体化。

　　第四，大幅度提高就业率。能源转型战略是德国在 21 世纪为经济和工业做出的最大现代化和创新项目，能源和环境技术的全球市场已经超过 20 亿欧元的总额，未来 10 年这个数字还会翻一倍且毫无悬念，包括大型企业和小型贸易在内的能源相关产业都拥有巨大的发展潜力，意味着其中蕴含大量就业机会，目前德国大约 200 万人从事与绿色经济相关的工作，这个数字仍然增长强劲，仅在可再生新能源领域，德国就已经达到 30 多万个工作岗位。

　　第五，良好的公众参与。所有的调查都显示绝大多数德国民众支持能源转型战略，同时也成为政府与公众沟通的一个全新开始。光伏、风能和生物质能等可再生资源的地理范畴很大，能源供给十分分散，但同时也创造了本土能源合作的契机，能源能够就近供给，降低远距离传输的成本。随着这种形式的出现，公民能够与可再生能源发展产生直接联系，个体在自家安装光伏或风能发电装置就是很好的证明。事实上，共同设计和出台政策决定是政府管理的全新方式，也是向公众证明技术创新推动政策创新，促进国家整体能源转型发展的绝佳机会。

二、能源转型战略的落实步骤

在提出能源转型战略后，逐步落实成为重要环节，加速核能淘汰和扩大可再生能源使用就是最重要的创新部分，下面将详细展示联邦政府是如何通过创新性的政策设置逐步向转型目标靠近，使能源变得更加可靠、价格更可接受且兼具环保的。

第一，加速淘汰核能。德国要在 2022 年以前彻底将核能淘汰出商业电力市场，其中 7 座废旧核电站在 2011 年彻底停滞，仍然运转的 9 座核电站也要按计划逐步停止。在整个过程中，联邦政府与研究机构需要紧密协作以确保电力市场在核能逐步退出的过程中继续保持高水平稳定运转，德国同时也积极加入欧盟压力测试，即欧盟在福岛核泄漏事故后启动对核电站的地区方位危险和安全评估测试。

第二，夯实可再生能源发展。为了确保可再生能源高速且具备成本优势的扩张，联邦政府不断修改与之相对应的《可再生能源法》，2004 年、2009 年、2012 年、2014 年和 2017 年分别进行修订，2017 年开始实施的新版《可再生能源法》是整个可再生能源政策的全新调整，与此同时，此前一直运转良好的制度仍然作为核心继续推行，即在电力市场优先利用可再生能源，但同时鼓励有条件的招标竞价入网。激励性措施也融入可再生能源进入市场、电网和整个体系的过程中，逐步确保其成本的竞争力，因为相较于化石能源而言，可再生能源电力价格一直是其发展的最大障碍。

第三，增加更多需求性能源的选择。为了促进生态性电力的日常交易，EEG2012 出台了可选择性市场溢价措施，为电力生产商提供一个能够使可再生能源电力通过鼓励性电价进入电网的选择，通过正常供需关系进行能源交易，相对于化石能源电力高出的价格一律由 EEG 相关规定弥补。这个市场溢价同时也为电力储存技术领域带来一个规模更大的投资，使得能源能够有效储存，仅在需要高峰时释放相应电力，市场价格也因此趋于平稳。即如果电力生产商在能源交易中购买可再生能源电力的价格高于市场平均价格，那么将会获得政府标杆电价和平均能源交易价格之间的差额作为额外补贴。

比如，生物质电的灵活性溢价，该溢价是为了在以市场为导向的发电领域中提高针对生物质电投资的一个定向工具，因此该溢价的目标包括增加控制份额、灵活性电力生产。在用电高峰时期，可再生能源电力可以极快地补充需求电力，通过此类溢价促进更大规模气体储存系统和发电机的建设，以便电力生产可以人为延迟至少 12 个小时，反过来降低德国境内电网的压力。

第四，避免能源密集型企业的劣势。可再生能源法规定的附加费不应该有损能源密集型企业的竞争力，联邦政府为此提出了"特殊平衡计划"，通过对企业区别对待保证企业发展，工业界的赞成证明这种思路的正确性，未来更多的企业也会加入这项均衡计划。在这项计划的扩大范围中，德国政府还需要保证德国企业不会遭到恶性竞争，尤其是中小企业必须从这些条款中受益。

第五，实现可再生能源独立的新安排。可再生能源的标杆电价制度必须能够负担发电成本，并允许其在发电过程中获得适当利润，当然也没必要提供过度保障，保持适当补贴额度即可。因为标杆电价升高的成本可以分摊到电价当中，让真正消费电力的用户去承担。这也是为什么一方面系统成本降低后入网电价仍然进行调整，比如光伏领域，而另一方面，德国政府针对过去补贴不足的领域提高入网电价，比如海上风电涡轮机和地热能源。此外，还可以更进一步，比如高度复杂的入网电价架构在生物质能等小比例可再生能源方面可以简化。总之，根据能源的不同类型与发展模式，提供相对适合的补贴与价格，通过调整来尽可能提高可再生能源比例与利用效率就是能源转型战略中的创新安排。

三、能源转型战略中的具体措施

能源转型战略的具体落实通过能源类型进行区分，分别从风能、太阳能、生物质能和地热等可再生能源类型展开，同时也需要电网的配合和公众反馈。例如，在德国未来的能源供给中，风能发电将扮演极其重要的角色，根据德国政府未来能源的计划，2050 年风能将贡献至少 50% 的电力供给。如果想要顺利实现这一目标，德国需要尽可能扩大风电装机容量，包括海上和陆地风能，截止到 2020 年，德国风能装机容量预计可以上升到 25～45 吉瓦，而 2050 年将上升至 85 吉瓦。为了靠近这一目标，德国政府采取措施推动风能装机容量的扩大，甚至有许多超出 EEG 范畴的行动。

第一，全方位推进风能。陆上风能发展已经十分成熟，技术创新进展顺利，丰富的经验和技术也结合良好，陆上风能在未来将获得极好的扩张机会，并能够相对而言获得较低成本。例如，旧风场改造的新规定，2002年以前投入使用且现在仍然运转的涡轮机应该全部替换，因为新式涡轮机产能更高，同时噪声更低，更为环保。更重要的是，还能更好地接入电网，最终旧风场改造要确保装机容量能够科学合理地分布在不同区域，而EEG也会针对这些来自新涡轮机的风电投入鼓励性补贴。推动陆上风电扩张还包括很多创新政策，回顾EEG2009，可以看到针对风能的标杆电价极为明显地得到提升，在此期间系统价格是降低的，因此在电力生产进程中还有进一步削减成本的机会，新式涡轮机每年降低入网价格，也被称为递减（Degression）效应；降低光污染，风力涡轮机自带的红光极为明显并闪烁，尤其在夜晚能够造成对航空的干扰，联邦政府将尽可能地减少光的发射，并通过立法保障风力涡轮机附近居住居民的生活品质不下降；风机合适地点的新标准，德国各州制定足够合适的地点并废除限制高度的要求对于未来风能的扩大至关重要，考虑到这一点，联邦政府委托相关机构做了关于风能潜力的研究报告，将研究结果作为制定选择合适地点标准的基础，通过与各州之间的紧密合作，取代住房和限高之间死板且无差别的距离，并在每个特定的情况下采取适当措施。

与此相比，海上风能发展较慢，但与陆地风能不同的是，海上风能在长期计划中是可再生能源扩张最重要的部分。德国政府早已提出全面的提升步骤，计划逐步通过海上风能在整个能源转型战略过程中扩张，实现重大突破。德国复兴信贷银行批准了一个特殊项目，就是为首批10个海上风电厂提供更为容易获得的融资，及包括总价值50亿欧元的贷款，这一举措非常重要，因为大部分银行面对相对较新的风电技术十分谨慎，对相关技术的投资风险评估不够确定，很难心甘情愿为海上风电提供贷款，因此这个特殊项目会对海上发电的扩展起到十分重要的鼓励性投资作用。具体措施包括：①延长风电入网电价最初补贴。此前EEG对所有投入使用的海上风力涡轮机补贴规定直到2015年年底才结束，2欧分/千瓦时持续补贴12年，也被称为是一种短期溢价。其目的是奖励新项目能够快速落地实施，而随着发展短期溢价也逐步并入最终入网电价，作为交换，对于新风电厂的入网价格每年降低7%，直到2018年。②高效的风电审批程序。高效的审批能够加快风电建设效率，降低成本，推动海上风能的扩大。③离岸风能电网计划。联邦政府推动了海上风能设备接入电网及系统性扩大跨境线缆，为此联邦海事水文局（BSH）制订离岸电网计划以便确定必要的路线。

目前，德国风电能够不断扩大占比且保障入网持续稳定，其决定性因素是海上风能的扩大，联邦政府将数家海上风电企业通过中央连接点推动风电顺利连入整个电网，而不再是价格昂贵的单个连接，结束了此前单独连接入网的风电历史，过去这种做法往往导致大量延误。此外，通过铺设带有高压运输能力的电缆，在海洋环境中也减少了干扰。

第二，光伏发电领域是有效的成本支撑。光伏在未来电力市场中的角色是重中之重，一直以来大众对光伏的希望是通过太阳能电池直接将太阳能转化为电力，但研发成本是无法忽视的问题，过去几年光伏技术的研发成本投入已经远远低于预期，这是很大的进步，德国政府数次削减光伏产业的标杆电价就是最好的证明。此外，光伏产业的效能递减也正逐步调整。换言之，入网电价缩减与市场增长的联系比此前更加紧密，说明越多的光伏投产，补贴削减就会越快，将成功限制光伏电力消费成本。

第三，生物质能方面表现为简化入网电价结构。除了风能，生物质能是可再生能源电力中贡献最大的一类，EEG数次修订的目的在于解决这一领域不透明的支持结构，如过度补助及不良生态激励等问题，入网电价结构将变得更加透明简洁。通过这一个措施，德国政府取消了针对灌木森林的额外补贴，还采取有效措施应对日益增长的玉米种植量，解决了废木材等资源利用的竞争问题。这一切都是为了更合理地确保支付自然保护应有的补助。

第四，地热方面启动全新激励机制。虽然无法与上面几种能源规模相比，但是到目前为止地热能源还是很难取消，因此相关的标杆电价就不断提高，以便扩大这个较有未来发展前景的能源。德国政府决定为热电联产提供补助，并在热能研发初期提供资金支持，仅这一举动就成功提高了标杆电价。

第五，电网扩张和蓄能系统全面简化规划与审批手续。在扩大可再生能源的转型进程中，电网基础设施至关重要，尤其是为了将德国北部丰富的风电运输到南部大城市，扩张电网并增加额外的高压输电线路就是必要需求。令人欣慰的是，电网扩张加速法案将在各州边界之间建设的超高压线缆直接提速，德国电缆的规划和建设时间也会平均缩短4~10年。联邦政府认为，为了更好而高效地将可再生能源纳入整个能源供给系统，必须改造现有的能源系统，风能和太阳能并不会由于能源的需求而稳定持续提供，气候变化的不可控性是限制可再生能源最重要的因素，因此除了一些小型的发电厂和迷你智能电网，长期性储能体系就成为能源发展的必需，随着《可再生能源法》的修订，德国提高了储能系统扩大条件，全新的储能系统可以享受免除相关费用的优惠。只有这样，可再生能源长期性供给才能成为现实，同时也可以弥补短期内能源波动输出。

新的《可再生能源法》中还有对智能电网发展的肯定，因为智能电网可以显示消费者用电的具体细节，为此政府鼓励有目的地使用电力，一方面可以节约能源，另一方面可以通过不同入网电价时段选择用电时间，比如打开洗衣机或加热器后，电价是较低的，可以间接满足其他用电需求。智能电表是智能电网的第一个尝试，但这对于要建设一个高效的可再生能源供给体系而言还远远不够，只有智能电网与整个发电系统、消费者和储能系统、消费和储能的波动性连接起来才能平衡发电，并相应地分配电力。跨区域电缆建设的联邦部门——规划联邦网络部已经提出联邦第一电网计划，该计划确定了输电回廊是整个输电网络的重要组成部分，个别电缆线路铺设将会被批准，同时经过审批手续可以确定相关线路，即联邦网络部为跨州或者跨国界的重要输电网络提供程序审批。

第六，在公众协商领域提高民众对发电厂的接受度。联邦政府希望尽可能在规划初期就有公众参与，在电网发展规划的初期就努力与公众加强对话，确保在初期阶段公众能够行使自己的参与权。更重要的是，希望通过与公众的沟通与能源知识的普及，消除公众对风能破坏环境、太阳能效率低下等问题的误解，增加大众对于能源转向的支持。令人欣慰的是，自20世纪七八十年代以来，德国的绿色环保理念就已经逐步推广到每一位居民，21世纪以后对清洁能源的普及又加速大众对相关能源发展的广泛接受程度，因此德国民众对可再生能源发展基本持全面支持的态度，其中太阳能以对日常生活最小的影响位列最高支持度，而风电和生物质能发电排在其后，燃煤发电由于二氧化碳排放污染，支持度极低，但支持度最低的莫过于民众对安全性产生怀疑的核电，也正是因为德国国内对核电的不信任，才能顺利推动退核进程。

四、能源转型战略中能源效率的提高

提高能源效率可以节约能源，减少二氧化碳排放并从总体上推动能源供给体系向可再生能源转化，只有在提高能源效率方面获得显著性成功，德国才可能达到气候保护和可再生能源扩大的目标。在这方面，建筑业排在第一位，因为大约40%的能耗发生在建筑领域，这也解释了为什么德国规定自2020年起所有新建建筑都要按照零能耗标准才允许修建。

一方面，为建筑现代化改造提供更多支持。已有建筑的现代化改造率每年要以2%的速度增加，还要逐步提高最低能效标准，并长期对现有建筑存量进行现代化节能改造。能源转型战略要求初级能源需求在2050年前下降80%，在这一领域，德国全面贯彻2015年11月颁布的《建筑能效战略》，系统通过节能和可再生能源利用这两大方式有效整合达到2050年既有建筑零排放且一次能源消耗降低的目标。也正是在此背景下，资金支持必不可少，德国复兴信贷银行集团的二氧化碳建筑修复计划项目的基金通过能源和气候基金提供了有力支持。此外，为了提高可再生能源在热能采暖领域的运用，生物质能与太阳能热利用装置和热泵系统的安装以及大型商业投资也都逐步建立起来。

另一方面，引入商业领域的能源管理并推动国家示范作用。通过引进能源管理系统为相关贸易制造发展提供动力，当企业在节能减排方面做出贡献时，可以通过能源税和电力税的优惠来鼓励相关企业，而相关节能减排的认证就通过能源管理系统实现确认。国家也必须在能源转型的进程中起引导性作用，尤其在节能方面，能源效率在其整个公共契约中有一个核心标准，就是只有产品和服务达到能源效率最高标准并属于最高级别的效率代表才能被生产，这不仅会加强节能产品的需求，也是对整个商业社会的一个重要信号。联邦政府要扮演建筑行业的领头角色，比如相对于2010年的标准，到2020年削减联邦大楼20%的能源消耗，甚至希望到2050年能够达到所有公共建筑气候中性标准。

除建筑业以外，其他领域的能源效率提高也不能忽视，首先是热电联产（CHP）的激励措施。当热电联产企业燃烧释放热量被利用时，发电的效率特别高，因此热电联产企业不仅会使用化石能源，可再生能源也是需要使用的燃料，因为在保护环境的背景下，波动性可再生能源可与能源高效结合。早在2010年热电联产就可以节省4600万吨左右的温室气体，约占整个德国气体排放量的6%，而到2020年，热电联产将占整个发电市场25%的份额。为了鼓励这种效率，联邦政府加大了支持热电联产的力度，比如延长新系统调试的截止日期直至 2020 年等，这是增加安全投资的有效办法。与此同时，联邦政府还通过这一举措保障能源供给的安全性，因为根据德国核能电厂关闭的时间表，在 2020 年以前额外安全的电力需要保障，热电联产发电厂是最好的选择。

此外，提高能源效率还包括促进电动交通和重建发电厂两个内容。通过电动交通显著提高运输部门的能源效率十分必要，考虑到路面交通，除了传统的汽车和燃料的改进，由可再生能源提供电力动力的交通工具将越来越多，能源和气候基金在政府电力交通项目框架下投入了资助研究和开发，目的就是到 2020 年使德国街道上能够有 100 万辆电动汽车，到 2030 年上升至 600 万辆。为了达到这个目标，联邦政府将为相关研究和发展提供更多资源，同时出台更具吸引力的激励措施，以扩展电动汽车的市场推广，包括电动汽车专用停车位和减税等。为了保障能源供给安全，发电厂也需要扩建或重建，因为根据需求从现在到 2020 年，扩大德国"可确认"的发电容量到 10 吉瓦是必然，在这里"可确认"的意思是不需要考虑一天的时间或季节因素就能够安全保障的电力，为此促进高效、灵活而全新的电厂建设项目就成为稳步发展的计划。

总之，能源转型战略中扩大可再生能源比例、提高能源效率的所有措施都是为了帮助德国能源体系能够更加可靠、价格更加实惠，实现对环境无害且经济的转型。在政治、社会及工业等领域主要决策者的合作下，联邦政府致力于未来新能源供给的整体蓝图规划，将不同因素融合，确保整个体系能够完整运行，转型能够顺利推动，在保持能源价格可接受范畴内，最终达到能源供给安全及气候、环境和社会经济效率兼容的能源战略转型目标。

第三节 "固定入网电价"制度

对可再生能源持续不断的需求和运用是整个欧盟和德国气候与能源政策最明确和公开的方向，尤其在福岛核泄漏事故后，德国对于可再生能源的推动达到了前所未有的高度，《可再生能源法》的数次演进和修订就是其发展的最好说明。根据德国联邦政府可再生能源发展报告预测，2020年可再生能源占电力市场份额将达到35%[1]。为了达到这一宏伟目标，德国政府在2000年制定了《可再生能源法》，并于2004年、2008年、2012年、2014年和2017年分别进行修订，在2017年最新修订版发布以前，EEG为了扩大可再生能源发展，最重要且最具创新性的举措就是确立了一种新的保护性税务手段，即针对所有可再生能源发电并注入电网都提供为期20年不变的固定保护电价，也被称为"固定入网电价"（Feed – in Tariff)[2]，它是德国很长一段时间内政策创新中最重要的工具，也是国家成功满足并超越其鼓励可再生能源发电的重要手段和推动力。2017年以后，该制度被招标竞价制度所取代，随后也会进行详细剖析。

FIT很快在电力市场被广泛推广，对于投资者而言，FIT制度具有透明、长期、稳定三大特征，当然鉴于德国可再生能源电力要在2030年达到50%、2040年达到65%、2050年达到80%的目标，开始在传统能源和可再生能源两者之间探索新的政策也就成为必然。在政策发展阶段，关键性问题包括FIT支出成本如何影响零售电价，这些成本按照哪种方式分配给工业企业和私人住宅等不同用户，以及如何提高可再生能源发电的普及率以便改变电力批发价格，如在一天之内的某些特殊时段可以使电力价格骤降到零或者以下，这些都是德国及其他国家在可再生能源发电体系管理进程中需要解决的战略性难题。

在这个创新制度的实施中，可再生能源得到极具意义的增速发展。在EEG2012出台后，德国可再生能源政策发生的变化尤其在电力市场这一核心部分的发展，成为研究可再生能源最好的领域。"固定入网电价"制度是德国发展可再生能源基础措施，曾经推动可再生能源在电力市场扩张份额的有力武器，数次《可再生能源新法》的修订也主要围绕这一制度展开。

一、FIT 制度的发展背景

德国可再生能源最重要的依据就是《可再生能源法》，其经历了一系

---

[1] BMU. Development of renewable energy sources in Germany 2012.
[2] 也被称为标杆电价，为表述方便，以下以 FIT 作为简称。

列漫长的发展过程，本章第一部分就对此进行了详细解读，自 1990 年起，德国开始逐步建立可再生能源的政策体系。1991 年德国制定的《电力入网法》强制要求公共电力公司购买可再生能源电力，奠定了引导全球可再生能源发展最为重要的强制入网原则，德国开始进入可再生能源的规模化发展阶段。

FIT 制度是在 2000 年颁布的《可再生能源法》中被证实确立的，从此拉开了该政策的大幕，对推动太阳能光伏、风电等可再生能源的发展起到了决定性作用。EEG2000 还建立可再生能源发电成本分摊制度，规定运营商需要承担可再生能源电厂进入电网的接网费用，电网公司负责电网的改造、升级费用以及可再生能源上网电量的整体平衡，同时要分摊全网范围内可再生能源发电的高额成本。

2004 年、2008 年德国根据经济和产业发展的情况分别两次修订《可再生能源法》，进一步强调可再生能源的经济性，明确提出要在考虑规模效应、技术进步和学习曲线等因素的影响后，逐年减少对可再生能源新建项目的上网电价补贴，促进可再生能源市场竞争能力的提高。因为可再生能源的发电成本是制约其发展的最大因素，与化石能源发电相比不具有成本竞争优势，就使得可再生能源电力想要进入完全竞争的能源市场之路变得较为艰辛，两次修订的目的就是在于缓解或解决这个问题。

2012 年，德国再次修订的《可再生能源法》生效，相对于旧法而言，EEG2012 更为详尽，最大限度地保留了原有促进可再生能源迅速扩展的结构框架，同时为促进可再生能源进入电力批发市场创造了新的动力选择，提出到 "2020 年，35％以上的电力消费必须来自可再生能源，到 2030 年 50％以上的电力消费必须来自可再生能源，到 2050 年 80％以上的电力消费必须来自可再生能源"[①]。此外还重点调整了上网电价，即 "提高生物质能（装机小于 150 千瓦）的上网电价将近 30％，从 0.11 欧元/千瓦时提高到 0.14 欧元/千瓦时；提高地热的上网电价超过 50％，从 0.16 欧元/千瓦时提高到 0.25 欧元/千瓦时；提高海上风电的上网电价将近 15％，从 0.13 欧元/千瓦时提高到 0.15 欧元/千瓦时；提高近期海上风电的初期红利上

---

① BMU. 2012 Act on granting priority to renewable energy sources（Renewable Energy Sources Act – EEG）.

网电价（针对 2018 年前的海上风电，获得一个 8 年或 12 年的高额补贴）将近 25%，从 0.15 欧元/千瓦时提高到 0.19 欧元/千瓦时；保持光伏的 FIT 补贴削减；保持对陆上风电的 FIT 补贴电价"[①]。其中重点整体性削减了光伏补贴，因为在推动可再生能源发展的框架下，光伏的高消耗、低效能成为被众人诟病的问题，而这一倾向也为 2012 年 6 月专门针对光伏的修订案埋下伏笔。总之，上述法案的系列修订都是德国 FIT 制度起步、发展并调整的背景。

二、FIT 制度的发展阶段

德国 FIT 制度是联邦政府为了扶持和发展可再生能源制定的政策，核心在于通过立法来保障可再生能源电力，规定一旦入网就可以享受 20 年不变的保护性收购价格，这项制度直接成为鼓励可再生能源发电的重要手段和助推力，并使可再生能源走上成熟发展的快车道。正是由于这个原因，FIT 很快在电力市场被广泛推广，对于投资者而言 FIT 政策的出现，使德国可再生能源项目具备了透明、长期、稳定（TCL）[②] 三大特征。当然，鉴于德国可再生能源电力在 2020 年要达到 35%、2030 年达到 50%、2040 年达到 65%、2050 年达到 80% 的目标，探索在传统能源和可再生能源两者之间平稳过渡的新政策就成为必然。

在 EEG 的颁布和数次修订的作用下，FIT 在德国可再生能源电力市场的发展主要分为三个阶段：第一阶段从 2000 年到 2009 年，历经 EEG 的颁布与两次修订，联邦政府将主要精力集中于如何扩大可再生能源市场以及成本控制方面。例如，如何降低光伏发电成本以便其能够进入真正的竞争性商业市场，这项政策确定了可再生能源投资透明、长期及稳定的三大特征；第二阶段是从 2009 年到 2012 年，在此期间太阳能光伏组件成本急速下降，促使德国更加积极调整光伏 FIT 的相关政策，以便管理每年光伏发电的装机容量，比如提高检查以往光伏政策的频率，将目前光伏发电状况与整体光伏组件设备发展相结合进行分析；第三阶段就是 2012~2017 年

---

① BMU. 2012 Act on granting priority to renewable energy sources（Renewable Energy Sources Act - EEG）.

② Miguel Mendonca. Feed - in tariff：Accelerating the Deployment of Renewable Energy. Earthscan，1997：48.

最新修订法颁布之前，太阳能、风能及生物智能持续降低的成本使其逐渐获得与传统电能相竞争的可能，而 2012 年修改后的 EEG 主要政策就包括降低 FIT 的支付成本，增加 52 吉瓦光伏发电容量上限等。这一切都标志着德国 FIT 逐步向平价电网转变，也相对降低了对投资者的要求。事实上，在德国部分小型光伏发电系统的发电价格早已低于市场零售价格，完全具有进入市场的竞争力。

第三个阶段可再生能源成本竞争力伴随政府的支持而提升，成本问题将继续成为讨论的焦点。正如 2012 年 8 月德国联邦环境部长阿特梅亚尔发布了关于能源和环境计划的十点意见中所提到的："强调同时支持扩大可再生能源计划，并鼓励根据实际情况修订 EEG，在其他部分中将重点放在可负担能源这个问题上，继续保持可再生能源入网电价关税配额制度开放的可能性。当然如何平衡纳税人费用与德国能源转型这个问题也是必须注意的。"[1] 因为能源体系的转型并不是一味求环境，而必须顾及其所在的经济责任，否则可再生能源不仅不会被接受，还会摧毁、损害自身基础，这就意味着德国的能源价格绝不能一味升高，要保持与其他国家竞争对手的一致性。那么可再生能源能够在中期发展中具有市场竞争力，甚至在离开 EEG 的固定电价补贴后仍然可以良好运行就成为联邦政府不断努力的目标。

因此，第三阶段中最重要的任务就是鼓励可再生能源发电要尽力向传统能源发电看齐，FIT 鼓励可再生能源可以不分时段地进行发电，而在德国由于光伏和风能发电技术的不断创新与提高，其高峰时段的电量供给早已超出需求，使得这些时段电力价格甚至成为负值。可能在短期内会给部分消费者带来益处，但长期来看会形成电力经济价值对时段和地点的重度依赖。EEG2012 经过多次修改，最终确定鼓励针对可再生能源发电更多的投资，并引入"市场溢价"[2] 的概念，允许 FIT 直接进行市场销售，通过与每月平均上网电价成反比的 FIT 支付成本弥补市场，建立一个激励机制，最大限度地提高市场价值并同时提高市场操作性。此外，"对于商业用途

① BMU. Peter Altmaier Mit Neuer Energie: 10 Punkte für eine Energie und Umweltpolitik mit Ambition und Augenmaβ. 2012.

② BMU. 2012 Act on granting priority to renewable energy sources (Renewable Energy Sources Act - EEG).

的光伏发电系统，其中10%的发电量取消 FIT 补贴，转而进入批发市场进行消费或弥补白天时段的平均市场价格，并规定将这10%的奖励提供给更高价值应用系统的商用光伏发电系统企业"①。

从投资者的角度来看，EEG2012 给 FIT 提供了风能或沼气发电方面的投资可能，因为长期以来光伏发电高成本而低产出的特点使其备受诟病，在光伏行业时间计划表出台，降低增速和发展的背景下，其他可再生能源电力成为德国发电市场上的培育新星，然而同年出台的光伏减量计划在时间上的限制和要求 52 吉瓦容量门槛的发展方向也给投资者增加了很多不确定性。毋庸置疑，这些都成为 EEG 下一阶段重点解决的障碍。除了 FIT 支付成本的问题以外，第三阶段开始涉及强加给德国电力系统可变的可再生能源发电成本的分摊问题。例如，2012 年光伏新版修订要求德国范围内包括全新和既有的光伏发电系统必须削减输出功率，以降低风险保障电网运行稳定，为此光伏发电企业需要支付50%的削减设备成本费用，由于光伏及其他可变电量不断输入德国电力供应系统，如何系统性分配可再生能源电力成本变得非常重要。

三、FIT 制度的阶段变化

FIT 三个发展阶段侧重点都不同，第一阶段（2000～2009 年）德国专注于扩大可再生能源电力容量，通过技术投入降低电力成本，同时通过 FIT 的推广与落实，向投资者展现可再生能源透明、长期、稳定的三大特征。在此期间，FIT 速率的降低适中，且能够适应当时的可再生能源法；第二阶段（2009～2011 年）太阳能光伏组件成本迅速下降，尤其以中国为首的亚洲市场的兴起迫使德国更加积极地调整光伏 FIT 政策，以便估算每年的光伏装机容量；第三阶段（2012～2017 年）发电成本持续不断的降低使得光伏、风能及生物质能与传统电力能源之间的竞争变得异常激烈，作为回应，德国政府修改了此前简单追求可再生能源在整体发电领域的比例，鼓励可再生能源进一步深入电力批发市场进行竞争，而不是躲在保护政策的温室内弱不禁风。显而易见，2012 年联邦政府《可再生能源

---

① BMU. 2012 Act on granting priority to renewable energy sources（Renewable Energy Sources Act - EEG）.

法》重新修订以后，政策转向第三阶段时变化开始生效。

首先，"固定入网电价"发展速度总量进行适度削减。EEG2012 在原本政策基础上进一步保障可再生能源发展优势。在可再生能源领域，FIT 政策每隔 4 年会进行重新审查和修订，因为政策必须随着实时境况而改变，否则针对投资者的透明性就不复存在。现阶段可再生能源在发电技术领域已转变为成本性竞争，因此 FIT 规模化的安装总量可以提升，如光伏发电领域的快速安装，但整个速度会减缓。经过前两个阶段可再生能源的高速发展和推动，检查和回顾成为第三阶段的必然任务，尤其第二阶段光伏的递减时间计划的推进，促使第三阶段要努力通过提高 FIT 总削减量、限制光伏系统的 FIT 既定规模以及增设 52 吉瓦光伏累计发电容量门槛等，进一步降低发电成本。一旦跨过这个门槛，可再生能源就不再需要 EEG 附加费用补贴，会逐步形成良性循环。

在 FIT 发展速度降低的同时，光伏发电也开始减缓，这一切都是由于前期的持续大规模装机容量，过去几年在光伏装机容量上的狂飙突进使得联邦政府开始审视光伏的发展速度，如果安装比前期预期更大规模的光伏容量，那么 FIT 下降的幅度会更高；反之亦然。① 对于市场结果而言，安装量"过度"会引发价格的风险，因此总量上 FIT 适当地对其进行了降低。

其次，以"市场溢价"为手段，推动可再生能源进入电力批发市场。根据 FIT 政策规定，电力运营商可以分配多余电力，在现货市场上以可能的最高价卖出。根据市场溢价模型电力生产者直接将生产的电力在批发市场出售，而不是等待固定入网电价的支付，除去电力市场价格，还可以获得市场溢价支付。其中市场溢价每月进行一次结算，基本等于固定入网电价和参考价之间的差异，参考价格由两个部分组成，即平均市场批发价格和管理溢价。固定入网电价比率主要通过过去给定月份的 FIT 计算市场溢价，随着光伏减效时间表的逐步推行，固定入网电价比率也在降低，市场溢价的公式为"市场溢价 = FIT − 参考价格（平均市场价格 − 管理溢价）"②。因此，参考价格是平均市场价格与管理溢价的差额，而固定入网

---

① Deutsche Bank – Climate Change Advisors. The German feed – in tariff for PV：Managing volume success with price response. NY：Deutsche Bank Group，2011：12.

② BMU. 2012 Act on granting priority to renewable energy sources（Renewable Energy Sources Act – EEG）.

比率与参考价格的差额就构成市场溢价，所有要素互为影响、环环相扣。市场溢价是时时变动的，不同时段随着平均市场价格而变，当平均市场价格高于固定入网电价比率时，市场溢价就不存在，为此发电机可以在市场溢价模型与固定入网电价之间直接切换，以计算每月电费结构。这种计算模型十分有利于可再生能源的价格竞争，真正成为推动可再生能源彻底进入电力批发市场的助力，从而逐步减少政府的制度保障和优先政策，实质性推动整个国家的"能源转型"战略。

最后，以光伏装机容量52吉瓦为门槛，修订光伏补贴计划。EEG2012于2011年6月获得通过，但针对光伏安装量扩大规模的问题引发决策者和工业界一系列关于是否治理光伏市场的争论。因为在德国大力推动可再生能源发展的三个阶段进程中，光伏发电博得了世人的关注，获得高额补贴推动后，装机容量连续飙升，"2011年750万千瓦，2012年760万千瓦"[1]，但伴随而来的光伏发电成本高、效率差的缺点成为争议的焦点，甚至有观点认为德国一半的可再生能源建设费花在了光伏上面，而获得的发电收益却仅有5%。

2012年，德国联邦经济部部长罗斯勒（Philipp Rösler）和环境部部长罗特根（Norbert Röttgen）共同提出《光伏修正案》[2]，3月29日获得联邦议院通过，但5月11日却遭到联邦参议院反对，随后经过光伏行业投票此议案被递交到调解委员会进行修订，调解委员会是德国议会的一部分，主要职能是从联邦议会和联邦委员会之间寻找中间道路。因此，该提案在2012年6月27日由调解委员会再次提出，6月28日获得联邦议院通过，6月29日获得联邦委员会通过。整个修订案包括"52吉瓦的容量上限、光伏发电率的降低、减效时间表以及光伏发电机出口入网的引进限制。总体而言，这些政策代表了传统光伏政策向一个全新、激励性且自由的政策范式的转变"[3]。

2012年的光伏修订案成为又一个影响FIT的政策，也被称为EEG2012的补充版，其中核心内容为容量门槛，即调解委员会最重要的成果之一就是设置52吉瓦的上限门槛，规定光伏发电容量最高门槛为此，即达到这个容量就会终止补贴，且一旦超过这个门槛就会引发另一轮光伏发电的政

---

① Global Wind Energy Council. Global wind report: Annual market update 2012.

② BMU. The EEG 2012 PV Amendment of June.

③ BMU. Die wichtigsten Änderungen der EEG – Novelle zur Photovoltaik 2012.

策框架。虽然并没有更多的相关细节直接透露，但可以确定的是光伏发电仍然具有优先接入电网的优势，补贴支持无法与 FIT 支付成本相互抵消。还包括修订光伏屋顶安装容量级别及相对价格，降低了原本令人难以接受的高价，同时降低光伏的装机容量增长速度。根据 EEG2012，德国将继续定期调整光伏比率，试图保持光伏安装量能够每年按照既定目标发展，这个目标每年规定为 2.5~3.5 吉瓦。为了尽量按照这个目标发展，光伏比率按照减效时间表修改了每月减速比率，修改每 3 个月进行 1 次调整，主要根据过去 12 个月光伏基础安装量。即如果 12 个月期间光伏装机容量为 7.5 吉瓦，那么 FIT 每个月比率要降低 2.8%；反之，若 12 个月期间光伏装机容量低于 1 吉瓦，那么 FIT 每个月的比率就要增加 0.5%。因此总体看来，2012 年 FIT 已经达到最少降幅 29%，最高不会超过 6% 的活动区间。此外，光伏修订案中还有一个较大的政策变化就是在 FIT 下光伏输出售卖限制，即 FIT 下电力补偿总量要被限制于 90% 的系统输出内，系统容量也要在 10 千瓦到 1 兆瓦之间，剩余 10% 的电力可以被现场消耗，在批发市场售卖，或用于补偿白天市场平均价格。

除了上述这些主要变化，一些针对光伏修正案的政策微调也不能忽视，比如，设置独立系统的规模上限，修订案中规定光伏系统新安装的容积量限度为 10 兆瓦，而为了防止投资商将大型光伏系统切割成小型容量系统，修订案加入一条规定，即 24 个月内，2 千米范畴内建立的光伏设备均为独立设备；取消自我消费奖励，EEG2009 中光伏发电商只要能够将所生产电力全部消耗，就可以获得电力零售市场的奖励，而这一规定在修订案中被取消了，同时新法还规定了所有光伏系统都必须配备缩减能力设备，以防在电网不稳定期间自行关闭，或者降低电网输出需求。此前，这些要求主要针对容量为 100 千瓦或者更高的项目，而该修订案规定现有系统下，对于缩减能力的配备 50% 自行支付，50% 从 FIT 补贴中获得。

四、FIT 制度下的能源数据

2010 年，欧盟要求德国公布截止到 2020 年的可再生能源潜在发展预计估算，作为欧盟层面国家可再生能源行动计划（NREAP）[①] 的一部分，

[①] NREAP 全称为 National Renewable Energy Action Plan。

德国提出每项可再生能源技术的发展轨迹，并预计该国将在 2020 年达到可再生能源电力占比 38.6% 的目标，此前既定目标为 30%，相当于 216 万亿瓦时的发电能力，在 2011 年，德国可再生能源发电能力仅为 124 万亿瓦时，近一半都没达到，2017 年已经达到 216.3 万亿瓦时，基本提前实现相关目标，其中关键作用就在于 FIT 的创新鼓励。

　　图 5 – 2 为德国 1990~2017 年可再生能源电力基本情况，很明显可以看到，为了达到 NREAP 的既定目标，从 2010 年开始呈现出一个较为陡峭的增长趋势。根据可再生能源电力目前现状、未来目标以及需要追赶 NREAP 的幅度计划，光伏发电由于在 EEG2012 中提出了 52 吉瓦的门槛，基本要以平均 128% 的增长速率发展才能达到 2020 年的目标，而生物质能与风能需要增长的幅度也不小。NREAP 确实可以作为一个衡量市场发展的尺寸，但并不能够完全代表官方的整体发展目标和规划，德国的 FIT 制度是没有利用容量上限而控制所有可再生新能源市场增长的为数不多的政策，取而代之的是政府利用价格信号来影响进入市场的供应量，尤其在风能和生物质能两个方面表现明显。

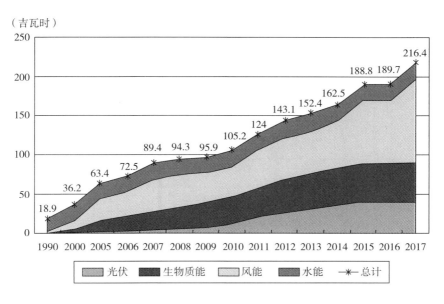

图 5 – 2　1990~2017 年德国可再生能源电力基本情况

资料来源：BMWi。

风电行业在发展创新中屡创新高，根据全球风能协会的数据统计，截至 2017 年年底，全球风电累计装机容量达到 539.58 吉瓦，2017 年全球新增装机容量为 52.57 吉瓦。德国自 1998 年成为全球风电大国以来，无论是装机总容量还是每年新装机容量，都处于世界领先地位，从 2005 年开始每年新增装机总容量位居全球首位，直到五六年后由于中国风电的迅猛发展，2011 年德国风电累计装机容量为 28.7 吉瓦，成为欧洲最大的风能发电市场以及继中国、美国之后的全球第三大风能发电市场。2017 年，德国风电总装机容量为 55.9 吉瓦，全球占比 10.4%，新增装机容量为 6.58 吉瓦，全球占比 12.5%。自 2007 年开始，德国风能累计装机容量以每年 6%~8% 的速度递增，稍显缓慢，因此尽管 2007~2011 年的增长较为温和，但相较于 2010 年陆上风电 28.6 吉瓦的装机容量，2011 年确实有一定的增长跳跃性，也是经济衰退大背景下复苏的一种表现，2011 年以后，陆上风电装机容量都在稳定提升，到 2017 年装机容量已经突破 50 吉瓦，如图 5-3 所示。

图 5-3 2007~2017 年德国风电累计装机总量

资料来源：BMWi。

所有陆上风电项目都获得了德国第一次为期 5 年的 FIT 支付款项，也被称为首期支付，此后实力较强的风电企业可以利用较低的价格来支付剩余 15 年的 FIT 合同，被称为基础支付，实力较弱的一些风电企业在首期支付后可能需要较长的时间才能进入到下一个阶段。在第一个五年阶段，风力涡轮机的使用时间量通过对比每个项目风力年产标杆的公式进行计算，被称为参考收益率。

表 5 - 4 为陆上风能的 FIT 比率，由于受 2004～2008 年减能时间表的影响，初始 FIT 比率呈现逐年下降态势，在 EEG2009 的法案讨论中，制定者得出一个结论，那就是应该提高 FIT 初始比率，借此反映因钢材和铜材价格问题而带来的成本上涨。因此从 2009 年开始，首期支付成本提高至 9.2 欧分/千瓦时，而基础支付提高至 5.02 欧分/千瓦时，伴随 1% 的降低比率，在 EEG2009 的基础上，EEG2012 将首期支付成本降低到 8.93 欧分/千瓦时，基础支付变为 4.87 欧分/千瓦时，但降低比率提升至 1.5%。

表 5 - 4　2009 年与 2012 年德国两次 EEG 修订的 FIT 比率

类型	EEG2009	EEG2012
首次支付（欧分/千瓦时）	9.2	8.93
基础支付（欧分/千瓦时）	5.02	4.87
旧风场改造补贴（欧分/千瓦时）	0.5	0.5
系统服务补贴（欧分/千瓦时）	0.5（如果在 2014 年 1 月 1 日以前装机）	0.48（如果在 2015 年 1 月 1 日以前装机）
递减率（%）	1	1.5

资料来源：BMU。

海上风电在德国发展一直较为缓慢，2009 年才开始真正发展，此前基本空白，起步虽晚却发展迅猛。2011 年年底，首批第一期总装机容量为 19.4 吉瓦的共 28 个风电站已被批准在北海和波罗的海进行建设。与此同时，还有总容量为 28 吉瓦的共 63 个海上风能电站正在等待当局批准之中。与陆上风电相似的是，海上风电也有一个类似的激励政策就是首期支付较高，但随后会进入一个较低的支付水平。在 EEG2012 中，离岸风电可以在支付 12 年 15 欧分/千瓦时的成本后，进入 3.5 欧分/千瓦时的一个基本成本支付阶段，还规定为期 8 年的首期支付成本 19 欧分/千瓦时，这种方式主要是为了使海上风电能够在短期内尽可能地偿还贷款,且离岸风电在 2018 年以前并没有如光伏一样的减效时间表,因此发展速度可以保持在 7% 左右不变。客观而言,从投资者的角度来看,海上风电并没有表现出可再生能源透明、长期、稳定(TCL)三大特征,但 EEG2012 提出的市场溢价已被成功证明对风电有着极大吸引力,因为潜在的高支付成本远比目前运营收入要多。

对于光伏发电而言,EEG 的介入是引发其快速增长的重要因素。但随着 2011 年前后光伏面板价格的大幅跳水以及如西班牙、捷克和法国等相关政策变化带来的光伏市场疲软,德国光伏政策不设上限后,成为全球市场的中流砥柱,甚至出现"大跃进"局面。2009 年光伏新增装机 4.5 吉瓦,2010～2012 年连续 3 年新增装机容量超过 7 吉瓦,随后补贴政策的调整令 2013 年开始下降,2014 年光伏装机容量出现断崖式下跌,德国政府不得不设立每年新增光伏 2.5 吉瓦的目标,但 2014～2017 年新增装机容量一直低于 2 吉瓦,尽管如此 2017 年光伏装机容量也达到 42.4 吉瓦,意味着离曾经设定的 52 吉瓦门槛并不远,完全可以看到即将到来的光伏发电无补贴时代。1990～2017 年,德国光伏发电累计装机总量如图 5 - 4 所示。

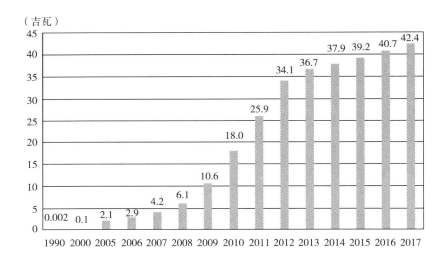

图 5 - 4　1990～2017 年德国光伏发电累计装机总量

资料来源:BMWi。

伴随着 2014 年德国可再生能源法的再次修订，其中核心内容包括缩小补贴范畴并减少补贴力度，从 2014 年的 17 欧分/度降到 2015 年的 12 欧分/度，并规定最迟在 2017 年取消 FIT，全面采取招标竞价制度继续推动可再生能源发展，意味着 FIT 的阶段性使命基本完成并告别政策创新领域。

第四节 招标竞价制度

一、FIT 制度出现的问题

联邦政府全面推动以可再生能源为基础的能源转型战略，如果能源转型获得成功，那么德国将会在未来几十年全球经济发展中巩固自己的地位，同时在全球气候变化斗争中做出杰出贡献。成功而高效地进行能源体系的转型成为目前德国最重要的政策挑战，FIT 制度作为可再生能源发展的标志性政策，在 EEG 数次修订背景下以不断创新改革推动可再生能源实现了巨大的发展与突破，但后期逐渐出现无法解决的问题，为后续招标竞价制度的出台做了铺垫。

首先，可再生能源在电力市场的分配不平衡。2012 年以后，需要明确 FIT 的总量以及分配情况，因为 2012 年德国电网运营商统计出约有 127 亿欧元的 FIT 补贴净成本需要纳税人承担，不同类型的纳税人又成为分配过程中的另一重要问题。比如，大型工厂虽然仅仅消耗了 10% 的电量，但必须为此付出 EEG 规定的 100% 附加税，尽管它们还是风能和太阳能发电增加后带来较低现货电力市场价格的主要受益者。面对这种差价，如何分配可再生能源高于市场价格的部分就是一个政治性问题，成为联邦政府必须思考的重要议题。

同样还涉及强加给德国电力系统可变的可再生能源发电成本的分摊问题。例如，2012 年光伏新版修订计划要求德国范围内包括全新和既有的光伏发电系统必须削减输出功率，以降低风险保障电网运行稳定，为此光伏发电企业需要支付 50% 的削减设备成本①。由于光伏及其他可变电量不断输入德国电力供应系统，如何分配系统性可再生能源电力成本变得异常重要。递减造成计划的不确定性，市场的增长和供应链的更加高效使得光伏安装周期在德国大幅缩短，如住宅系统的光伏安装此前需要 6 周左右才能完成，有报告显示安装和连接入网的时间已经缩短到 8~10 天。一方面虽然对光伏市场有一定好处，但另一方面却使对未来的估计更加不可确定，尤其每 3 个月就会变化的递减率动摇了针对长期项目的 TCL 投资计划。

同时 90% 的系统输出限制造成光伏收入的不确定性，不可否认，这项规定可以推动光伏发电更多地进行现场消耗，但被消耗的生产量速率却不够稳定。一方面，现场负载量可能无法完全消纳光伏生产的输出量，或者会出现无法匹配的情况，如建筑物周末关门会导致光伏输出无法消耗出现剩余；另一方面，没有足够租户或者彻底没有租户的建筑就无法抵消现场消耗负载，现场消耗被计入电力零售中，速率会随着电力价格、税费或附加费用的出现改变，或随着主机站点的速率等级进行变化。此外，现场消耗虽然可以节省主机储能，但没有从电力销售中获得收益，因为终端用户如果可以使用光伏发电的主机储能，就能帮助支付投资者过去由于银行对光伏产业的限制而出现的长期高风险负债，这一切都使得光伏企业融资变得更为艰难。

其次，企业与个体家庭电价的矛盾逐渐提升。能源转型从来都是要付出代价的，逐步淘汰核能，扩大可再生能源的份额，意味着相应零售电力价格也一再上涨，德国在欧盟国家中已经成为数一数二的高电价国家，虽然政府针对那些认为 EEG 征收过高电力附加费的家庭或企业提供额外燃料，但仍然在德国社会中引发强烈争议。

2012 年 FIT 总的支付成本为 176 亿欧元，预计销售收入为 49 亿欧元，意味着 127 亿欧元的空缺需要通过消费者在 EEG 费用征收中填补。根据现行政策，"大型电力消耗密集型企业用户每年消耗超过 1000 万千瓦时的电量，其中 90% 的电力支付价格仅为 0.05 欧分/千瓦时，只有 10% 的电量需要以 3.59 分/千瓦时的价格全额支付。此外，工业性电力消耗每年超过 1 亿千瓦时，占全年电力总量的 20%，而所耗电量仅需支付 EEG 附加费用

---

① BMU. Die wichtigsten Änderungen der EEG – Novelle zur Photovoltaik 2012.

为 0.05 欧分/千瓦时"①。这些豁免权力是联邦政府旨在保护德国的工业发展、维持成本的一项长期性政策框架。然而，德国电力市场已经逐渐出现一种变化，那就是无论直接销售还是通过电力运营商，可再生能源电力在德国现货市场上出售的份额都越来越大，尤其是当光伏和风能高产的时段，相关电力价格甚至能够压倒市场批发价格。以 EEG2012 实行期间为例，交流电电力价格在 2012 年前 5 个月有 17.3% 的比例低于 2011 年同期，平均价格为 4.37 欧分/千瓦时。2007～2011 年期间，光伏发电整体压低电力现货市场价格约 10%，尤其在一些时段，如下午 2 点左右的电价低于入夜价格，这就是由于光伏发电系统所占份额逐渐增大造成的。

这些局部效果逐渐扩大到整个德国范围内，转化德国电力市场的运作，扭转长期唯市场的观念，结果之一就是主要购买批发市场电力的大型工业用户在获得成本保护豁免时，可以在交换中得到价格更为便宜的电力，随后又提出降低大型工业电力用户的门槛，"从以前每年 1000 万千瓦时的门槛降低到 100 万千瓦时"②，必然增加获得豁免权用户数量，导致 EEG 将成本进一步分销到较小或分散的消费群体。因此对个体家庭而言，电价上涨的问题始终存在。此外，德国社会与福利保障项目哈茨 IV 资助的长期失业者和低收入人群也被要求支付能源成本，但却发现不断升高的电力成本已经超过福利补贴，致使他们无力支付电费。2012 年 10 月，EEG 附加费用的重新确定直接引发德国发电价格从 3 欧分/千瓦时上涨到了 5 欧分/千瓦时，这种分配方式是在 EEG 和可再生能源不断扩展的背景下产生的。这里可以看到一种怪异的现象，那就是低收入消费者的能源法案资助了光伏项目的发展，而具有讽刺意味的是这些光伏项目却主要有利于那些大型公共事业和富裕家庭。

最后，电网平价并未达到预定目标，仍然在发展进程中。电网平价这个概念已经变成可再生能源规模化的一个转折点，一旦获得与传统能源相抗衡的成本竞争力，那么整个可再生能源市场就会在不需要政策保护的情况下进一步扩大。以光伏为例，假设光伏发电达到零售电网平价，许多光

---

① BMU. Renewable Energy – Perspectives for a sustainable energy future. 2011.

② BUM. 2012 Act on granting priority to renewable energy sources (Renewable Energy Sources Act – EEG).

伏企业会选择抵消自己的零售电力消耗，而不是支付 FIT 或者在现货市场利率明显较低的情况下选择出售电力。与其他可再生能源技术不同，光伏发电绝大多数置于企业或私家的屋顶，德国 FIT 支付给光伏企业的补贴早已低于平均电力零售比率，2011 年以后前者已经明显低于后者，这说明理论上光伏可以在整个修订递减计划下增加或减少，取决于光伏的装机容量。

尽管 FIT 补贴在零售电价前极具竞争力已经成为铁一般的事实影响整个市场，但这个发展仍未带动基于光伏电力现场消耗模式的大规模投资风潮。原因在于电网平价的每个项目情况都不同，电网平价受很多因素影响，包括项目成本、光伏发电系统输出以及零售率，不同的客户类型有着不同的零售价格，零售价格高的用户可以获得光伏电力接入平价电网更好的输出，终端用户的负载曲线即用户现场消耗的总量和时间会影响发电机对电网的接入，为了与 FIT 竞争，现场消耗 100% 的功率必须使用基站，对光伏发电输出某些时段的利用就在所难免，这无疑是一个难题。此外，也必须承认 FIT 支付相对于现场消耗而言更加有利可图，"90% 的光伏生产限额"① 给现场消耗带来收入方面的不确定，在这种背景下，从投资者角度来看，FIT 更为稳定，电价就出现了人为选择性偏高，而不是逐步降低与零售价格持平，因为系统性零售电价成本节约十分明显。

值得庆幸的是，具有大型和稳定电力负荷的少数地方和一些建筑类型电网平价虽未普及，但已经出现投资趋势，作为可再生能源与传统能源抗衡的竞争力，实现电网平价的批发价格意味着未来可再生能源电力能够与现货市场批发价格相抗衡。当然这仍然是一个假设推论，无法保障可再生能源发电成本是否可以按照目前轨迹持续发展。很长一段时间内，电力现货市场批发价格的走向并不明晰，如较低的批发电价已经导致数个常规发电厂胎死腹中，而 FIT 的补贴保护还促进可再生能源市场的发展，并持续推动电网平价。于是基于可再生能源应用的未来现货市场价格的动态变化出现了一系列仍需解决的问题，比如，增加可再生能源对现货市场价格下行压力总额的话，最终可再生能源是否可以真正达到现货市场的平价？如果可再生能源普及率的提升直接导致 FIT 与现货市场价格差距扩大，那么

---

① 在 FIT 框架规定下，对于光伏发电支付量为其 90%，并不是 100%。

这种差距能否被看作可再生能源发电增量成本的一种代表？可再生能源降低市场批发价格的话，市场保护制度对可再生能源向市场竞争的转换是否有效？最终只有通过随时观察德国可再生能源与市场结构的关系，并紧跟研究下一阶段的相关政策，才能不断实现德国可再生能源发展目标，并最终确保能源成功转型。

当前和未来整个可再生能源在电力市场发展的问题都围绕价格展开，只有拥有具有竞争力的电价，真正摆脱政府补贴扶持进入完全价格市场中竞争并形成良性循环，才意味着可再生能源的真正成功，也意味着德国能源转型的成功。区分住宅、商业以及工业企业用户的不同层次在可再生能源电力中的支付成本是 FIT 继续发展的关键，可再生能源电力成本的降低对电力零售价格的整体影响会引发整个电力市场的不稳定以及如风电、光伏等能源由于受制于自然条件的变化不可控制，肯定引发成本增加，对整个德国电网稳定性影响也巨大，储能体系和自动调节装置的投入也不可忽视。因此，可再生能源电力的分配问题、企业和家庭电价的差距以及以光伏为代表的电网平价发展都需要继续投入大量精力，整个能源体系庞大而微妙，并不是大力发展可再生能源电力、压制现有传统能源电厂就可以一蹴而就的。

总之，按照德国最初的设想，可再生能源 FIT 制度运行逻辑就在于电网运营商必须优先以较高的固定价格收购可再生能源所生产的绿色电力，额外的成本则转移到消费者身上，这种模式确实可以鼓励可再生能源的发展，但没有考虑需求导向。电网运营商只负责可再生能源的销售，并没有在市场资源方面进行科学资源配置，很多有价值的信息没有得到充分应用，更由于政策调控相对于市场而言有很大滞后性，迫使德国政府不得不频繁调整《可再生能源法》以匹配新能源的发展进程。从 2000 年可再生能源占比 6% 上升到 2014 年的 28%，后者全年可再生能源补贴额度达到250 亿欧元，四成左右在光伏领域，民众对于日益高昂的可再生能源附加费用的忍耐也接近极限。纵观整个发展过程，必须肯定 FIT 制度打造了德国强大的可再生能源系统，但未来朝向市场化的发展意味着持续实行 14 年的制度走到了不得不改的分水岭，改革被迫提上日程，招标竞价制度应运而生。

二、招标竞价制度的提出与现状

EEG2014 出台前后，德国可再生能源面临的挑战不仅包括经济问题和政策问题，还需要面对整个发电系统的平衡协调，德国发电系统十分复杂，过去半个多世纪德国发电系统的发电方主要由 500 多个较大的发电厂组成，发展到后来增加至 127 万个左右，由于可再生能源的扩大，其中三成由可再生能源电厂组成。不仅如此，电厂的组成结构也并不单一，大型发电厂仅占总装机容量不到 12%，其他分别由个人、工业用户、开发商和农民由高到低拥有，那么协调平衡上百万个发电厂在发电系统中的稳定运行，尽可能减少电力系统风险，以保障投资回报预期和通过电价协调电力系统风险的平衡成为联邦政府当时迫在眉睫的问题，FIT 制度显然无法解决此类问题，更市场化的尝试才是政策创新的方向。

更加现实的是，以光伏为主的可再生能源补贴时间已经足够长，但 FIT 浓厚的行政干预色彩，无法充分、及时且全面地反映可再生能源的商品价值与属性，补贴削减速率并不高，市场呈现一种人为、扭曲的现象。政策执行后期，入网电价与批发电价之间的差额由民众以可再生能源附加费的形式承担，附加费从 2000 年的 0.2 欧分/千瓦时涨到了 2014 年的 6.24 欧分/千瓦时，德国电价一跃成为全欧洲最高电价，很多常规电厂处于运营亏损状态。于是在多种因素综合影响下，从 2014 年开始，联邦政府决定全面改革《可再生能源法》，在光伏发电领域尝试市场化招标。

EEG2014 开始引入市场机制，逐步更替 FIT 制度，即要求 2014 年 8 月 1 日起 500 千瓦以上的新建设备必须采用竞价机制，2016 年 1 月 1 日起 100 千瓦以上的所有新建设备必须采用市场竞价机制，从 2017 年起将全年通过招标竞价模式确定可再生能源的补贴额度。换言之，2014～2017 年就是招标竞价制度的摸索期与试验期，也是 FIT 逐步退出的时期。光伏发电成为重要的试点与落实领域，2015 年联邦政府批准地面光伏系统招标草案，通过针对大型地面光伏电站的招标竞价制度，探索招标模式的使用经验，也减轻相关电力用户的负担。2015～2017 年，陆续开展了三轮招标，刚刚开始实施 2015 年的电价就出现下降，而从 2015 年 4 月到 2017 年 2 月不到两年的时间，招标竞价模式推动德国大型地面光伏电站入网电价降低了 28.2%，效果明显。

　　在实行招标竞价制度之前，电价的补贴额度已经由政府确定，无法改变，企业只能申报自己需要多少补贴，无权改变补贴额度，不仅补贴额度居高不下，企业也没有降低成本的动力和诉求。实行招标竞价制度之后，企业可以通过直接竞争确定电价，价低者中标，对于调动发电企业市场积极性且探清可再生能源真实发电成本具有明显效果，因此德国通过招标竞价制度以市场竞争的方式确定最低成本的可再生能源项目成为政策创新的最新方式，也预示着可再生能源未来必须融入市场，逐步退出补贴，彻底转向能源商业化竞争的发展方向。德国能源署署长安德烈亚斯·库尔曼在政策改革一段时间后表示："只有通过招标电价制度，才发现可再生能源发电成本可以这么低，以至于一次招标中，某家海上风电企业竟然报出了零电价。"①

　　如果说 2014 年版的 EEG 只是尝试性探索，那么 2017 年的 EEG 修订案就是正式宣布德国可再生能源全面进入转型深化阶段，可再生能源的电价固定补贴彻底成为过去，FIT 也完成自身使命成为历史。本来联邦政府表示 2017 年修订版仅会在 2014 年版本的基础上针对竞价招投标进行微调，但修订案正式出台后，修改幅度远远超过了微调，大面积的政策修改都表示可再生能源在德国已经进入成熟阶段，政府不再是补贴的主力，而是由市场的竞价体系决定补贴的高低。

　　经过两三年的摸索，EEG2017 已具备成熟的出台条件，将可再生能源补贴由国家固定定价转变为公开竞争的招标机制是其核心，风能、光伏和生物质能等类型的发电资助额度交由市场决定。大型发电企业在公开竞价体系中的竞争力毋庸置疑，但修订后的新法更多给予市场份额小且不主动参与招投标的小企业优惠，即装机容量小于 750 千瓦的风力和光伏机组、小于 150 千瓦的生物质能发电设备以及水力和地热发电设备不需要参与竞价投标，还按照此前补贴进行；反之，超过规定的都需要参与竞价招标。当然新法也针对风电、光伏发电等做了具体细致的变革要求，本书前边章节均有详细说明。经过一年左右的实行，德国可再生能源发电量以肉眼可见的速度继续提高。2017 年，陆上风电占可再生能源发电量的 40% 以上，

---

　　① 德国能源署署长安德烈亚斯·库尔曼于 2017 年 7 月 28 日在中德可再生能源合作中心作的题为"能源转型：德国能源系统的转型"的演讲。

生物质能以 23.5% 排名第二，太阳能则排名第三，占比达到 18%，这三种能源类型成为德国可再生能源招标竞价制度的核心组成部分。

三、招标竞价制度的创新

招标竞价制度是从未出现过的创新政策，在传统经济领域一直是主要商业类型，德国经历了可再生能源电价从固定入网补贴到招标竞价的政策转折，是一种理念上的突破，更是一种与时俱进对政策的把控，这种创新不是原创性的，但更加符合实际发展。换言之，招标竞价制度是对自身情况熟悉把控的一种调试性创新，具体竞价招标的要求与程序将这种调试性创新的严谨体现无遗。

其一，招标竞价制度有的放矢，在能源类型选择上作细致分类考量。并不是所有类型的可再生能源生产的电力瞬间全部进入交易市场，展开无差别竞价招标，EEG2017 对可再生能源电价招标竞价的范畴主要包括陆地风电、光伏发电和生物质能发电三种类型，因为水电、地热发电等可再生能源电力的发展水平完全不具有商业竞争力，如果直接参与竞价招标必然会彻底失败离开市场并影响现有规模，这就是招标竞价制度的合理性体现。新法要求 2017 ~ 2019 年陆地风电装机容量要达到 2800 兆瓦/年，2020 年增加到 2900 兆瓦/年，这也是规定的招标容量，因此首年分 3 次招标，随后 2 年分别各招标 4 次，到 2020 年以后再次恢复到每年 3 次。海上风电虽然也有涉及，但主要关注在未来，即 2021 年以后才推动招标竞价，计划 2021 ~ 2025 年总招标容量为 1 吉瓦，2026 年以后达到 840 兆瓦/年，直到 2030 年实现总装机容量 1.5 吉瓦的目标。光伏发电装机容量为 2500 兆瓦/年，但并不全部都是招标容量。其中，1900 兆瓦的装机容量继续用于保护 750 千瓦以下的小型设备免于招标竞价，还推行固定补贴，剩余 600 兆瓦则用于市场招标。这样做的好处是可以降低招标竞价制度推行的风险，小型光伏发电设施很多都是家庭自用，根本不具备市场竞价能力，保护这一部分可以鼓励相关个体用户继续支持可再生能源。生物质能发电的装机容量从 2017 年至 2019 年是 150 兆瓦/年，2020 ~ 2022 年计划增至 200 兆瓦/年，与光伏招标性质相似，150 千瓦以下的免于招标，以上的才需要进入招标市场。

其二，招标容量合理规划、梯次分明，推动制度发展。对不同类型的可再生能源划类分析是规划关键，在确定招标容量后，需要科学推动招标计划的实施，本次修订案希望通过招标竞价模式的创新改革达到2025年可再生能源发电在德国占总发电量的40%～45%，可以看出陆上风电是EEG2017推行招标竞价的主要领域，统计下来从2017年到2022年风电招标容量将达到14.1吉瓦，光伏则达到3.6吉瓦，生物质能为850兆瓦，当然实际的招标容量会在每次招标前才能具体确定。因此，2018～2020年陆地风电和光伏发电还将提出约400兆瓦的共同招标容量，并且为了进一步灵活招标，还会在同时段内推出各类可再生能源组合的额度为50兆瓦/年，既可以保证大宗招标容量，也考虑小额补充容量。

其三，细致的落实要求保障招标竞价制度的稳定推行。如何落实公开招标，其实是一个复杂的系统难题，比如在竞争激烈的风电招标中确定合适的价格就十分复杂，因为竞标者必须在招标过程中确定未来陆地风电的收益才能出价，漫长的风电场建设周期和风电收益的不确定性给招标带来了预估难题，如何建立准确评估风能的测量机制对风电招标的经济性至关重要。从招标竞价制度推行开始后，联邦网络管理局每年都会举办数次公开招标，陆地风电企业参与招标要在投标截止3周前获得建厂批准资质并将投标设备登记录入，投标结果通过报价由低到高排序，价格相同者按装机容量由低到高排序，最终所有出价都在规定价格范围内中标。风电场建设成本高昂，且极易陷入无利可图的境地，为了保障陆地风电招标的效率，就必须对风电设施建设提出开工时间要求，这也是该制度的创新所在，因为招标竞价制度并不是原创，很多国家已经在不同阶段尝试过，但往往中标企业的开机率很低，甚至低于一半。因此，该制度为避免出现同样现象，规定竞价招标获得中标资格到风电场建设最长只允许间隔30个月，违者中标资格废弃。

总之，从FIT制度转入招标竞价制度，标志着德国可再生能源从蹒跚学步的扶持发展进入成熟竞争的商业市场，可再生能源的创新路径也基本完成，虽然还需通过未来一段时间的验证与微调，可再生能源才能最后真正成为无补贴无扶持的能源主要类型，但高水平的市场参与和可再生能源的稳步发展已经基本成型，政策创新在不断与时俱进的调整中真正发挥了推动作用。换言之，能源领域的高速发展和变动使得《可再生能源法》根本无法一蹴而就、一劳永逸，这也是其每隔4年修订一次的原因。作为整个欧盟能源和气候改革的先锋，德国始终以一种实验者的勇气与姿态在全力推动可再生能源的发展。

在德国，环境和能源政策目标是一致的，可再生能源政策的推行并不是以牺牲经济发展的可能而进行的一场极端冒险，一个真正健康的环境政策必须在受影响的区域给予足够的适应时间和变化，才能真正构建创新框架下可再生能源发展道路。在目前的基础上，要继续围绕未解决的问题推动和发展，扩大可再生能源支持，同时不断调整德国《可再生能源法》，重点关注能源成本降低，保证可再生能源通过 FIT 和招标竞价制度的持续发展，提高能源效率并进一步落实强化解决电网平价问题。正如阿特梅亚尔所说的那样："德国的商业社会和经营个体相信环境的重要性，那么在环境保护运动的大背景下，经济和环境在可再生能源的促进发展下只能被进一步加强，而不会被削弱。"①

创新工具中的政策创新，与其说是一种创新，不如说是更多的是勇气和尝试，纸上谈兵的创新比比皆是，理论中的设计可以十分完善，但一切如果放到现实发展中就应另当别论，需要足够的勇气以及真正的尝试态度，德国可再生能源创新路径发展就是一种成功的尝试。作为目前全球气候和能源推进最具先锋性的国家，德国真正将创新性政策运用到能源的实际发展中，且获得了令人难以想象的丰厚成果，在能源转型战略的把控下，在 FIT 制度和招标竞价制度的推动下，可再生能源开始向能源主体的方向发展，并稳步朝着既定目标迈进。

---

① Peter Altmaier. Mit Neuer Energie: 10 Punkte für eine Energie – und Umweltpolitik mit Ambition und Augenmaß. 2012.

第六章

德国可再生能源创新路径的形成

德国可再生能源的发展路径是以创新理论的框架设计和发展的，这是本书最核心的假设，在创新理论中施动者分为三个层次——政府、企业和其他参与者，在早期阶段、示范阶段、扩散阶段以及最后的成熟阶段，三个层次的施动者分别扮演自己的角色，以既有的角色定位发挥各自作用。这种把控下，作为创新工具的技术创新和政策创新如同可再生能源发展的左膀右臂，在推动前进的道路中不断扫除阻碍，实现既定目标，通过良性循环，最终形成真正的创新发展路径。

第一节　德国能源转型的决心

对于德国而言，环境保护已经变得比以往任何时候都重要，这不仅包括全球性环境问题，也需要考虑普通民众如何处理自然、环境与自身生活的平衡，同时也逐渐与经济、债务危机等问题联系起来。环境保护是贯穿政府各个部门的一个原则，对社会与政治的所有部门都十分重要，为此环境保护从来不是一个利己或者特殊议题，是一场现代政治行动，可持续发展是其中的关键，想要在实践中循序渐进地发展并深化是这一代人面临的挑战，这个过程同时也包括经济和社会保障体系相关部门的可持续资源利用和能源供给。由图6-1可知，德国对于能源转型和可再生能源发展的决心坚定不移，民众支持基础深厚。

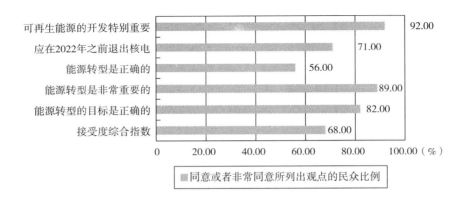

图 6 - 1　近年德国民众对可再生能源的支持度

资料来源：BMUi。

　　要摈弃过去错误的环境经济二分法，认为两者之间没有必然联系。德国作为世界上稳定的现代化国家，为了在激烈的竞争中更好地长期生存，必须保障自然资源的良性发展。只有整个国家的商业社会和经营个体相信环境的重要性，在环境保护运动的大背景下，商业才能够被进一步加强，而不会被削弱。在德国，环境和能源政策目标是一致的，都在竞争力和就业问题上进行仔细考量，不会只是一味关注某一极端。"新"与"旧"、"褐色"与"绿色"之间的差别是一种错误的认识，且十分有害，环境与能源并不是以牺牲经济发展的可能而进行的一场极端冒险。商业运行、就业以及尽可能健康与完整的产业链是环境发展必须考量的，一个真正健康的环境政策要给予受影响的区域足够的适应时间和空间。

　　未来，德国要调动更多的民间资本，测试更多针对环境保护、气候行动以及能源系统转型的创新金融工具，因为在可预见的未来，金融规划和公共预算的估计会对公共资金投入环境带来限制，这就是通过创新方式拓展并夯实能源转型，增加市场新机制和活性，推动可再生能源发展的原因。没有良好的基础，全民上下对能源坚定的转型决心只能是空中楼阁，但德国在过去能源发展中奠定的良好基础消除了这种隐患。

　　联邦政府在提出"能源转型"这个概念以后，确定了以 1990 年为基准，到 2020 年削减 40% 温室气体排放的目标，到 2030 年削减 55%，2040 年为 70%，而最终到 2050 年削减 80% ~ 95%。能源效率是"能源转型"

的一个重要支柱，并设定与 2008 年相比到 2020 年一次性能源消费中要削减 20%、2050 年要削减 50% 的目标。迄今为止，因为技术与政策创新的稳步发展，虽然距离达到 2020 年设定的目标仍有差距，但存在极大的提升可能。此外，在工业和交通领域大规模提高可再生能源比重、促进能源效率也是"能源转型"的核心，《可再生能源法》从 2000 年开始就已经证明其在电力领域的潜力和发展，相关的政策工具也被证明能够成功降低成本，尤其是 FIT 制度和招标竞价制度的相继引入更是对过去光伏在电力领域迅猛发展的最好回应。

当然，德国雄心壮志的能源政策规模必须在欧盟能源体系的大框架之下才能更加顺利地展开，通过可以整体平衡的能源可持续、可负担以及全面竞争的转化方案，在与欧盟层面形成联动配合的背景下获得发展。同时不能避免德国能源政策的决定也会影响到欧洲其他国家，但这对于德国本身而言并没有太大影响，只是在欧盟推动可再生能源发展的过程中，德国需要更进一步构建自身完整健康的能源路径。

第二节　创新早期阶段——政策框架与能源成本

在创新早期阶段，能源框架的设计是关键，因为可再生能源发展路径并不是在传统的实践中演变而来的，而是通过顶层设计推动出现的。那么在传统能源控制主要格局的背景下，想要彻底向可再生能源转型，从一开始就需要进行政策、措施的设计规划，其中能源成本是早期阶段可再生能源发展最大的障碍，也是创新发展最为关注的问题，技术创新与政策创新始终贯穿其中。

制定目标是可再生能源发展的第一步，此类政策目标并不是简单的一句努力实现成功转型就可以的，如果这样的话，任何一个国家都可以声称自己也建立了可再生能源创新框架和发展路径。真正的能源目标计划是具体翔实且有操作性的，德国在构建能源框架中关于总体能源目标正是如此，具体包括：确保大规模输配电系统的发展，包括能源转型的必要投资，比如足够的金融激励和安全保障投资；发展恰当的机制来管理以成本效率市场为导向的可再生能源电力成本，用以促进可再生能源电力能够更加接近市场竞争水平，尽早脱离政府扶持和补贴；通过与所有相关参与者的合作进行评估，拓宽能源市场的适应性，在不断调整和修订中进入后核能时代；通过强有力的措施来确保能源转型的成本最小化，公平公正地分配给每种类型的消费者，限制由 EEG 框架外附加可再生能源调整而带来的费用上涨，尽量通过技术创新削减成本。从宏观层面规定了可再生能源在技术、政策推动中的基本准则，因为可再生能源并非仅指一类能源，而是由风能、太阳能、地热、生物质能等多种能源类型构成的，其中每种能源优劣势都不同，需要的技术基础和政策也各不相同，这就要求进行针对性政策，同时也是具体关键性能源政策的基础。

在可操作性目标之上，德国的关键性能源政策成为在早期阶段构建框架的主要部分。2007 年 8 月宣布能源和气候的整合项目，联邦政府提出包括 29 个独立措施在内的能源气候整合方案，主要目标就在于全方面通过两者配合发展改善环境，优化能源结构。

如果说之前的能源发展有一定的犹豫性，在深度和广度方面均由于风险性和不确定性而不敢下定决心彻底展开，但 2010 年 9 月政府提出能源转型这个概念成为德国能源政策的一个拐点，能源转型制定了一个从 2010 年到 2050 年的长期性能源发展规划，充分说明德国在可再生能源发展道路上的决心，成为构建整个创新框架的主要骨架，这个能源概念的目标在于深化 2007 年能源和环境整合项目，通过大力发展可再生能源，尽最大可能减少温室气体排放，最终达到环境和谐平衡，作为世界上该领域的领导者推动全球环境改善。

能源转型的概念包括 7 个计划行动和 1 个法令，如扩大可再生能源、扩大电网、提高能源效率以及加大相关基金投资等，这是对德国整体能源供给重新调整的一个契机。以 2010 年能源概念为基础，具体计划包括：通过加快空间规划，加速扩大电网建设计划（NABEG）；通过国内市场命令，推动能源产业行动（EnWG）；通过扩大可再生能源成本效率，提高可再生法的执行度；加强区域气候兼容发展行动和住宅能源改造的税收优惠行动，当然也包括前文中已经提到的要在 2022 年之前彻底退出核能领域以及建立能源和环境基金等。

在此基础上，联邦政府推行公共契约奖励条例，通过定期审查所有行动计划的具体执行情况，确定每年发布监测报告，每 3 年发布一次进程报告，第一次进程报告在 2014 年发布，2012 年 12 月名为"为了未来的能源"的监测报告首次发布，肯定了能源转型的进步，但依旧面临许多挑战。

关于能源成本的问题，某种程度上通过创新推动可再生能源发展最重要的就是注意能源成本，因为这是传统能源的优势，也是新能源的劣势。一个健康的德国电力市场，不仅能够整合到欧盟内部市场，还可以提供有效的成本节约方法来完成能源转型的目标。为此联邦政府的目标在于支持电力系统有效的批发和零售市场，可以为家庭用户和工业用户提供安全、有竞争力且环境友好的能源供给。能源转型可以带来长期益处，但成本削减却十分困难，仅依赖市场调节是不可能的，需要在《可再生能源法》和相关措施如输电和配电网扩大的成本控制项目、能源相关技术研究等框架下进行。可再生能源发电的额外成本在 EEG 的规定下最终由终端用户承担，能源转型开始后由于多种因素的作用，如天气、附加费、批发电价及可再生能源扩大比例等，导致电价持续上涨，且未来继续上涨也是肯定的，当然正是因为终端用户不断被迫提高消费成本迫使 EEG 需要持续改革，也就出现每隔三四年修订一次的局面。此外，2013 年 2 月联邦经济和技术部以及联邦环境部共同提议针对 EEG 的一个短期弥补性修正案用以提高整个 EEG 的附加费，最终用于可再生能源的长期发展，2017 年 EEG 全面提出倾向无保护商业竞争的电价招标制度也都是为了降低成本做出的努力。事实上，尽管可再生能源吸收了大量投资和补助，但联邦政府在成本控制方面仍然有不小的问题，时至今日德国用户仍然需要承担 EEG 的额外费用，而不断增加的能源价格已经在民众中出现较强的民意抵抗，这也是能源转型最大的障碍之一。

可再生能源发展的稳定、成本的优化都需要设计得当的政策。比如，风能意味着风力发电能够尽可能覆盖当地区域，而光伏需要光照足够能满足能源需求。更重要的是，成本和波动性都需要考虑在电网新增容量范围内，对于可再生能源在联邦州和政府之间的讨论也需要提出外在因素的情况下，还能保证相关的财政收入。德国能源政策的目标是长期的，为了实现这些目标，一个可预见的政策性框架成为必需，因为选举带来的政权更迭往往可能在短期内打击投资者的信心，并因此降低成本、减缓转型速度，这都是威胁长期目标的隐患。EEG 的确立与修订就是为了给投资者足够稳定、达到能源目标而存在的。

在上一章关于电价的讨论中，能源转型的成本就已经存在，比如家庭用户承担了不成比例的费用就是最显著的问题，在 2012 年版 EEG 的相关规定下，大宗用户的用电量只要超过每年 10 吉瓦时就仅需以 0.0005 欧元／千瓦时的价格支付 90% 的电量，只有剩余 10% 的电量才是全费支付。如果用电量超过 100 吉瓦时的话会获得更多的优惠，但小型家庭用户则没有任何优惠，虽然并没有提高太多电力价格，但也引起了不小的抗议。可再生能源成本问题始终都是 EEG 需要面对且棘手的问题。对于低收入群体而言，无法负担的电力价格会通过选举影响政府和政策的未来走向，同时传统能源企业面对政府大力发展可再生能源的压力也出现反弹抗议，这都需要能源道路未来更加透明和公平。

总之，在创新早期阶段，清晰的能源框架和对能源成本问题的重视成为推动可再生能源发展坚实的基础，在这一阶段联邦政府作为施动者发挥了决定性作用，因为所有的转变、框架设计和落实都源于政府的决心以及能够在前期排除巨大风险和非收益性的态度，也正因如此，德国可再生能源发展路径在创新第一阶段完整形成。

第三节　创新示范阶段——能源效率

创新示范阶段意味着在度过早期的扶植之后，可再生能源具有一定程度上独立运营和发展的能力和机会，就像始终处于温室培育的植物在经过一段时间适应生长后，可以不完全承受自然的考验，那么可再生能源在经过早期阶段之后，部分承受来自传统能源的竞争和市场的考验，也属于能源创新的扩散和学习过程。在这个过程中，无论是作为施动者的国家、企业以及专业科研机构，还是作为创新工具的技术创新和政策创新都得到了完善和发展。政府通过前期的大力推动，企业作为技术实践者和政策践行者在可再生能源能够真正具有竞争能力的道路上发挥了关键性作用，并与相关科研机构一起通过提高能源效率，完善可再生能源发展路径的示范阶段，将处于科学研究顶端、还在实验室中的创新真正应用到实践中，使得新能源在降低成本的同时，提高能源效率，获得与传统能源竞争更多的能力以及在市场中适应的可能。

能源效率是 2010 年能源概念的核心部分，主要目标是使德国变成能源效率最高且环境最友好的经济体，并保证可负担的电价稳定和繁荣稳定，同时这也是创新示范阶段新能源从技术和政策开始全方位扩散，并通过学习进行反作用的过程。这里不再将焦点集中于能源本身的效率提高，因为第二章和第三章节已经详细论述过，而是通过电网、建筑以及交通三个辅助性领域中能源效率提高的表现来证明创新示范阶段可再生能源路径的进一步形成。

首先，电网领域。输电网和配电网的扩大在德国最重要的行动就是将能源供给从煤炭等传统化石能源和核能逐步转向可再生能源，而想要完成可预计的可再生能源增长和稳定的电力市场，就需要对整个输配电系统进行及时、大规模和成本高效的投资，大幅度提高能源效率，从德国北部到南部的输送系统很长时间内都超负荷运载，如果不改善，未来会更甚。在风能发电集中的地理区域，2030 年可达到 23 吉瓦的发电量，但在德国北部电量需求较低，往往需要将其生产的电力输送到工业发达的南部地区。为了改变整体局面，德国提出了 4 个相关规划用于促进并网 10 年发展计划，比如第一个计划是 2012 年电网发展计划（NEP2012），包括巩固大约2900 千米的原始线路，并新建 2800 千米的线路，10 年的预算为 200 亿 ~300 亿欧元。其实，对于大部分可再生能源而言重点在配电系统而不是输电系统，如何将波动性能源输入电网是关键。时至今日，联邦州和政府的合作不断提高，因为南北之间电力的运输和调配需要通力合作，仅单纯在局部区域拓展无法带来整体能源转型的效果。同时，为了应对可再生能源电力的季节性和区域性问题，在输配电系统提高电力储存和效率也必须考虑，更重要的是需要稳定的管理系统来确保电网的长期运行。因此在能源创新领域，不再仅仅局限于各类能源本身能源效率的提高和成本的降低，还将视野扩展到后续电网中，通过全国范围整体性架构和调整促进新能源的电力运输过程也能确保能源效率，这是创新扩散的一种表现，也是在不满足于能源自身创新情况下的进一步深化。

其次，建筑领域。在建筑节能领域，德国在全世界处于领先地位，其中 2010 年能源概念也包括数个建筑领域需要达到的能源目标，比如在 2020 年前降低建筑热能消耗 20%，2020 年以后所有的新建筑都要按照能源特别标准符合"气候中立"的原则，到 2050 年建筑领域一次性能源消耗要减低 80%，要求德国建筑的改造率翻倍，即从不到 1% 的情况提高到至少 2%。在德国，建筑法规的能源需求在国家层面有《节能法规》①和《节能法令》②的决定，根据 2009 年节能法律检查来看，新建和已存建筑的平均最小能源消耗上升了 30%，目前德国的建筑《节能法令》要求所有旧建筑都要逐步进行能源效率的改造，相关银行会设立无息贷款和补助的项目以帮助用户支付能源效率改造的前期成本。2012～2014 年，交通部等相关负责部门提供约 150 亿欧元的补贴针对低耗能建筑的改造升级。尽管如此，建筑的改造率仍然低于 1%。因此，联邦政府为了真正加快能源转型，从 2015 年开始修订以市场为基础的相关补助法案，以提高建筑改造的积极性。

从 1995 年开始，所有的新建筑都配发能源证书，而从 2009 年开始房主、租房者和中介都需要能源绩效证书作为房屋交易的必要手续。这个绩效证书包括建筑使用情况、可运用面积、取暖方式、水加热方式以及可再生能源的种类和比重，此外还包括可节约能源总量的改造推荐。从 2012 年开始，联邦政府规定所有新修建的公共建筑都要以超低耗能为基础，并要求建筑行业在低耗能领域持续提高比重，长期的路线图是希望通过市场调节的手段促进房屋拥有者和投资者都能够主动进行节能改造。事实上，建筑领域能源效率的提高建立在创新扩散之上，原本局限于风能、太阳能等的技术创新在发展路径的构建中逐步延伸扩散到下游领域，进一步提高能源效率，提高竞争力。

最后，交通领域。毫无疑问，德国的汽车工业在欧洲燃料技术发展和全球汽车市场也同样处于领先地位，因此能源效率政策在运输领域的雄伟目标也提升了相关技术改造。欧盟关于新汽车二氧化碳排放标准于 2009

---

① 全称为 Energieeinsparungsgesetz，简称为 EnEG。
② 全称为 Energieeinsparverordnung，简称为 EnEV。

年颁布，并设定了具体的排放标准进一步限制车辆燃料经济，德国汽车工业均需要按照这个标准进行，在 2012 年要求 65% 的新产车辆要达到 130 克/千米的目标，2013 年新产车辆比例要提升到 75%，2014 年是 80%，到 2015 年达到 100% 合格。按照欧盟法令 1999/94/EC，民用小型车需要对燃料经济和二氧化碳排放负责，在德国所有车辆按照重量计算排放量，表示大型车辆在一定程度上要比小型车在二氧化碳排放评级上略占优势。此外，德国铁路也需要进行减排，因为客运和物流有着不同的能源和二氧化碳减排标准和目标，在对已有交通工具进行减排改造的同时，以电力和氢为主要燃料的动力成为降低排放的另一重要支柱。为此，联邦政府计划在 2020 年前提高新型燃料汽车数量到 100 万辆，2030 年则要提高到 600 万辆，并鼓励和提高新型燃料的技术创新和研发，相关资金已经达到数百亿欧元。这里电网、建筑和交通都是典型的领域，足够说明在能源创新的示范阶段，通过提高能源效率，进一步巩固和塑造可再生能源创新路径。

第四节　创新扩散阶段——退核进程中的能源转型

通过降低能源成本，提高能源效率，能源转型真正得以实现，这种转型并不是孤立的，而是与核能退出相伴的。核能的退出在创新早期阶段其实已经存在，但这是一个长期过程，在围绕核能退出的争论中反复出现并展开，主要原因就在于作为清洁能源的核能在整个能源体系中占有重要份额，一旦退出，造成的后续影响是需要慎重考虑的，甚至会成为能源发展路径形成过程中的隐形炸弹。对于政治和社会而言，也是一个巨大的考验，因为其间会涉及许多艰难的决定和负担以及一些特定的机会，处理好这个问题也是创新阶段的另一个重要部分，换言之，如果核能退出没有良好的替代措施和反应，那么创新扩散阶段的形成就会出现缺陷。事实上，经过约 10 年的政策过渡后，德国的能源基础使得核能彻底淘汰成为可能，当然社会必须为了实现这一目标而努力，以一个明确而有计划的目标为基础，通过必要的规划和投资决策实现。

核能的退出是势在必行的，排除退出过程中的能源风险显得更为复杂而重要，因为不能将工业竞争和企业所在地置于能源供给的风险中，在科学研究、技术进步和可持续性经济新型商业模式发展的影响下，寻找可替代性能源。高效而清洁的能源，应兼顾环境保护和化石能源的替代，是核能退出进程中最好的选择，当然应同时能改变人们的生活方式以及国家和社会的整体环境。具体到伴随退核的能源转型，在创新扩散阶段如何体现逻辑层次呢？

第一，各方联动，上下齐心推动退核中的能源转型。能源转型必须通过政治、商业和社会各阶层的集体努力才有可能获得成功，在这种背景下，德国针对退核提出了"德国能源未来"这个集体项目，客观来看是一个极好的机遇，但同时面临许多挑战，国际社会对德国的这个选择也充满兴趣，一直关注德国能否成功退出核能。如果成功，对其他国家将是一个很大的激励和影响；如果失败，不仅德国国内将会面临严重的后续影响，同时许多可再生能源获得的成功也会被强烈质疑。

过去几年的经验说明集体项目并不能想当然，能源转型真的有可能在实施过程中被延误，用同样的道理来预期的话，德国可能利用创造力和学习能力脱离核能的速度要远远高于目前的预计。德国之所以选择去除核能这条能源道路，是因为其敢于尝试新事物、对自身能力充满自信，因为除了国家、企业和科研机构作为施动者，另一个重要组成部分也已经在扩散阶段展开创新推动，即在德国地方层面的许多企业、民间社会机构早已开始逐步脱离核能，这是对未来德国能源创新发展最好的一个横截面反馈。同时，伴随退出核能的能源转型也刺激和加强了社会对话，在乡村、城市、社区以及企业等各个领域，普通群体的决定会直接影响核能退出的时间进程，能源过渡想要成功可行，与市民的对话和讨论成为推动能源转型在各个阶层落地最有效的工具。

第二，社会形成一个综合的整体性概念才能有效保障退核与转型。整个转型是可再生能源利用不断创新、降低能源成本、提升能源效率的一个渐进过程，作为一个未来的集体框架，能源转型结构设置主要体现在能源供给安全、环境保护，能够与社会兼容的管理方式以及具有竞争力的价格，同时还需要服务业、工业和相关贸易能够在德国提供稳定的就业，并确保当前和未来发展的繁荣基础。换言之，提高能源效能和可再生能源利用的能源转型要求社会必须成为一个整体，来自议会、政府、乡镇、城市、社区、学校、企业以及研究机构的许多人能够参与、讨论乃至做出决定，巨大的机遇会呈现在那些具备专业背景，并能够建立可持续发展和繁荣的人们面前，而社会凝聚力、企业竞争力和创新也能够获得前所未有的活力。

对于一个国家的经济和社会而言，可靠的计划是宝贵财富，因为这不仅可以成为极大的竞争力，同时也可以在计算投资盈利进程中扮演核心角色。出于能源安全保障和道德原因，政策公布后核电厂在其他安全能源供给逐步替代以前仍可以运行，但容量在 8.5 吉瓦左右的核电厂却必须退出电网并关闭，2011 年前后关闭的 7 座老旧核电厂正处于这个容量级别，被证明可以有较为安全的能源替代选择，在冬夏用电高峰时期其他能源供给可以成为保障。因此德国的未来，能源安全供给需要社会、经济和政治在内在、投资和时间进程等方面进行整体的综合努力，整个能源转型作为一个持续到未来的发展框架必须保证供给安全、环境和社会兼容且具有竞争力的价格。

第三，退出核能需要周密计划才能成为能源转型的正向因素。"德国能源未来"这个集体项目要解决所有参与者在直接和间接过程中出现的问题，如来自能源供应商、消费者、电网运营商、政治和环保机构、工会及其他党派的矛盾和压力。福岛核泄漏事故彻底动摇了专家在核电领域安全的言论，尤其是给那些一直信赖专家言论的民众造成了很大的打击，因此不可控的重大自然灾难已经使得民众就算不进行大规模反核游行，也无法再选择相信所谓的专家言论了。正是这个原因，透明度就显得十分重要，只有透明公开才有可能使公众恢复信心，于是道德委员会的问题也不再是"核能，要还是不要"，而直接变成"什么时候彻底退出"。当然，对于这种能源供给转型是否会给经济发展、就业以及低收入群体带来负面效果的担心也是不能忽视的。

核能利用上的每个决定，如关闭核电站、使用其他有效能源替代都基于社会价值判断，这其中还有技术和经济的影响。化石能源逐步对环境的破坏已经带来道德上的责任，核事故仅仅是个诱因，因为这关乎人类该如何面对自然环境以及社会与自然的关系。人类接近自然的特殊意义是从基督教传统和欧洲文化带来的，在自然界面前人类的责任就是维持和保护环境，而不是为了自身的利益和目的去破坏。反之，就要加强保护自然资源与环境，并为了未来的生活努力维持良性循环。其实关停核电厂并不意味着简单地退出核能，因为关闭仅仅是一个技术和法律程序，核能的彻底退出是一个深远的过程，需要清晰的目标和可持续的发展规划。

必须整合能源上无核的可见性，经济上的可行性以及环境和社会上的兼容性，为此测试性阶段必不可少，并需要最大限度地透明与公开，在这个过程中德国的国际性，尤其是在欧盟的参与性也需要纳入考虑范畴。只有通过这样的过程才能在基础及未来产生深远的影响，真正实现进步理念、能够承担风险的意愿和安全性。这种共识是改变能源供给结构的基本需求，民主社会需要这种雄心勃勃改变社会的共识，且这种共识还要求必须在长期规划中可持续发展，并在核能逐步被弃用的状况下尽可能地完善德国整个能源供给体系。

整个能源转型可以为德国经济发展提供重要动力，国家上下一致认为转型能够实现安全的能源供给，还能在环境保护的前提下提供更多的就业岗位，同时避免电力短缺，且不必再发展核能。在能源转型的过程中，会有无数新的业务出现，同时现有业务也会不断扩展范围，并创造新的就业机会，因为电网及其扩张是构建整个可再生能源发展路径框架的一个重要标准，并在全球市场上展现竞争优势。

第四，过度自信不可取，退核的潜在风险是需要重视的。在退出核能的过程中，很多潜在的矛盾始终无法消除，例如，不能简单地通过购买邻国核电补充自身能源，因为这违背核能退出的基本原则，也不能简单地用化石能源替代，因为环境保护要求和温室气体排放限制，更不能简单地用另一种可再生能源来替代，因为技术可行性很快会出现限制。此外，也不能进行强迫性分配，因为这违背了高科技国家的人民和经济需求，还不能进行高昂的能源价格补贴，因为企业竞争面对的是全球市场，而不仅仅是德国本土，同时不能随意免除国家规范，因为这不符合民主国家和自由市场经济的规则。

联邦政府早已于 2010 年 10 月提出直到 2050 年发展的能源和环境计划，重要的能源基础必须被用以确保联邦政府能够在 21 世纪中期顺利实现这个雄心勃勃的环境目标，作为能源重要出口的电网及其相应的扩张是能源转型最重要的标准，其中整个结构的完整一致性是核心，可以作为长期基本条件为民众和商业投资计划提供发展。虽然政府的环境目标看起来并未受到核能退出的影响，但核能退出的决定已经影响其内在，因为安全的能源供给路径一定会伴随可预见的目标和利益的矛盾，能源价格、环境保护、社会的合理分配及向可再生新能源转换的经济可行性并不会自动转换，反而在退出核能的过程中存在巨大的矛盾与风险。

如此看来，对于能源转型的发展，利益不能扩大，缺陷也不能掩盖，整个项目矛盾的适当性评估也是从可持续发展角度出发的，同时还可以从核能运用中学到一课，即大规模的技术应用，如核电厂的建立或者拦截河坝在社会商业规划中极容易被高估价值，甚至在不知道未来将会发生什么的状况下，保险和债务的规模可以引发带有缺陷的价格信号误判，债务风险和现实行动的全然脱节，会出现对利益过高估计同时也是对社会风险低估的现象。诺贝尔经济学奖获得者约瑟夫·施蒂格利茨（Jeseph Stiglitz）曾针对财务和核能工业在风险管理上的比较表达过这样的观点："当别人承受成本失误之时，激励就变成了自我欺骗，一个体系一旦出现社会化损失和私人收益不良就注定会遭受错误的管理风险。"[1] 任何事物都是双刃剑，伴随具有风险和不确定性的核能退出，并非容易之事，而需要付出相应的代价，因为核能在电力领域的成熟技术和高效是吸引全球众多国家大力发展的原因，在面对风险和利益的选择之下，从构建可再生能源发展路径的长远规划以及能源转型的发展来看，必须将风险降到最低，那就意味着无论如何必须放弃核能，在这个基础上坚定地推进能源转型。

能源创新的扩散阶段，技术和政策应用早已在政府、企业及相关科研机构的推动下渗透到能源发展和转型的每个环节，在降低能源成本、提高能源效率的基础上，能源转型变得理所应当，也借此真正构建了创新的扩散阶段。能源转型在一定程度上是自二战重建后规模最庞大的经济政策，也是联邦德国最重要的环境政策挑战，2011年决定逐步淘汰核能引出了深藏于德国内部超过40年的意识形态矛盾，并潜在影响了许多人对技术进步的态度，以至于借此让公众意识到能源转型是一个公共项目，这个全面而跨部门、跨领域的创新改造很可能会涉及重建德国。处于创新扩散阶段

---

① BMU. Moving forward with renewable energy：10 – point programme for ambitious and judicious energy and environmental policy by Fedara. 2011.

的能源转型，仍然需要扶持，并未完全获得市场竞争力，但一旦获得成功，那么德国将在未来几十年全球经济发展中巩固并提升自己的地位，同时在全球气候变化斗争中做出杰出贡献。当然如果能源转型失败，也会对就业、经济和发展带来严重后果，这不可避免地意味着组织和实施能源转型成为德国政府和整个社会在政策议题中最重要的部分。退核执行前几年，德国社会对能源转型的讨论始终是乐观与悲观态度交织，促使德国必须确保在逐步淘汰核能的过程中，不会出现能源危机以及对替代性新能源的怀疑。在政府的主导下，包括企业和科研机构在内整个施动者层次最重要的工作就是取得能源转型上的政治与社会共识，现在看来共识基本达成，欠缺的就是能源缺口弥补的过程。

构建创新扩散阶段的能源转型需要在 8 个方面实现突破，而这 8 个方面也标志着德国可再生能源在创新扩散阶段的形成：①逐步淘汰核能是德国全民确定的选择且不可逆转。②未来 50 年内，逐步转向可再生能源供给的决定十分正确，因为从中长期来看，化石能源价格飙涨以及对环境的负面影响都促使可再生能源成为最正确的选择。③能源体系的转型并不是一味追求环保，必须顾及其所在的经济责任，否则可再生能源不仅不会被接受，还会摧毁损害自身能源基础，德国的能源价格绝不可一味升高，而要保持与其他国家竞争对手的一致性。④能源转型必须包括积极正面的社会组成部分，严重的社会动荡和收入变化都不能成为影响因素。⑤上面①和②的目标想要变成现实，只有使可再生能源在中期发展中具有市场竞争力，甚至可以在离开 EEG 的可再生能源补贴后仍然可以良好运行才能真正实现。⑥为了避免产能过剩，如弃风弃电的问题出现，政府必须在所有联邦州中针对可再生能源（尤其是风能）的产量达成共识。⑦环境部门仍需要考虑针对可再生能源的并网和电缆铺设问题，比如日期和优先性等。⑧众所周知，能源系统的转型将在德国持续几十年，因此现在无法要求一个完美的总体详细规划，毕竟没有任何一个人可以站在当前位置，预测和展望能源在未来几十年的发展趋势。也正因如此，我们需要清楚基本趋势和原则，而不是仅仅专注于下一步的具体措施。

第五节　创新成熟阶段
——可再生能源在电力领域中的变化

可再生能源发展最重要的保障是《可再生能源法》，EEG 大幅度推动可再生能源在电力领域的比例增加，通过 FIT 制度将可再生能源优势保持20 年，随后又与时俱进地提出了招标竞价制度推动可再生能源电力无保护进入市场。在 EEG 的规定下，生产出来的电力一般都通过当日市场进行售卖，需要支付的成本与实际电力市场的税收差额通过消费者在不同的税率基础上进行弥补，可再生能源的创新发展路径经过早期阶段的培育和示范阶段的扶植发展，在一定程度上已经具有与传统能源竞争的能力，还是那个比喻，曾经在温室中生长的植物拥有能够在室外生存的条件和能力，虽然还不够苗壮，但经过不断调整和发展，未来前景良好。换言之，德国可再生能源发展的创新路径是在成熟阶段的不断调整和配合中形成的。

FIT 随着发电能源类型和发电量进行变化，也随着技术提高成本降低的情况每年调整降低。在第五章的政策创新中详细讨论了 EEG 分别在2004 年、2008 年、2012 年、2014 年和 2017 年进行修订的过程，其中2012 年的修订版以 2010 年的能源转型为出发点，设定了一系列目标，涉及关于 FIT 的详细调整，2014 年与 2017 年的修订版本就逐步转变，围绕招标竞价制度展开。由于 2014 年以后招标竞价制度属于培育阶段，在2017 年才开始正式有选择地推动，截至目前进展良好，但具体的经验和数据还需进一步观察与等待，因此本节内容侧重通过 FIT 的变化说明创新成熟的程度。

在 FIT 实行期间，可选择市场溢价为所有可再生能源基础设施的经营者提供了一个直接将电卖入市场的机会，并将市场需求进行更进一步调节，所有可再生能源电力生产商都可以直接进入市场或选择 FIT 保护。此外，还有一个灵活溢价机制，目的在于推动生物沼气等投资，新旧基础设备都可以申请，包括大型燃气的投资和加热储存，甚至可以推动电力增加。2012 年版 EEG 还支持能源储存技术的发展，赞成跨部门的研究合作，比如示范性电厂的建立，联邦网络局作为 EEG 监督的一个组成部分，收集关于可再生能源电力的年度数据进行分析。相关数据显示，2010 年通过 EEG 进行交易的总装机容量为 50.7 吉瓦，与 2009 年相比增加了 9.3 吉瓦，其中大部分增长来自光伏发电，占 7.1 吉瓦，增长幅度达到 72%；而 2011 年道过 EEG 进行交易的装机容量增加到 65.8 吉瓦，其中光伏占 25 吉瓦。可以看出，在德国可再生能源发展进程中，任何创新都并非一劳永逸，需要根据实际发展情况不断调整。为此，FIT 针对电力和电网的不断调整就是成熟阶段的表现，而此后联邦政府发现 FIT 提供过高的附加费，影响可再生能源电力的商业化，于是提出招标竞价制度在商业市场开展无保护拼杀，也是创新成熟阶段的进一步表现。

具体而言，上文提到根据欧盟法令 2009/28/EC① 的要求，德国在 2010 年公布了自己在欧盟框架下的可再生能源行动方案②，为了达到欧盟 2020 年可再生能源占最终能源消耗 20% 的目标，德国行动计划规定，2020 年可再生能源比重要达到 18%，与此同时联邦政府计划向最终达到 19.6% 的比例努力，意味着可再生能源在电力领域达到 38.6%、热能领域达到 15.5%、交通领域达到 13.2% 才能真正完成目标。在这种不得不完成的压力之下，除了始终不断前进的技术创新，政策也在创新中变化调整，共同推动创新路径的完善成熟。2012 年 10 月，德国公布 2013 年的能源附加费，是 FIT 所支付费用减去能源售卖税收的差额，最终以电价的形式由所有消费者承担。不断高涨的附加费令普通民众和政府都开始变得难以承受，以至于民调无比坚决的德国大众也开始出现异议的声音，抗议政府为了能源转型让民众承受过多开支，影响附加费用增加的因素十分复杂，但最大的变化在于光伏、风能和生物质能为主的可再生能源扩张，同时还有 2012 年低廉的批发电价导致的预算误差。以家庭用户为例，在年平均用电消耗量不变的情况下，附加费促使每年每个家庭相关支出额外增加 59 欧元。大型企业则相反，尤其获得能源补贴的企业，随着时间的推

---

① EU. Directive 2009/28/EC (23/04/2009, Official Journal of the European Union L140/16. 2009.

② BMU. National Renewable Energy Action Plan in accordance with Directive 2009/28/EC on the promotion of the use of energy from renewable sources. 2010.

移，附加费用优惠全都流向相关企业，源源不断地获得持续增加的附加费补贴。在这种背景下，可再生能源电力不是发展不足，反而成为鼓励太多成为负担的典型，政策也就开始向更合适的方向调整，即朝着招标竞价制度迈进，推动"谁成本低、竞争力高，谁得标谁获益"的模式。

创新成熟阶段中德国可再生能源的政策框架需要有很强的执行力度，关于可再生能源电力相关政策的调整也在不断进行。除了 EEG 的不断修订，根据实际情况的补充修订也是证明。比如国家行动计划（NREAP）和《可再生能源法》（EEG）在欧盟的主框架下制定了 2020 年的目标，但联邦政府对于可再生能源的发展目标却延伸到 2050 年，并从 2011 年开始不断加速推动。一方面，当局大力推动海上风电，希望通过动态回应和规划程序的调整在 2020 年前装机容量达到 10 吉瓦的规模；另一方面，政府也承认 2012 年光伏领域的发展过于迅速，已经超出了整体规划控制 FIT 也不再适用于这个领域，一定程度上补贴过多。因此，2012 年 6 月 EEG 的一个附属修订案——《光伏 6 月修订案》①出台，详细规定光伏装机容量在到达 52 吉瓦的门槛总量时，就会停止对光伏的补贴，2017 年获得补贴的光伏装机容量已经超过 40 吉瓦，按照进度 2020 年前就会达到 52 吉瓦，此后再也无法享受补贴。

在 FIT 的保护下，可再生能源逐步具有与传统能源竞争的能力，不再需求面对市场风险，也能够在需求紧缩的时期将电力平稳售卖，尤其对于水能、生物能源以及陆地风电的推动使得其可以与煤炭和天然气的成本价格持平，当然海上风电还稍有欠缺。同时，对于光伏的补贴已经使得光电低于家庭用户电力平均零售价格，且如果继续按照新修订 EEG 发展电价还会下跌。事实上，德国以及全球太阳能电板和其他组件价格的持续下跌，促使中长期来看光伏电价仍然会不断降低，但可再生能源的调整和固定入网电价的支出最终都落在消费者的终端电价上，民意反弹也成为必然。关于可再生能源电价的调整始终是复杂的，尤其是高比例的可再生能源会拉低整体批发电价，偶尔大量的光伏电力生产会超出供给需求，对批发电价造成下压，虽然这种情况下用户电价会降低，但不稳定是电网的克星，于是电网的整合和调整也成为必然。

---

① BMU. The EEG 2012 PV Amendment of June.

在 FIT 的影响下，关注价格不断降低的同时，必须重视电网的结构与稳定性，因为这直接关系可再生能源在德国创新成熟阶段的发展与稳定。德国的超高压电网主要分为 4 个输电网（TSOs），2005 年以前由各自的电力公司负责，从 2006 年以后由联邦网络局接管，输电网机构不需要直接支付电网扩张费用，经由所有电力用户通过一种额外附加费用的方式进行支付。电网加固和发展的成本严格地被"刺激计划"①控制，只有联邦网络局才有批准网络投资预算的权力。通过不断调整扩张，德国电网已经不再是可再生能源在电力发展中的主要瓶颈，挑战集中于风能和太阳能资源配置，德国北部电网的相对薄弱之处取决于风电未来的规模，尤其是在北海区域，出于对电网稳定性的考虑对海上风电供应商进行输电限制，主要原因在于输电网络和变电站无法控制风电高峰时期的超重负荷。为此德国的配电网络在德国《能源法》和《可再生能源法》的背景下被优化，为进一步增强可再生能源输电和配电的份额，巩固和扩大网络并提高了相关标准。

尽管对电网的投资始终在持续扩大，但仍旧不能保证所有电力接入网内，作为补偿，FIT 的管理规定下需要对适应高峰时段的电力输出作出调整，大量被闲置的可再生能源电力需要管理疏解，仅风能一项在这种情况下的补贴就达到 1000 万欧元，且由于高度的不稳定性，海上风电的这种情况更为严峻。比如，在过去的几年中，TenneT 作为北海离岸风电输电网的主要负责方已经宣布由于资金和人力的缺乏，以及高压直流电硬件和海底电缆问题造成风电供给瓶颈，推迟了好几个相关项目。也正是在这种背景下，2014 年招标竞价制度没有提出前，输电和配电网均被要求承担部分与市场相关的拥堵管理，包括去除威胁网络稳定性的一些商业行为，以保障可再生能源电力接入同时的电网顺畅与稳定。

另一个关于电网系统融合的问题涉及北海地区和西部南部地区风电比例失调，萨克森和萨克斯安哈尔特是德国海上风电的主要产区，但电力需求方则主要集中于西部南部等经济发达地区，供给与需求的不平衡成为风电发展的一个障碍。更重要的是，因为核电主要集中于德国南部地区，核电的退出更加剧了这种情况的恶化。当然，南部地区还拥有丰富的太阳能

---

① 全称为 Anreizregulierung。

资源，依赖光伏发电的弥补，可以缓解这种风电运输的不平衡。除此以外，奥地利水能发电的额外补充也与此形成一个良好配合。尽管如此，北部供给与南部需求的这种不平衡仍然是促进电网基础设施投资的巨大推动力，同时欧洲电网系统已经确定在欧洲中部形成南北方向的电力大流通也是另一个动力所在。总体来看，这种电网融合流通自从德国在北部进行大规模投资后已经变得越发普遍，但针对流向南方的电网基础设施仍然不到位，还有较大欠缺，尤其在 2011 年德国南部关闭 8 家核电厂且不断关闭更多核电站后，这种困境显得越发突出。

需求决定方向，政府野心勃勃地认为所有可再生能源发电厂都需要匹配相应规模的电网扩张。2011 年《国家电网加速扩张法案》① 已被采纳，旨在简化和加速国家和跨区域的电网准入程序，并确保较高的群众支持度。此外，新的电网规划以 10 年电网发展计划为基准展开设计，进行新一轮的电力运输和技术培育，这也是德国联邦网络局推动能源创新路径成熟的责任与重心。在此基础上，为了进一步提升可再生能源在电网中的接入份额，在关于建立德国电网未来发展的战略性规划中，重点强调基于可再生能源在最高成本效率利用和高层次欧洲电力贸易方面的连接整合。② 报告中，德国能源署全面分析了德国到 2020 年之前的能源供给发展方案，认为 39% 可再生能源电力的比重是稳妥设定，在所有相关部门促进发展之下具有安全性和保障性，也具备使可再生能源进入德国市场乃至欧洲市场的能力。当然，想要达到更高的要求，仍然有许多挑战，需要在经济上真正使得可再生能源独立。换言之，在可再生能源创新的成熟阶段，市场保护、技术创新和经济性缺一不可，这个发展过程虽不容易，但已基本清晰确定且趋势良好，从 FIT 制度转向招标竞价制度就是最好的证明。

总体来看，在能源创新的成熟阶段，主要以发展中遇到的问题调整为主，因为能源的推进始终是动态的，不仅在德国国内随着技术创新速率的不断提高而变化，可能曾经制定的政策也在发展中不合时宜。同时，由于国际环境的变化，在全球范围内对环境与清洁能源掀起热潮的情况下，不

---

① 全称为 The National Grid Expansion Acceleration Act ，简称为 NABEG。

② German Energy Agency. DENA Grid Study Ⅱ , Integration of Renewable Energy Sources in the German Power Supply System from 2015 – 2020 with an Outlook to 2025. 2010.

断按照现实发展调整路径和措施成为必然，这种调整也将伴随德国向已制定的能源目标迈进的进程中逐渐优化。能源创新理论的框架在这种情况下，真正与德国可再生能源发展路径匹配：作为政府，在可再生能源发展中定位于能力培育者、市场保护者以及创新支持者；作为企业，在可再生能源发展中定位于技术推动者、政策影响者；作为其他参与者的相关科研机构，在上述两个主体推动的情况下，进一步以科研的力量支持能源技术创新，以便更多为政策创新铺路。在施动者三个层次的主导下，通过大规模 R&D 投资支持的技术创新和以 FIT 制度和招标竞价制度为代表的政策创新推动可再生能源发展，通过早期政策框架的设计、能源成本及良好能源基础的铺垫，在示范阶段提高能源效率，将创新在伴随退核的大幅度能源转型中真正扩散到每一个环节，使可再生能源获得与传统能源竞争的能力，最终在不断变化的成熟阶段通过针对现状的修订调整，促使可再生能源进一步完善和提升，真正以施动者、创新工具以及四个阶段的推动和影响，形成较为成功的可再生能源发展的创新路径，在全球范围内成长为能源领域的典范。

第七章
中德可再生能源对比与对中国的启示

第一节 中国可再生能源现状

中国的能源背景与德国截然不同，主要供应和消费结构仍然以化石能源为主，其中煤炭占据主导地位，且能源消费环境的整体压力巨大。目前，中国二氧化碳排放量仅次于美国，居世界第二，在庞大的能源需求和减排重压之下，可再生能源存在巨大的发展空间，政府在环境治理方面有对可再生能源需求的压力和动力。客观而言，中国的可再生能源资源极为丰富，过去十几年的开发利用也使其进一步发展成为可能。

一、政策为先的引导推动可再生能源起步发展

改革开放初期，中国经济发展还处于起步阶段，在普通民众刚能吃饱饭的时期，清洁能源是个遥远的话题，与同时期欧洲已经大范围出现环保浪潮、绿党组织的情况差距极大。尽管如此，在可再生能源毫无技术基础，也没有任何政策扶持的背景下，中国在引入外国风电机组的同时，从自我研发起步开始探索可再生能源。1986年，山东的马兰风电厂成为揭开中国可再生能源发展大幕的序曲。在经历一片黯淡的自我生长后，从20世纪初开始，中国可再生能源进入起步阶段，在前期摸索的开发经验、技术积累的基础上，国家开始鼓励以风电为首的可再生能源发展，甚至出现

部分商业化运作的企业机制。

真正步入正轨是从 2005 年颁布、2006 年 1 月 1 日正式实施的《中华人民共和国可再生能源法》（以下简称《可再生能源法》）开启的，该法从国家层面将可再生能源的开发利用列为能源发展的优先领域，并通过制定可再生能源开发利用总量目标和相应措施，推动可再生能源市场的建立和发展，鼓励可再生能源并网发电以及在其他领域的相关应用，对上网电价的管理和费用分摊进行规定说明。也正是从这一时期开始，可再生能源进入国家战略发展范畴，依法保护可再生能源开发利用的总体目标，通过推动可再生能源市场的建立和良性循环，鼓励在国内开展各类可再生能源的开发利用，中国的可再生能源正式进入政策引领、国家扶持的发展阶段。

2007 年 8 月，国家发布《可再生能源中长期发展规划》（以下简称《规划》），完整阐述了可再生能源发展的指导思想、基本原则、发展目标、重点领域和保障措施等。能源作为全球经济与社会发展的重要物质基础，由于煤炭、石油、天然气等传统化石能源的消耗量剧增，以及二氧化碳排放导致的气候环境日益恶化，对整个人类社会产生了极大威胁。中国作为能源生产和消费大国，能源需求伴随经济发展在持续猛增，因此保障能源供应、能源安全、生态环境、促进国家经济社会可持续发展在 21 世纪头 10 年成为重要议题，《规划》也是在这种背景下出台的。

《规划》在厘清国际可再生能源发展现状后，梳理我国可再生能源基本发展情况，当时水能、风能、太阳能及生物质能已经得到初步发展，表现出较大的投资潜力，水电已经成为国家电力的重要组成部分，风电、光伏发电、生物质能高效利用取得了明显进展，"2005 年可再生能源开发利用总量约 1.66 亿吨标准煤，约为 2005 年国家一次能源消费总量的 7.5%"[1]。但仍然存在政策体系不完善、法规漏洞较多、技术体系不健全等问题，除了水电和太阳能热水器拥有进入商业市场的竞争力外，其他可再生能源开发成本过高，政策的不稳定性和较差的衔接性完全没有打造可再生能源可以持续发展的长效机制；市场缺乏持续有效的需求拉动，可再生能源发展毫无头绪和目标，市场保障机制不完善；更重要的是，可再生

---

① 中华人民共和国国家发展和改革委员会：《可再生能源中长期发展规划》，2007 年 8 月。

能源研发能力不足，与国外相比差距较大，相关资源技术标准不够完善，完全没有形成可再生能源技术开发与产业体系的规模。

现实十分残酷，我国已探明的石油、天然气资源贫乏，单纯依靠化石能源很难实现经济、社会和环境的和谐发展，为了尽快弥补差距、建设资源节约型社会、实现可持续发展的基本要求、优化能源结构、解决能源供给问题、调整产业结构、促进经济增长方式转变、推动可再生能源发展，《规划》制定了10年的可再生能源发展总目标，即提高可再生能源在能源消费中的比重，解决偏远地区无电人口用电问题和农村生活燃料短缺问题，推行有机废弃物能源化利用，推进可再生能源技术产业化发展。其中，加快发展水电、风电和太阳能，降低煤炭在能源消费中的比重就是可再生能源当时发展的主要目标，旨在2020年之前通过提高技术，建立完备的可再生能源产业体系，降低可再生能源开发利用成本，为大规模开发利用打好基础，2020年之后使可再生能源技术具备明显的市场竞争力，成为重要能源类型。《规划》通过详细确定水电、风电、太阳能、生物质能等可再生能源的具体发展重心，确保实现可再生能源中长期发展规划目标，通过价格政策等对非水电可再生能源发电规定了强制性市场份额目标，即到2010年和2020年，非水电可再生能源发电要在电网总发电量占比中分别达到1%和3%，为可再生能源此后十几年的发展保驾护航。

2010年4月1日，《可再生能源法》修订案正式实施，这是基于中国政府应对全球气候变化上作出的承诺，此次修订进一步完善了2005年《可再生能源法》，为包括风能、太阳能、生物质能及水能等在内的可再生能源提供进一步完整解释和法律保障。最重要的是，通过立法的形式对可再生能源在初期发展和开发阶段提供扶持、培育和引导帮助，作为中国发展低碳经济以及到2020年降低单位生产总值碳排放40%～50%的重要组成部分存在。该法规定在全国推行可再生能源发电全额保障性收购制度，根据国家可再生能源开发利用规模，确定在规划期内可以实现的可再生能源发电量占全部发电量的比例，并制定电网企业有限收购使用可再生能源发电的具体办法，通过扩大可再生能源电力配置范畴，发展和应用智能电网，完善电网运行管理，提高可再生能源发电的能力和水平，为此后可再生能源在电力领域的发展提供制度性保障。

在全球范围内，可再生能源在电力领域的表现均比其他领域先进优异，因此在电力领域的发展是衡量可再生能源最重要的标准。中国也不例外，可再生能源的入网电价作为其发展最重要的输出通道，是整个可再生能源的核心内容。以风电为例，20世纪90年代初期开始发展的10年，以完全竞争上网电价为主，1998～2003年经历了群雄逐鹿的审批电价阶段，此后到2005年风电电价处于"双轨制"阶段，呈现招标电价和审批电价并存的格局，2006年《可再生能源法》正式实施以后，风电价格通过招标形式产生，并通过核准最终确定，相关政策大力推动了中国风电市场的快速发展，当时风电企业达到80多家。在发展过程中，2009年国家发布《关于完善风力发电上网电价政策的通知》，规定不同地区的风电标杆电价，推进特许权项目招标制度和"固定入网电价"制度，2001年风电获得"三免三减半"①的税收优惠，风电企业也获得享受高新技术企业的所得税优惠待遇，还有《可再生能源发电全额保障性收购管理办法》、《可再生能源发电费用分摊制度》等都对风电的发展与壮大发挥了至关重要的作用，风电呈现出市场前景良好、营利能力稳定、发展速度加快的态势。从2010年年底，中国风电累计装机达到了44.7吉瓦，到2011年，风电累计装机已经达到62.3吉瓦，2012年，风电累计装机容量上升到75.3吉瓦，中国风电累计装机已占全球市场的23%，位列世界第一。2005～2017年的10余年时间，风电装机容量年平均增长率达到46%，2017年风电累计装机容量更是达到188.4吉瓦的规模，是2005年的150余倍，发展速度之快举世瞩目。

相对于风电，光伏发电也并不落后。从20世纪80年代装机容量10千瓦到2005年我国第一座并网光伏电站100千瓦，光伏发电同样走过了漫长的积累期，但从2013年开始，国家明确光伏标杆电价后步入飞速发展阶段，光伏新增装机量从当年的12.92吉瓦猛增到2017年的50.06吉瓦，是2013年的4倍左右。生物质能、水电等其他可再生能源类型也表现不俗，充分证明可再生能源发电在政策法规的推动下成为我国电力领域的重要组成部分。

二、技术为主的发展带来可再生能源的自主化

可再生能源的技术在改革开放初期基本一片空白，太阳能和风能作为

---

① 指符合条件的企业从取得经营收入的时间算起，第1年至第3年可免交企业所得税，第4年至第6年减半缴纳企业所得税。

最早发展的两类可再生能源，在技术上的发展历程极具代表性。太阳能从热水器起步，逐步进入光伏发电领域，技术设备的更迭一步步推动国产化。改革开放初期，光伏主要处于进口设备、试验研究、边做边学阶段。2005年以前，太阳能面板的核心材料多晶硅基本全部依赖进口，根本谈不上任何市场化。2007年发布的《规划》中，光伏发电成为可再生能源重点发展领域，于是在政策推动下装机容量以每年超过100%的速度增长，到2010年中国光伏发电累计装机容量达到0.9吉瓦。在技术一片空白面前，2000年前后国内逐步成立一些光伏企业，配合相关行业研究机构，在引进国外电池生产线的同时，进行自主研发，不断累积技术，于是5年过后，2005年国内光伏电池产量已经达到200兆瓦，占全球产量的11%左右，呈现一片欣欣向荣的发展局面。但发展的背后隐患重重，因为当时国内光伏面板的原材料多晶硅自产量极低，仅占全球太阳能电池耗硅量的0.3%，国内相关企业硅原料基本依靠进口，光伏产业呈现的特点以来料加工为主，给产业规模化发展造成极大限制。

为了解决这一问题，国家加大政策鼓励和产业配套力度，逐步将国产设备生产规模达到世界水准，在全球光伏浪潮中站稳了脚跟，不仅满足国内光伏发电的大规模需求，还成为全球光伏设备最大的出口国。根据光伏行业协会数据统计，2017年，中国多晶硅产量24.2万吨，占全球总产量的56%；电池片产量68吉瓦，占全球总产量的67%；电池组件产量74吉瓦，占全球总产量的71%；硅片产量90吉瓦，约占全球总产量的83%。在全球光伏市场中，中国以压倒性优势稳居第一，成为全球光伏全产业链发展制造基地。

在光伏设备规模国产化、稳定化、全球化的同时，光伏电池技术也不断攀升，数据表现亮眼。其中"光伏商业化产品效率平均每年提升0.3%~0.4%，2018年上半年我国单晶硅和多晶硅太阳能电池转换效率分别达到19.5%和18.3%，光伏发电投资成本也从2010年的40000元/千瓦左右降到了2017年的低于7000元/千瓦，其中天合光电光伏科学与技术国家重点实验室研发的IBC太阳能电池转化效率高达25.04%"[①]。光伏电池技术的提高不断推动生产成本的降低，国家能源局表示，2017年国内多晶硅片、电池片和组件的价格分别同比下降26.1%、25.7%和33.3%，同时光伏发电成本成规模下降，当前国内一条100兆瓦左右的电池生产线设备的投资金额已经

---

① 数据来自《中国电力报》中相关报道：《改革开放40年　太阳能发展的"中国速度"》。

降到 5300 万元，但在 10 年以前是 3~4 倍的价格，高达数亿元，大型集中式光伏发电基站的造价也降到 6000 元/千瓦。10 年期间，由于光伏组件设备成本的下降和产品更新换代速度提升，光伏发电成本累计降低 90%，市场竞争力显著增强，如第三批光伏应用领跑基地的中标电价相对于标杆电价平均下降 0.24 元/千瓦时，降幅达到 36.7%，最低电价显示 0.31 元/千瓦时，成为国内率先低于当地燃煤标杆电价的光伏电站，国内光伏平均发电成本降至约 7 元/瓦，组件成本降到 3 元/瓦左右，预计再有三五年可以实现平价入网。

经过 10 多年的发展，光伏发电基本实现了质与量的双提升，弃光量和弃光率得到双下降，发电结构不断优化，分布式光伏装机比例稳步提升，光伏发电布局更加合理，这一切都得益于政策保障下的技术国产化、自主化。国家统计局数据显示，2005 年国内光伏新增装机容量仅有 5 兆瓦，占全球新增容量的 0.36%，累计装机容量为 70 兆瓦，占当时全球累计容量的 1.35%；2017 年国内光伏新增装机容量已经超过 53 吉瓦，占全国电量新增装机容量的 39%，增量连续 5 年在世界排名第一，全球占比达到一半以上，当年累计装机容量约 130 吉瓦，连续 3 年装机总量位居全球第一，占全球总量的 32.4%。截止到 2017 年年底，光伏累计发电 2565 亿千瓦时，相当于燃煤 8000 万吨数量级，累计减少二氧化碳排放量 2.1 亿吨、二氧化硫排放量 68 万吨及氮氧化物排放量 59.2 万吨。

风电领域的技术发展也翻天覆地，改革开放初期国内风电技术毫无经验，面对进口风机高昂的垄断价格，居高不下的组件采购金额，国内风电发展步履维艰。20 世纪 80 年代初期，在一穷二白的环境下通过国家级科技项目开展研发过离网型和并网型风电机组，单机容量从 15 千瓦到 200 千瓦，1984 年还启动了国内第一台国产风机设计制造，单机容量约 55 千瓦。从国内第一台 55 千瓦的风电机组在山东并网发电开始，1988 年国内首台风电机组实现运行，开启了我国风电技术走上自主研发的道路。

最开始的 10 余年，国内风电机组装机容量均在 300 千瓦以内，1999 年投入运行的风电机组 594 台，发电量达到 26.2 万千瓦，其中国产机组只有 29 台，发电量为 0.84 万千瓦，国产化极低。随后 10 多年，国内风电机组装机容量逐渐提高到 600~850 千瓦，自主技术及品牌开始出现并崛起。进入 21 世纪，国内出现国产化率 90% 以上的 600 千瓦风电机组，基本达到了国际上 20 世纪 90 年代的水平，在国产化的进程中从整机进口到核心自主研发，从进口零部件到发展关键零部件的自主研发升级，本土风电技术开始步入快车道，本土风电品牌也迎来崛起阶段。在"九五"和"十五"期间，国家通过科技攻关、风电特许项目等支持本土风电整机制造企业发展，在引进吸收再消化的过程中，重点企业逐步掌握单机容量600千瓦和750千瓦风电机组的总装技术和关键部件设计技术，基本掌握了总体设计技术，借此实现规模化生产，迈出了产业道路的第一步。"十五"期间，国家还通过"863"计划支持完成自主知识产权的兆瓦级变速恒频风机组，在2005年成功并网发电，推动我国风电进入兆瓦时代。

"十一五"期间，针对风电正式进入规模性开发阶段出现的问题，如整机技术水平低、产业化低下、自主研发能力差等现象，集合国家的力量围绕风电整机机组、关键零部件、海上风电及标准规范系统四个方向展开攻关，极大地推动了中国风电产业链建设及配套发展。2007年，风电国产设备装机比例已经达到55.9%，第一次超过进口机组设备，2009年国产化率实现85%以上，中小型规模的风电机组基本全部国产化。随着可再生能源政策尤其是风电鼓励政策的保驾护航，国内掀起了风电投资热潮，仅2010年前后风电整机制造企业就达到80余家，2010年后陆地风电0.2万千瓦以上及海上风电0.4万千瓦级别的风电机组陆续批量生产，到2017年国内新增风电装机容量有90%以上国产设备，基本实现本土化，并进一步走向世界。经过40年的发展，风电机组单机功率增长了100多倍，2017年中国风电新增装机容量19.7吉瓦，主流机型均在200千瓦，整体占比达到六成以上，规模和速度堪称奇迹。

技术提升意味着成本下降，风电整机设备从2006年的6000元/千瓦降至2017年的3000元/千瓦，几近腰斩。近5年国内风电单位造价成本下降10%左右，风电电价从20世纪90年代0.8～2.5元/千瓦时，通过激烈竞争及四类风区电价设置，已经下降至0.5～0.6元/千瓦时，几乎逼近燃煤发电价格。但同时大规模的发展也带来弃风量与弃风率的居高不下，因为我国存在典型能源需求与能源供给逆向分布特点，八成以上的风能集中在西北、华北、东北地区，但能源需求则主要集中在东部沿海地区，一方经济薄弱、电力消耗水平低，另一方经济发达、电力需求旺盛，但远离发电地区，这种资源规模大但远离用电负荷中心的现象再加上政策的僵化和滞后，必然引发弃风现象。为此，国家通过各类方案与政策解决弃风时间点、开展分布式发电市场化运作、实施风电标杆电价退坡机制及贫困地区风电建设等问题，通过优先选择电力需求量大、电网接入条件好的地区展开就近消纳，进一步完善可再生能源标杆电价退坡机制，适当鼓励政策逐步实现风电与燃煤发电上网电价趋同。总之，光伏发电与风电经过几十年的发展，已经成功通过技术突破以全球领先的成绩证实整体国产化和自主化的成功，为可再生能源的下一步发展夯实基础。

三、规模为大的推动带来可再生能源的产业化

产业链是否完善和独立进入商业市场竞争是衡量新生行业的重要标准。通过前期政策和技术的发展，以太阳能和风能为主的可再生能源在中国已经具备产业规模化的实力与条件，并在此方向中不断演进深化，通过大规模的上下游产业链发展带动可再生能源在国内的市场竞争力与产业竞争力。

目前，太阳能已经在国内形成具有国际竞争力的上中下游完整产业链，具体包括上游的硅料开采，硅片、硅锭及硅棒的生产加工及制造；中游涉及光伏电池和组件的制造，光伏电池主要分为多晶硅和单晶硅两种；下游以光伏电站的系统集成建造及运营为主。在中国开始进入太阳能市场时，首先进入以电池及组件组装为主的中游阶段，原因在于中游产业链技术门槛低，而上游的硅晶制造技术含量高以至很长时间核心技术都掌握在德、美、日、韩等国手中，甚至形成技术垄断的局面，而下游阶段则主要依赖出口发达国家获取利润。随着 2010 年以后光伏跨越式的飞速发展，中国太阳能产业链逐步向上下游补全完善，形成完整规模。

在上游阶段，多晶硅产业从 2005 年开始起步，在强劲的光伏市场需求的推动下，以高负荷生产、工艺优化、技术突破等一系列行动突破技术障碍，在产能升级、综合能耗和生产成本不断下降的过程中，基本实现多数企业位于万吨级生产线、太阳能一级产品行列。2017 年，国内多晶硅产量达到 24.4 万吨，全球产量 44.2 万吨，国内产量占比达到一半以上[①]，极大改善了国外市场把控的局面。硅片作为多晶硅的下游环节，2017 年硅片国内产量达到 87 吉瓦，基本实现全球硅片九成以上供给，产业集中度极高，全球产量前十的硅片企业中国有 8 家，相对于单晶硅片转换效率

---

① 工业和信息化部：《2017 年我国光伏产业运行情况》，2018 年 1 月 23 日。

高、弱光性强等优势，多晶硅片凭借成本较低的特点成为市场发展主流，但近几年技术提升已经改变这一现象，单晶硅片比例正在逐步提升。

在中游阶段，光伏电池及组件制造是中国最早介入的环节。将硅片进一步加工成光伏电池成为行业核心，其中光电转换技术的成熟至关重要，作为资本与技术双密集型产业，电池制造技术及电池效率转换要在不断提升中才能降低生产成本。光伏电池大致可以分为晶体硅光伏电池、薄膜类光伏电池、新型光伏电池三类，后者由于稳定性差、技术未成熟等没有成为生产主流，单晶硅、多晶硅电池及非晶硅薄膜光伏电池是市场主要应用产品，其中由于国家对单晶硅的推动带动了单晶硅光伏电池占比的上升，但仍然无法与多晶硅电池市场相比。2017 年，中国光伏电池产量达到 68吉瓦，同比增长 33.3%，占全球产量的 68%，超越欧洲、日本，位居世界第一。成本的下降反过来进一步推动技术的进步与提升，光伏电池技术从传统的丝网印刷铝背表面场电池（AI－BSF）逐步向可以大规模生产应用的钝化发射极背面接触电池（PEPC）靠近，作为当前全球最成熟且高效的电池技术，PERC 电池具有较易改造升级、综合成本低、产业化便利等优点，国内主要电池厂商纷纷增加相关生产线。

组件是中游环节乃至整个产业链最容易的一部分，技术门槛低、投资少、周期短、进入市场容易等特点使其成为发展最快的领域，也一度成为产能过剩、恶性竞争的红海领域。2017 年，组件产量为 76 吉瓦，增长率为 31.7%，是 2005 年的 300 多倍，连续 10 年以上排名世界第一，累计产量 300 吉瓦，占全球光伏组件产量的七成以上。产量的绝对优势带来成本优势，中国光伏组件价格远低于全球平均价格，全球出货量前十的企业基本都是中国企业。也正因为如此，超高的产量和海外销售在过去几年引发欧美对中国光伏组件的"双反"调查，对组件生产和整个产业发展带来很大的影响。随着全球产业布局的增长，数字化、自动化及生产成本的持续下降，出口市场再次稳定，东南亚与南美等新兴市场与传统市场的结合降低了中国对欧美市场的依赖，优化了组件出口结构。

在下游阶段，系统成套的光伏分布式发电站或大型地面发电站在《可再生能源法》发布实施以后得到快速发展，当然也得益于上游原材料与中游电池组件产业的大规模应用，低廉的先天成本优势和庞大的规模产量为国内在下游开展光伏电站建设奠定了良好基础。也正因如此，中国成为近

181

几年光伏装机的领头羊，在 2015 年超越德国成为全球累计装机量第一的国家，新增装机排名也连续 5 年第一。相较于小型分布式光伏电站，传统的大型地面光伏电站一直是国内装机的主流，基本占装机总量的八成，但由于产能过剩等因素带来的限电弃光及入网电价限制等问题，中国开始向分布式电站逐步转移，从 2014 年起国内陆续实施标杆电价、补贴退坡及年度光伏电价指导管理、入网电价与并网时间挂钩等措施，光伏产业就掀起抢装浪潮，分布式发电站也在此背景下发展，不断进入普通用户视野的光伏发电产业实现了前所未有的大发展、大跨越。国家能源局数据表明，2017 年光伏电站新增装机 33.62 吉瓦，其中分布式光伏 19.44 吉瓦，光伏电站累计装机容量 100.59 吉瓦，建设节奏明显加速。官方预计，到 2020 年分布式光伏电站累计装机容量将达到 70 吉瓦，建设的重点也将逐步从西部向中东部移动，大型工业园区、经济开发区、公共设施等成为分布式发电站的选择。

总体来看，中国光伏产业基本形成极具国际竞争力的完整上中下游产业链，步入引领全球技术进步及规模化的阶段，在光伏电池与组件及上下游环节开展技术创新、关注太阳能转化成为电能这个光伏行业核心，不断提高转化效率、降低成本，推动光伏产业的规模化和产业化在国内发展稳定，在全球位居前列，最终向彻底实现平价入网而努力，也因此出现光伏累计装机容量从 2006 年年底的 80 千瓦增长到 2017 年 130 吉瓦的现象，提前实现 2020 年 110 吉瓦的发展规划，创造了中国光伏令人瞩目的奇迹。

风电的大规模产业化也走了一条与光伏类似的发展道路，风电生产核心部件就是风力发电机组，整个产业链包括上游阶段的风机零部件生产制造、中游阶段的风机整机制造及下游阶段的风场整体建设与运营等。1994 年，新疆达坂城装机容量超过 1 万千瓦的风电场建立意味着我国拥有超过万千瓦级的风电场，但高昂的造价、技术的依赖与空白使得营利或商业化根本无从谈起，直到 21 世纪以后可再生能源逐渐被重视，进入政策保障与扶持阶段后风电的大规模产业化才进入发展快车道。2005 年以后，经济发展带来旺盛的电力需求及减排压力，风电产业从引进国外成熟技术开始，通过引进再吸收的方式开始了大规模风机设备及风电产业国产化建设。在此期间，政策成为最好的催化剂，2003 年国内实行第一批风电特许权招标，随后又在《可再生能源法》的规定下取消特许权最低中标电价，以 2020 年风电发展目标及实现国产化 70% 等政策保障引发中国风电前所未有的发展狂潮与热情。

通过多轮风电特许招标，规模化效应开始在风电产业中发挥强效作用，上游零部件生产厂商以技术吸收再转化的方式参与市场竞争，但核心技术的欠缺使其话语权仍然不足，中游风机制造虽与国外顶级制造商相比存在差距，但产量的不断提升一定程度上弥补了不足，整体来看正是下游风电场的大规模建设带来了整个产业的提档升级。自 2008 年开始，国家政策的扶持效应凸显，以大型国有能源企业为首的大批企业批量进入风电行业，风电装机呈现大规模升级，在风电场开发、电网建设及相关配套设施等环节不断扩大，推动建设成本持续降低。当年风电装机容量就突破 1000 万千瓦，2009 年突破 2000 万千瓦，2010 年突破 4000 万千瓦，规模化与产业化以肉眼可见的速度飞跃提升，先后赶超风电大国丹麦、德国及美国，成长为全球装机容量第一的风电大国。

海上风电发展也并未落后，随着风电热潮引发的规模化带来海上风电技术的跃进。从 2009 年开始，国内海上风电创新性实现大直径单桩基础等海上风电核心技术，建设效率明显提升，成本也随之下降，与陆上风电可比的规模化在海上也开始成为可能。2017 年，中国海上风电排名在英国与德国之后，居全球第三，新增装机容量为 1164 兆瓦，投产累计装机容量达到 2788 兆瓦。规模化带来风电产业化，在推动风电场建设的同时，反向拉动风电上游与中游环节技术的突破升级及成本下降，短短几年就实现了飞跃发展，达到全球顶尖水平。随之而来的产能过剩、弃风限电的困境也在风电产业出现，开拓山区高海拔与内陆低风速地区等新兴的风电市场、加快更多技术应用成为突破风电产业发展的重要环节。

光伏发电与风电取得的成绩以及随之而来的规模化与产业化预示着未来可再生能源平价入网并非天方夜谭。当然，进一步降低发电成本、提升储能技术等相关领域的发展还需要相关行业从业者的共同努力，只有秉持可再生能源必由替代能源发展成为支柱能源的信念，不断增加清洁能源消费比重，达到与火电相当的市场竞争力，才能持续接近发展目标，实现真正的能源转型。

四、目前中国可再生能源基本现状及相关数据

经过数十年的深化推动，可再生能源已经不是 20 世纪的新鲜事物，

早已成为中国推动经济转型、能源革命的必由选择，也通过近10年迅猛发展获得的成绩证明了国家对可再生能源的全面支持与鼓励。2016年，国家发布《能源生产和消费革命战略（2016—2030）》，要求把推进能源革命作为能源发展的国策，以绿色低碳为发展导向，通过设立能源革命目标，实现能源生产和消费方式的根本性转变，降低煤炭在能源结构中的占比，大幅度提高清洁能源，尤其是可再生能源的比例，最终实现清洁能源基本满足未来新增能源需求。具体要求到2020年，能源消费总量控制在50亿吨标准煤以内，煤炭消费比重进一步降低，非化石能源占比达到总能源的15%，二氧化碳排放量比2015年下降18%；2021～2030年，可再生能源、天然气和核能要持续增长，高碳化石能源大幅缩减，能源消费总量控制在60亿吨标准煤以内，非化石能源占能源消费总量的20%左右，天然气占比达到15%，二氧化碳排放量比2005年下降60%～65%；展望2050年，能源消费总量趋于稳定，非化石能源占比超过一半，建设能源文明消费社会。[①]

为了实现中国2020年和2030年非化石能源占一次能源消费比重分别达到15%和20%的能源战略性目标，进一步加速推动可再生能源深化利用和整体能源结构的优化，同年国家发展和改革委员会在《可再生能源发展"十三五"规划》中明确指出："到2020年，全部可再生能源年利用量7.3亿吨标准煤；全部可再生能源发电装机量6.8亿千瓦，发电量1.9万亿千瓦时，占全部发电量的27%；各类可再生能源供热和民用燃料总计替代化石能源1.5亿吨标准煤；风电项目电价可与当地燃煤发电平等竞争，光伏电价可与电网销售电价相当；基本解决水电弃水问题，限电地区的风电、太阳能发电年度利用小时全部达到全额保障性收购要求。"[②] 在此背景下，中国的可再生能源数据表现喜人。

第一，"十二五"期间可再生能源基本情况。熟悉中国对可再生能源的目标与规划后，就可以仔细了解当前中国可再生能源的基本情况与相关数据，整体来看，国家十分重视能源变革与可再生能源发展战略，并以实

---

① 国家发展和改革委员会、国家能源局：《能源生产和消费革命战略（2016—2030）》，2016年12月。

② 国家发展和改革委员会：《可再生能源发展"十三五"规划》，2016年6月。

际政策与保障性指导在不断推动。当前正处于"十三五"规划发展,"十二五"期间中国可再生能源得到迅猛发展,为国家能源结构调整做出重要贡献,也为"十三五"的发展奠定了坚实基础。

可再生能源已经进入大范围增量替代和区域性存量替代阶段,2015年中国可再生能源可用量为4.36亿吨标准煤,占一次能源消费总量的10.1%,如果将核电列入计算范畴,非化石能源可用量占一次能源消费总量的12%,比2010年("十二五"初期)提高了2.6个百分点。"截至2015年年底,水电装机容量为3.2亿千瓦,风电并网装机容量11.29亿千瓦,光伏并网装机容量4318万千瓦,太阳能热利用面积超过4.0亿平方米,应用规模居全球第一。全部可再生能源发电量1.38万亿千瓦时,约占社会总用电量的25%,其中非水可再生能源发电量占5%,生物质能继续向多元化方向发展,年利用量约3500万吨标准煤。"①

"十二五"期间,国家对可再生能源的政策扶持进一步深入,陆续出台了光伏发电、垃圾焚烧发电、海上风电电价等相关政策,根据成本降低及技术进步情况适时调整了陆上风电与光伏入网电价,公布太阳能热发电示范电站电价,落实分布式光伏发电补贴政策,完善可再生能源发电并网管理体系。在《可再生能源法》的规范下,根据实际情况调整了三次可再生能源电价附加征收标准,在扩大相关资金规模的同时,不断完善可再生能源标准体系。开发利用规模的增大,意味着可再生能源技术装备的不断升级,推动中国从可再生能源利用大国向可再生能源技术强国迈进。水电方面,中国具备成熟的大型水电设计、施工与管理运行能力,已经掌握500米级水头、35万千瓦级抽水蓄能机组设备技术;风电方面,风电企业在"十二五"期间增加了1倍多,关键零部件基本国产化,大型风电设备基本可以实现独立运行,低风速风电技术在中东部等风能不足地区也开始广泛应用;光伏方面,电池技术有突破性创新,晶硅等新型电池转换效率排在世界前列,突破多晶硅生产技术障碍,产量达到全球四成左右,已经打造出极具国际竞争力的完整光伏产业链,推动光伏组件及相关成本明显降低,提高了光伏发电平价性。

第二,2017年中国可再生能源基本情况及数据。进入"十三五"规划发展期,生态文明和绿色发展逐步成为中国发展的重点与核心,十九大

---

① 国家发展和改革委员会:《可再生能源发展"十三五"规划》,2016年6月。

报告对生态文明作出全面部署，要求必须形成人与自然和谐共处的现代新格局，树立并践行"绿水青山就是金山银山"的理念。2017年，可再生能源继续保持高速稳定增长，产业规模和技术提升都不断加快，装机容量和发电量再创新高，非化石能源比例按照既定目标不断前进，能源结构优化以肉眼可见速度在改变。"截止到2017年，中国商品化可再生能源利用量约5.4亿吨标准煤，占全部能源消费比重的12%左右，含商品化可再生能源的利用量则达到6.16亿吨标准煤，占能源消费比重的13.5%（具体数据见图7-1），可再生能源发电总装机容量从2015年的5.0亿千瓦增加到2017年的6.5亿千瓦，占全国总发电装机容量的比重从2015年的33.1%提升到2017年的36.6%；可再生能源发电总量全年为64179亿千瓦时，占全部发电量的26.5%，比2015年的24.4%提升了2.1个百分点，其中风电和光伏在内蒙古、青海、甘肃等地发电量比重均超过10%。（具体数据见图7-2和表7-1）"①

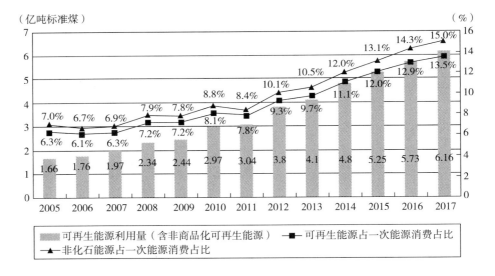

图7-1　2005～2017年中国可再生能源利用量及相关占比

资料来源：《中国可再生能源产业发展报告2018》。

①　国家可再生能源中心：《中国可再生能源产业发展报告2018》，2018年8月。

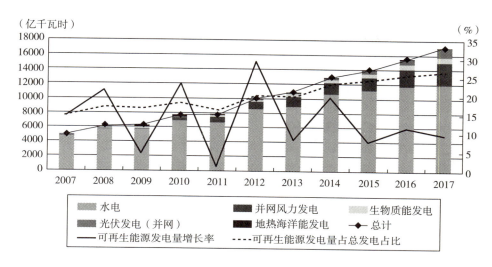

图 7 - 2　2007~2017 年中国各类可再生能源发电量

表 7 - 1　2007~2017 年中国各类可再生能源发电量数据

年份	2007	2008	2009	2010	2011	2012	2013	2014	2015	2016	2017
地热海洋能发电（亿千瓦时）	1	1	1	1.46	1.46	1.46	1.5	1.5	1.5	1.5	1.5
光伏发电（并网）（亿千瓦时）	0.606	0.84	1.704	5.184	17.604	41	84	233	385	674	1182
生物质能发电（亿千瓦时）	97	147	207	248	275	300	370	444	527	547	794
并网风力发电（亿千瓦时）	57	114	249	490	715	1028	1383	1599	1853	2420	3057
水电（亿千瓦时）	4714	5655	5717	6867	6681	8556	8921	10601	11117	11748	11945
总计（亿千瓦时）	4870	5918	6176	7611	7690	9926	10760	12879	13883	15490	16979
可再生能源发电量增长率（%）	14.7	21.5	4.4	23.2	1.0	29.1	8.4	19.7	7.8	11.6	9.6
可再生能源发电量占总发电量占比（%）	14.9	17.1	16.8	18.0	16.3	20.0	20.1	23.1	24.4	25.7	26.5

资料来源：国家能源局、国家统计局。

　　具体来看，水电毫无疑问是最大的清洁能源类型，2017 年全国水电累计并网容量达到 341.19 吉瓦，同比增长 2.7%，新增水电并网容量 12.87 吉瓦，其中抽水蓄能新增装机容量 2 吉瓦。由于 2017 年降水量大幅下降，水电发电量增速连续 3 年下降，弃水弃电问题仍然严峻。2017 年，全国弃水电量约 515 亿千瓦时，四川、云南和广西成为主要弃水省份，未来能否解决这一难题就是水电转型升级的关键点。与此同时，必须承认水电对环境的影响始终存在，因此可再生能源的发展重点不是水能，而是对环境影响和破坏最少且技术含量高的风力发电和光伏发电。

　　中国风电在经过过去几年的爆发式增长后，在 2017 年进入持续稳定增长阶段。中国风能协会统计数据显示，2017 年，全国（除港、澳、台地区外）新增装机容量 19.66 吉瓦，同比下降 15.9%；累计装机容量达到 188.39 吉瓦（见图 7-3），同比增长 11.7%，为缓解弃风限电现象，增速放缓，全国风电发电量达到 3057 亿千瓦时，占全国发电量的 4.8%，同比增长 28%，如图 7-3 和图 7-4 所示。

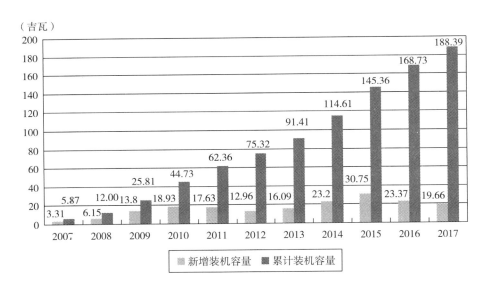

图 7-3　2007~2017 年中国风电新增装机容量与累计装机容量

资料来源：中国风能协会。

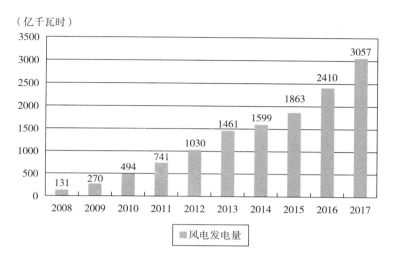

图 7 - 4　2008～2017 年中国风电发电量

资料来源:《中国可再生能源产业发展报告 2018》。

　　风电并网趋势继续保持装机从西部向中东部和南部转移,全年累计并网装机容量达到 1.64 亿千瓦,新增并网装机容量 15.03 吉瓦,占全部发电装机容量的 9.2%。其中,海上风电表现突出,累计并网装机容量 202 万千瓦,同比增长 37%。弃风限电形式逐步好转,全年弃风电量 41 亿千瓦时,同比减少 78 亿千瓦时,弃风量和弃风率均下降明显。

　　光伏发电在 2017 年实现了新的飞跃,新增装机容量创历史新高,达到 53.06 吉瓦,同比增长 54%,位居全球之首,全年累计装机容量达到 130.25 吉瓦,如图 7 - 5 所示。其中,分布式光伏为 19.44 吉瓦,同比翻了近 5 倍,累计装机容量 29.66 吉瓦,比 2016 年增加了近 3 倍(见图 7 - 6);集中式光伏电站新增装机容量 33.62 吉瓦,同比增长 11%,累计装机容量达到 100.59 吉瓦(见图 7 - 7)。可以看出,近 3 年内分布式光伏成为主要发展类型。

　　2017 年,光伏发电量达到 1182 亿千瓦时,同比增长 79%,占全国发电量的 1.8%。由于市场影响,光伏发电市场显示出逐步向中东部转移的趋势,弃光量和弃光率都出现下降,全年平均弃光率 7%,同比降低 4 个百分点,弃光电量为 73 亿千瓦时,同比减少 2 亿千瓦。

（吉瓦）

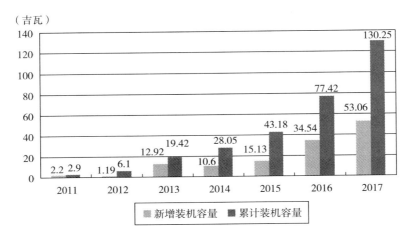

图 7 - 5　2011～2017 年光伏新增装机容量与累计装机容量

资料来源:《中国可再生能源产业发展报告 2018》。

（吉瓦）

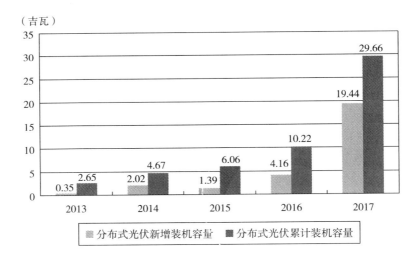

图 7 - 6　2013～2017 年分布式光伏新增装机容量与累计装机容量

资料来源:《中国可再生能源产业发展报告 2018》。

图 7 - 7 2013 ~ 2017 年光伏电站新增装机容量与累计装机容量

资料来源:《中国可再生能源产业发展报告 2018》。

其他可再生能源类型也取得很大进展,2017 年全国投产生物智能发电项目 747 个,并网装机容量为 1488 万千瓦,同比增长 24%,全国生物质能发电量达到 794 亿千瓦时,同比增长 21%;最大的地热电站——西藏羊八井电网装机容量 26.18 兆瓦,稳定运行 30 余年;总装机容量为 4100 千瓦的浙江温岭江厦潮汐电站是全国唯一的潮汐电站,运行稳定良好;储能市场也稳定扩大,2017 年中国储能投入项目累计装机容量有 29.1 吉瓦,其中抽水储能累计装机容量最大,为 28.7 吉瓦,占比达到 99%,剩余 1%为化学储能,仅有 389 兆瓦。可见,化学储能的广阔前景。总之,各类新兴可再生能源的探索为可再生能源综合利用发挥了积极作用。

第三,可再生能源"十三五"规划的中期评价及发展趋势。《可再生能源发展"十三五"规划》规定了五年发展计划和目标,2017 年已经进入规划中期,因此通过数据来评估完成情况十分科学,如表 7 - 2 所示。

表 7 - 2 可再生能源发展"十三五"规划 2017 年完成进度

能源类型	可用规模(吉瓦)		年产能(亿千瓦时)	
	规划目标	2017 年情况	规划目标	2017 年情况
发电	675		19045	
水电(不含抽蓄)	340	312.5	12500	11649

能源类型	可用规模（吉瓦）		年产能（亿千瓦时）	
	规划目标	2017 年情况	规划目标	2017 年情况
并网风电	210	163.67	4200	3057
光伏发电	105	130.25	1245	1182
太阳能热发电	5	0.0238	200	—
生物质能发电	15	14.88	900	784

资料来源：国家发展和改革委员会、国家能源局。

"十三五"规划要求积极稳妥推进水电发展，有序推进大型水电基础建设，合理优化控制中小流域开发，确保水电有序建设、有效消纳并加快抽水蓄能电站的建设；着重风电的就地开发和高效利用，支持中东部分散风风能资源开发，在消纳市场、送出条件有保障的情况下，推动建设大型风电基地，稳步开展海上风电开发建设，不断提高风电消纳水平；促进光伏发电成本降低并规模化应用，推进分布式光伏及大型光伏电站建设，在具备电网接入条件且消纳能源强的中西部深入解决弃光问题，因地制宜地推进太阳能热在城乡的应用和多元化发展；鼓励生物质能利用效率和利益提高，积极稳步发展生物质能发电与发热，并加快生物质供热等非电利用产业化等。结合整体要求并通过表格数据可以看到，光伏发电已经超额完成"十三五"规划目标，可以肯定的是到 2020 年一定会取得一个远远超过预定目标的发电水准；常规水电、风电和生物质能发电基本按照规划发展目标在前进，如无意外，到 2020 年完全能够实现"十三五"规划目标；而太阳能热发电发展极为缓慢，2017 年的情况离预定目标相差甚远，这与政策、技术和资金均不支持，也非可再生能源发展热点有关。

整体来看，2017 年是中国可再生能源发展的关键之年，也是"十三五"规划实施的转折之年。数据表明，目前可再生能源基本朝着良性方向发展，可再生能源在整个能源结构中的比重不断增大，清洁、高效、绿色、低碳的能源结构持续优化调整，风电、光伏发电等强势可再生能源技术进步、成本降低成为不可阻挡的趋势，比重也在不断提高，弃风弃光等现象在不断调整中缓和改善，技术装备与产业结构在完善中扩大规模。伴随可再生能源各类鼓励与扶持政策的持续推动，如建立可再生能源利用目标引导机制、配额制与绿色证书的完善、可再生能源发电全额保障性收购等，未来可再生能源发展将继续保持已有步伐，并不断提升。

第二节　中德可再生能源创新对比

德国可再生能源创新路径的形成并非一蹴而就，而中国在可再生能源道路上的发展也今非昔比，全球可再生能源早已从过去部分地区或个别国家的单打独斗变成当今世界各国的一致选择。截至 2017 年年底，全球 179个国家均已明确设定可再生能源发展目标，其中 146 个国家进一步设定了可再生能源电力发展目标，57 个国家致力于实现 100% 可再生能源电力。于 2016 年各国签署的《巴黎协定》已经正式生效，178 个国家为了减少二氧化碳排放、控制全球温度升高提出了自主贡献目标。当然，德国是其中的佼佼者，中国作为负责任的大国也承诺了应有责任。全书详细梳理了创新理论及能源创新路径，并在此理论框架下深入详解了德国可再生能源的发展及创新路径的形成过程，在熟悉德国可再生能源创新路径的基础上，通过施动者、技术创新和政策创新等方面的对比，了解目前中国可再生能源发展现状存在的问题及不足，有利于针对性地提出建议与启示。

一、施动者对比——面对庞大能源体量，政府对能源转型决心不足

施动者的主体以政府和公共部门、可再生能源企业及相关科研机构为主，其中最重要的主体就是政府，负责可再生能源的基本定位，制定政策并推动可再生能源发展方向和目标。德国联邦政府面对能源转型的决心和态度已经在前几章中清晰展现，对于可再生能源的强大支持使德国早已成为全球清洁能源利用的领头羊、能源转型的先行者。德国推动能源转型的核心包括扩大可再生能源比例、提高能源效率、减少二氧化碳排放、停止核电及最新提出的煤炭退出，根据能源转型的要求，可再生能源的总体目

标到 2020 年要达到一次能源消费占比 18%、到 2030 年达到 30%、到 2040 年达到 45%、到 2050 年达到 60%，可再生能源电力占总发电比重到 2020 年实现 35%、到 2030 年实现 50%、到 2040 年实现 65% 及最终到 2050 年达到 80%。这个发展标准对于一个以工业为重心的发达资本主义国家而言需要下很大决心并付出相当代价，因为风电及光伏发电的成本还远未到平价阶段，核能和煤炭的退出需要一个时间段调整并填补空缺，不稳定的电价带来的能源贫困也是需要面对处理的问题。但德国不断发展支持可再生能源的决心毫不动摇，甚至加倍推进，以至于虽然作为全球最大褐煤生产国，基本上1/3的电力仍然依靠褐煤，但还是下定决心提出了退煤时间表。

与德国相比，中国同样是煤炭大国，2017 年国内燃煤发电占比达 67% 左右，基本上还是能源结构的主体，虽然中国的可再生能源在近些年实现了飞跃式增长，在全球范围内都表现优异，政府也提出极具良好前景预期的可再生能源发展目标——2020 年非化石能源达到总能源比例 15%、2030 年非化石能源占总能源消费比例 20% 左右、2050 年非化石能源占比能够超过一半，但明显感觉目标模糊，底气不足，因为面对国内庞大的能源需求市场，政府作为责任主体在经济与环境平衡面前需要反复考量与抉择，很难在没有足够能源供给安全保障的情况下下定决心，选择彻底转型可再生能源，只能逐步改善，这一层面与德国政府就出现了差距。这种背景下以煤炭为主的高碳能源其实并没有得到有效限制，甚至出现较快增长，因为 2020 年非化石能源 15% 的占比目标，意味着燃煤发电空间被挤占，在煤炭价格持续走低、发电成本猛降的现状面前，国内各大发电集团出于成本考虑，会抢装火电，甚至出现装机大于实际需求的现象，如果政府批准所有在建和待建的火电项目投产，就会直接引发高碳效应，出现产能过剩的局面，不仅不能达到绿色、高效、清洁、减排的效果，还反其道而行之。深究原因，还在于政府没有制定有效约束煤炭等高碳能源过快增长目标的管控措施及机制，此前高碳能源消费的惯性很难靠自觉减速刹车，尤其审批权还在地方政府的手中，更易产生煤电装机与清洁能源发展背道而驰的局面。

二、创新工具对比——技术创新原创不足、政策创新同质化严重

创新工具以技术创新与政策创新为主，德国的技术创新依赖大规模研究发展资金的注入，风电和光伏领域的技术突破以及储能技术和国际合作深入，在这几个领域均取得了突出的成绩，属于世界前列，前面有专门的章节详细论述了相关内容。政策创新依赖不断根据实际情况变化而修订的《可再生能源法》，能源转型战略相关政策的创新点以及可再生能源在电力入网过程中的特定激励措施，即FIT电价及随后修订的招标竞价制度，按照具体发展现状不断调整创新改革相关政策，联动协调机制建设，在政策创新领域基本没有出现特别的短板。

相较于德国，中国的创新工具就显得僵化和一定程度的不合时宜。技术创新中，中国的研究发展经费投入力度也极大，以近年崛起的氢能发展为例，氢能是目前被全球公认的极具发展潜力的清洁能源，利用形式十分多样，即可通过燃料电池形式转化为电能，也可以通过氢内燃机方式转化为热能，氢能的来源广泛，传统化石能源制备过程可以产生，也可由风能、太阳能等可再生能源转化。其中，氢能燃料电池技术具备转化效率高、基本没有排放污染、噪声小等优势，在全球可再生能源技术革命中备受各国青睐，也是21世纪首选的高效、清洁、绿色的能源转化技术，是可再生能源的托底保障。氢能原料、氢能制备、安全储存及运输作为氢能应用的基础和核心，以及最终以燃料电池的方式获得终端应用成为各国均想突破的领域，只有将氢能的获取、运输、储存和燃料电池应用有机结合，才意味着氢能技术的实用化和成熟化。

德国在氢能领域已经发展约半个世纪，逐渐突破了氢能及其燃料电池的关键技术，燃料电池作为将氢能和氧化剂中的化学能直接转化为电能的发电装置，只要技术成熟就可以获得源源不断的电能，德国在涉及氢能获取、运输、储存及燃料电池应用的全产业链领域均有所突破，氢能燃料电池技术研发、应用及产业化方面取得了有效发展，燃料电池技术也在汽车、船舶和发电站等多个领域开展推广使用。中国也毫不落后，2018年中国科技部发布"可再生能源与氢能技术"重点专项申报通知，包括风能、太阳能、生物质能、地热、海洋能、氢能与可再生能源耦合及系统集成技

术 6 个创新方向，共计 38 个重点研究任务，总预算经费为 6.565 亿元人民币，显示出中国对这项极具发展潜力能源的投入力度，但相对于发达国家基本滞后一个阶段，都是其他国家已经出现大规模进展或有效成绩才开始介入发展。氢能技术同样如此，与德国等发展较长时期的国家相比还有较大差距，处于技术学习追赶阶段，原创缺乏，也很难主动发起能源革命的挑战，不仅氢能燃料电池核心技术有明显落差，主要体现在氢能燃料汽车领域，而且在氢产业的上中游产业链，即制氢、储氢及加氢等领域也相对落后，基本无法实现商业化运营要求，这也是中国要下大力气开展氢能应用基础研究，推动氢能产业化发展，健全氢能与燃料电池的配套国家标准的原因。不仅仅是氢能，包括太阳能和风能等在内的所有可再生能源均带有技术创新滞后与原创不足的问题，总是在后知后觉中以量取胜，基本集中于技术的中低档阶段，不具备突破技术桎梏带来革命性飞跃的能力，不仅影响可再生能源自身的扩大推广，也无法积极推动国家的能源战略选择。

政策创新的对比更加明显，中国风电和光伏发电作为可再生能源发展的主要领域就是最典型的案例。一方面，在政策鼓励下大规模发展，抢装抢上，迅速在全球装机容量排名中独占鳌头，一时风光令众多国家难以望其项背，甚至德国也被抛在后边；另一方面，又由于大干快上的规模扩张不断面临无法并网，数量惊人的弃风弃电问题严重。造成这种现象固然有企业方急功近利的原因，但政策导向的僵化还是最大因素。也就是说，在决定支持可再生能源投入发展之前根本没有做好过渡发展的政策保障，政策在制定与执行过程中没有根据具体发展情况调整修订的机制，完全谈不上创新。以风电为例，中国《可再生能源法》在颁布后，并没有有效落实可再生能源发电全额保障性收购制度，于是各类可再生能源电力均出现输送和消纳问题无法解决的现象，弃风现象十分严重，2011 年弃风率为15%，2012 年弃风率上升到 17%。这一时期弃风的原因主要在于政策缺失，没有任何有效电力保障政策，相关监管也不到位，电网运行管理粗糙，很多地方为盲目追求 GDP 抢装风电规模，陷入无序发展状态。

2014 年，国家发展和改革委员会决定调整风电电价激励国内风电产业市场，通过意见征求决定在 2015 年 6 月 30 日前完成风电电价下调，于是众多风电企业为了抢在政策颁布前项目落地，享受调整前电价，又开始大规模抢装抢上。本来政策调整的目的是为了进一步优化风电市场，结果没有意料到抢装潮的出现，随之而来大规模风电无法并网引发的弃风潮再次成为难题。引发风电弃风的原因很多，有电源调峰能力限制的原因，但更重要的是大规模风电抢装之后，短时间内带来极大的风电可输送量，受到配套电网规划建设滞后影响，省区间外送与消纳很大程度上被限制。换言之，配套电网规划根本落后于风电迅猛发展的并网需求，于是 2014 年弃风率达到 8%，虽然相较于 2013 年的 11% 有所下降，但弃风现象仍然没有得到本质改善，2015 年开始弃风率再次上升到 15%，2016 年和 2017 年则分别达到 17% 和 12%，这一切都由是国家风电政策不合理、调整不及时造成的。

对比来看，德国的风电市场发展规模近几年虽然没有中国大，但在良好政策的引导下基本没有出现如此严重的弃风浪费现象，德国的相关政策都是根据具体发展情况随时开展调整与创新，《可再生能源法》从 2000 年开始修订 5 次就是最好的证明。中国可再生能源大规模弃水弃风弃光的弃电根源就在于体制僵化下的政策问题，国内电网管理运行无法摆脱"计划"的色彩，跨省区电量调度以实现基本计划为首位，系统安全是第一要素，各类电的并网、电价调配等并不是优先考虑要素，可再生能源电力不稳定特性直接威胁电网安全稳定运行，因此全社会在已经具备清洁能源共识的背景下，虽然优先清洁能源电力并网较为积极，但面对基本与煤电同等的收购价格却要额外承担风险的现状，迫使电企根本无法敞开怀抱接纳全部风电电力。目前，国内还在不断调整可再生能源电价以适应电力市场，弃水弃风弃光率也得到逐步改善，但电企对自身系统安全的追求、对清洁电力主动性不足以及地方政府出于政绩考虑并不乐意接纳外省风电等问题就说明中国对于可再生能源的政策还需要不断调整与深入，政策后续补充不足，更无法谈及政策创新。

三、创新路径对比——全国上下并未形成统一步调，民众认可普及不够

可再生能源的发展与扩大是一个循序渐进的过程，在政府作为主要施动者大力推动、技术创新和政策创新携手并进的过程中，创新路径的形成还需要良好的能源环境和不同阶段的发展才能成型。本书论述德国可再生

能源创新路径的形成经过了基本环境营造、早期阶段、示范阶段、扩散阶段和成熟阶段，最终形成了一个完整的创新路径：基础环境营造主要以民众的态度和政府的决心为主，早期阶段通过能源框架搭建和能源成本问题的提出推动可再生能源起步，示范阶段在具备一定实力后推动能源效率的提速，扩散阶段伴随退核大规模的能源转型成为能源体系主体，最终电力领域中可再生能源的商业竞争力在成熟阶段实现，以可以平价竞争的电力价格获得与其他能源平起平坐的地位，在发展过程中逐步推动能源替代。

对比之下，中国的可再生能源路径还未形成，并没有一个不断深入、层层递进的发展过程，逐个阶段对比就可以发现，中国上下并未形成统一步调，可再生能源领域各干一头，国内一盘棋的局面基本没有出现。民众的态度最为明显，德国从 20 世纪七八十年代绿色环保、清洁能源的理念就开始在全国范围内流行，并通过长期且持续的环保教育，将环保绿色意识深入人心，成为每一个德国人不可分割的生活习惯，最终发展成为意识形态观念主流，后来能源转型，德国民众要在很长一段时间承担可再生能源高昂的补贴费用，超过八成以上民众甘愿为了能源转型加大自身能源支出成本。而中国则不同，20 世纪 80 年代刚刚改革开放，广大人民处于要为生活吃饱穿暖奋斗阶段，还无法涉及绿色、清洁等议题，以至于很长的一段时间环境与能源都属于粗放式发展，民众的环保理念更是无从谈起。在这种背景下，可再生能源在国内的发展就逐渐成为一个小众领域，各类能源自我发展，也没有深厚的民众基础和良好的支持氛围，直到十八大以后才出现转折。十八大明确提出了中国生态文明建设和绿色发展路线图，强调既要金山银山，也要绿水青山，为可再生能源发展作了全面支持，民众也在国家大政方针的指引下不断关注并学习绿色环保理念。更重要的是，严重的雾霾迫使更多民众重视空气污染、水资源质量等问题，开始自发自觉地关注清洁能源，身体力行支持环境保护和清洁能源发展，但是理念的形成并非一日之功，将这种理念变成民众日常生活习惯的一部分更需要几代人的努力。因此，虽然环保意识已经开始出现并形成，但要广大民众真金白银地支持能源转型、可再生能源昂贵的补贴费用还不现实，这也是路径对比区别最大的一环。

此外，能源创新的早期阶段在中国十分模糊，并不存在明确的能源框架和为了降低能源成本而努力的态势，作为煤炭资源大国，煤炭在我国能源结构中的占比很大，2017 年煤炭产量超过 35 亿吨，占全球煤炭总产量四成以上，是第二名的五倍多，同时还是世界第一的煤炭消费大国。其用途除了取暖之外，最大功能在于发电，因此火电在中国一直占有极大的比重。这种背景下可再生能源的发展相对受限，在早期阶段能源框架中的占比极低，能源成本与煤炭等传统能源相比毫无优势可言。在示范阶段和扩散阶段，中国的能源效率并没有像可再生能源规模那样有量的发展，也就没有质的提高，反而在近几年出现下降趋势。能源消费弹性系数和电力消费弹性系数是衡量一个国家能源效率的重要指标，2013～2017 年中国能源消费和电力消费弹性系统都在逐渐增大，从 2016 年开始更加明显，意味着中国能源效率持续下降，这与经济结构有很大关系，高能耗的第一产业与第二产业偏重引发能源消费量巨大，影响能源效率持续走低，与多年的节能减排倡议和能源转型也是背道而驰的，根本不利于可再生能源的扩大发展。最后在成熟阶段，可再生能源在电力领域的应用再次出现弃水弃风弃光现象，各领域配套设施的欠缺、政策的脱节、补贴支出滞后性等让风电、光伏发电等可再生能源主要类型步履维艰，更无法谈及能源创新路径的形成，只能说道路漫长，还需奋斗努力。

第三节 对中国可再生能源发展的启示

通过对目前中国可再生能源基本情况的了解，并详细对比中德可再生能源创新发展，中国可再生能源绝不能对已有的发展规模沾沾自喜，而是需要在对比中看到存在的问题，根据不同的问题作出相应的调整修正。既要发展，更要健康可持续的能源转型，在平衡经济与能源的同时，尽可能实现可再生能源的健康发展与创新飞跃，在未来国家能源结构中占据主体，实现能源供给的自给自足和安全保障。作为在全球范围内可再生能源领域内的领先国家，德国在这方面已经成为榜样，一些邻国比如法国、捷克对其相关政策进行复制和学习，乃至巴西等国也在采纳德国《可再生能源法》的相关政策经验。与这些国家相比，中国具有截然不同的经济基础、政策背景、能源结构和民众认知，因此在借鉴和启示上就不能简单地进行常规分析，而是应该按照创新理论的框架，通过施动者、创新工具以及创新路径形成逐层对比，以此获得有效的启示与反馈。

德国可再生能源顺利发展的主要推动力是《可再生能源法》在设计、修订与实施上的成功，至少在一定程度上，这些成功经验可以被需要进一步稳妥扩大可再生能源发展规模的中国采纳，其中有几个重要概念需要对应一致：一是对可再生能源范畴和概念的界定，主要包括风能、太阳能、水能、生物质能等在自然界可循环再生的能源，并非包含核能与天然气等在内的清洁能源；二是在国家核心层面上具有负责相关制度不同类型标准的职责与能力，涉及可再生能源的标准制定应从国家战略统一出发，而非各区域自己划定；三是可再生能源电力要在相关项目内具有被并入国家主要电网的最低限额及可再生能源电力生产商有权获得低成本电网使用权，包括电网运营商之间为了降低一个地区可再生能源电力额外成本的平衡机制等。

为了有效提升可再生能源电力生产和消费的积极性，保障可再生能源电力健康可持续发展且推动能源体系顺利向绿色低碳方向迈进，确保完成国家制定的非化石能源占比能源消费分别在 2020 年和 2030 年达到 15% 和 20% 的目标，2018 年年初国家能源局出台了关于征求《可再生能源电力配额及考核办法（征求意见稿）》的意见函，提出可再生能源电力必须通过配额制实现强制消纳，并拟对未完成消纳的实行一定政策性惩罚。从中可以看出，相对于十几年前起步发展阶段，中国可再生能源已经有很大的决心和行动力，但由于地理范围的辽阔和复杂的国情，强制配额仍然处于讨论阶段，需要各地根据不同情况来应对，距离全方位无差别推动可再生能源还有一定距离。因此，按照创新理论框架，着重关注从中国《可再生能源法》实施以后风能、太阳能等可再生能源在发电领域内的表现，借助政府、企业和其他参与者构成的施动者行为，探讨可再生能源推动过程中技术创新与政策创新的得失，以获得有效借鉴与启示。

一、施动者的启示

虽然近些年可再生能源在中国有了巨大发展，但事实上中国可再生能源在整体能源中的比重份额并不高。2017 年，国内全年能源消费总量

44.9 亿吨标准煤，煤炭消费量占能源消费总量的 60.4%，石油占能源消费比例的 18.8%，天然气、核电、可再生能源等清洁能源消费量占能源消费总量的 20.8%。① 商品化可再生能源利用量约 5.4 亿吨标准煤，占全部能源消费的比重为 12% 左右。其中，石油消费由于不断增长的工业发展需求从 2013 年的 17.1% 增长到 2017 年的 18.8%，煤炭消费虽然受全球环境及国内环保双重压力开始逐年下降，从 2013 年的 67.4% 降至 2017 年的 60.4%，但下降幅度十分微弱，相对于美国、德国、日本等全球重要经济体仅二三成的煤炭消费占比差距巨大。化石能源的压倒性比例意味着中国能源需求的巨额增长与传统能源结构难以撼动，逐步优化调整现有能源结构需要施动者拥有壮士断腕的决心、科学的方式以及漫长过程中的耐心。

　　首先，政府需要下定决心，逐步夯实能源基础。在施动者的第一层面，政府及其公共部门是最重要的核心组成部分，本书前几章中曾详细表述，政府部门的角色定位和政策调整可以直接影响整个国家的能源发展走向。2017 年，中国能源消费总量占全球能源消费总量的 23.2% 和全球能源消费增长的 33.6%，连续 17 年稳居全球能源消费增长榜首。② 作为目前全球碳排放量最大的国家、饱受雾霾问题影响的国家，中国对于解决碳排放及环境问题的态度是积极且迫在眉睫的，推动可再生能源继续发展也是毋庸置疑的。2017 年，中国可再生能源消费增长 31%，占全球可再生能源消费总量的 21.9%，占全球增长的 36%，就是对此的充分说明。但巨大的增长幅度是建立在庞大规模基础上的，以中国的经济发展规模，一点点的推动也会在全球引发极大的变化，因此关注国内能源结构的变化更加重要。中国政府作为施动者的第一层次，面对庞大的国家范畴、旺盛的能源需求和复杂的能源结构，更重要的是近 30 年盲目追求经济发展与生活质量的提高而不顾环境保护的不平衡性报复都要一一偿还，这一切无法纸上谈兵地获得解决方案，需要的是看清现实、下定决心，具体问题具体分析并逐一击破。

　　这里所谓的决心是指中国政府需要在经济发展和能源调整中进行平衡，能够面对目前能源格局的困境清晰战略方向，想要获得能源的绝对安

---

① 国家统计局：《中华人民共和国 2017 年国民经济和社会发展统计公报》，2018 年。

② BP：《BP 世界能源统计年鉴 2018》，2018 年。

全，"多煤、贫油、少气"的能源条件意味着必须依赖可再生能源，但煤炭由于能源依赖惯性与先天产量优势注定国内利益集团不会轻易放弃，那么抱着煤炭与可再生能源兼得的想法就成为影响能源转型决心的绝对性因素。德国能源转型的实行过程也并非一帆风顺，不断遇到各种各样的问题与障碍，但坚定的决心是一切发展的基础，德国对于推动可再生能源发展，逐步放弃核能、煤炭等从未动摇过，这是从政府层面就一以贯之甚至上升到国策的态度。正是在这种态度的影响下，在近10年的能源转型遇到问题时，永远都是绞尽脑汁提出解决办法，而并非重回化石能源的怀抱，这就是中国政府需要学习的决心。决心并非凭空而来的一句口号，需要来自现实的肯定与支持，其中关键就是各类能源的基本比例，即可再生能源的前期基础，从0到1的跨越往往比从1到无限大更加困难。值得庆幸的是，在可再生能源领域中国已经走过这个初级阶段，经过十几年的发展，可再生能源获得了一定基础，但仍需要继续夯实巩固，这样才能持续为政府提供坚定转型的决心与底气。

其次，企业需要理智发展，放弃盲目跟风。能源技术研究投入以及学习机制是推动能源技术变迁的关键因素，也是推动能源体系历史发展转变的基础。企业作为能源技术研发的主体，是能源创新体系中最基础的组成部分，也是仅次于政府的施动者角色。伴随技术革命和经济发展，可再生能源在政府的保驾护航下具有商业发展的可能性，企业感知保障下的投入能够得到回报，就会发挥具体有效的推动作用，推动可再生能源在具体领域逐步细化落实。可再生能源的发展需要经历从无到有、从小到大的过程，还需要经历从小众到普及的过程，那么商业推广和市场普及的环节中，企业就是能源技术和政策扩散最重要的推手。

能源发展从来都是环环相扣的，德国可再生能源由于政府的坚定决心与科学规划，在能源推广和示范阶段，企业主要专注于技术创新和能源份额在商业领域的扩大，同时促进影响相关能源政策的制定和调整。但中国情况不同，由于政府态度的不明确，或者政府出于能源保障安全的考虑对各类能源的支持均不同程度地存在，企业在面对可再生能源这一新兴能源领域发展现状时，更容易一窝蜂涌入争取政府补贴，而较少考虑过度发展的后果。风电和光伏发电已经十分典型，在国家为了鼓励可再生能源发电而提出柜关补贴政策后，迎来的就是风电企业和光伏企业数量级的迅猛增长，并陷入盲目狂热的跑马圈地状态，各地政府为了增加经济发展，也鼓励相关企业疯狂扩张，短短几年内规模一跃成为全球首位，却忽略了庞大产能并未带来革命性变化，身后电力体系根本无法消纳，引发弃风弃光的巨大浪费，并持续到现在。

除此以外，新能源汽车的发展历程也很能说明问题，同样经历了补贴引发众多企业的狂热投入，出现大规模骗补现象，政府不得不调整相关政策，科学引导新能源汽车发展局势。为了推动环境保护，保障节能减排效果明显，2009 年，中国开始对制定范围内的新能源汽车给予购置补贴，通过《汽车产业调整与振兴规划》和《关于开展节能和新能源汽车示范推广试点工作的通知》等系列政策拉开了新能源汽车补贴大幕。从 2009 年到 2018 年国家共计发布了 9 项关于新能源汽车补贴的政策，根据新能源汽车不同阶段的发展，及时调整政策目的、补贴对象、补贴形式及补贴范畴要求等，保障政策实施的稳定性与可持续性，推动新能源汽车产业化发展。但发展的结果却与政府初衷出现了一定程度的背离。2012～2015 年，新能源汽车迎来爆发式增长，销量从 1.2 万辆猛增至 33.1 万辆，其间大量企业与资本涌入该领域，根本没有在新能源动力领域投入并获得实质性突破，仅通过简单的改装与改造就获得了巨额补贴，短短几年时间依靠国家补贴政策存活了数额庞大的新能源汽车企业，这不仅没有为缓解空气污染、优化能源结构作出贡献，反而利用政策漏洞加剧了国家财政负担。于是从 2016 年起，国家调整补贴政策使得新能源汽车增速放缓，但总量仍然可观，全年新能源汽车产销量分别为 51.7 万辆和 50.7 万辆，2017 年产销量分别为 79.4 万辆和 77.7 万辆，增长了 53.8% 和 53.3%，相较于前几年几倍的增长已经出现热度退减。一个行业的现象不足为奇，但几个领域分别相继出现这样的情况就充分说明在推动可再生能源发展的过程中，企业的不理智发展与盲目跟风，当然这也与顶层设计引导缺失有关。德国在政策开始落地前，就有相关行业企业代表参与谈论、设计与规划，在创新最初阶段尽可能避免这种一窝蜂现象，将企业看作与政府落实层次不同、但出发点一致的施动者角色，而不是执行者和被管理者。中国也需要逐步向这种思路转变，让企业真正着眼于技术发展，在市场化与商业化中不断通过企业作用提高可再生能源的竞争力与份额占比，而非在低水平、低层次领域聚集骗补，这样才能真正具备创新路径中施动者的资质，发挥应有的作用。

最后，相关科研机构需要加大原创力度，而非简单重复。科研机构以及高校研究院所在能源创新领域也是施动者的一部分，在大多数情况下，政府、企业和科研机构三者合作的模式可以有效降低投资风险，增加能源创新的商业稳定性，推动具备公益性质而商业领域不愿冒险投入的项目，如牵一发而动全身的温室气体减排。在德国，政府公共部门、企业以及科研机构在能源创新发展到一定阶段，会开始共同承担投资及成本风险。其中，科研机构作为非商业化的施动者，在能源技术创新和政策创新方面承担先锋性角色，德国的科研机构就是如此，以弗劳恩霍夫风能和能源系统研究院为代表的科研机构在可再生能源各个领域开展前沿性科研工作，为提高可再生能源竞争力而努力。

在中国，能源领域相关科研机构呈现最多的问题就是盲目性与重复性，多数研究机构并不清楚自身定位，主要根据政策的风向标决定自己的研究重点，以此获得科研经费，在技术前沿领域探索突破的科研机构寥寥无几，大部分都是害怕失败而跟随国际研究热点开展工作。前几年光伏热度兴起时，国内有数量庞大的针对光伏的研究项目，无数科研机构将重点转向光伏；而当风电成为新能源宠儿之时，大量科研机构又开始投入风电研究。造成的直接结果就是，在可再生能源的每一个领域都没有获得深入研究，在前沿性领域没有出现革命性技术创新，作为可再生能源施动者的组成部分没有发挥先锋作用。因此，相关研究机构应拒绝追逐热点、真正捋清自身的研究领域和定位，告别盲目重复的发展状态，在各自领域脚踏实地、深入研究，才能与政府和企业并肩作战，组成有机、高效的施动者联合体。

二、技术创新与政策创新的启示

中国从《可再生能源法》实行至今十几年的时间，可再生能源稳步发展提升，尤其在电力方面装机容量和发电量都极为显著，除了水电以外，风电已经成为中国第二大可再生能源电力，也是市场化与商业化最好的可再生能源类型，光伏发电与生物质能发电也紧随其后，前文通过具体数据对发展情况作了详细说明。但在规模不断扩大的同时，聚焦到可再生能源的两个创新工具即技术创新与政策创新上仍有问题需要解决。前者作为创新的核心工具，需要强有力的原发动力，从技术革命出发，突破限制可再生能源发展的成本、效率桎梏，在这个创新过程中，谁走在前边，谁就获得先行一步占有优势的资本。虽然技术具有外溢特征，原发性技术创新为了追求更大的影响范围会将相关技术逐步扩散到更多区域与国家，但毕竟需要更多的时间，尤其为了保持某些能源领域的技术先进性，封锁相关技术也是极有可能的，因此技术创新不能依赖别国，更多的要通过自力更生，在加大创新力度上下功夫。后者作为创新工具的"局外人"，是能源创新的辅助，是推动创新路径发展顺畅与否的保障。在这一方面，中国的欠缺与不足更多，大规模上马水电、风电、光伏发电项目的目的更多的是获得国家政策倾斜与补贴，各地抢装现象层出不绝并不能只责怪相关企业，而要更清楚地明白问题根源在于政策导向对后续发展预估不足的政策才是可再生能源盲目跟风的主要因素。

具体来看，技术创新必须加大创新力度，鼓励国际合作交流。国家对于创新的最大鼓励就是 R&D 资金的巨额投入，德国如此，中国亦如此，但在大规模资金支持可再生能源技术创新的背景下，鼓励创新力度不能闭门造车，最关键且最有效的方式就是国际合作与交流。科学技术无国界，想要持续突破获得原发性创新成果，必须站在国际研发前沿一线，通过学习交流碰撞出火花，才有实现创新突破的可能，继而以点带面逐步在国内大面积推广，获得更多的技术创新原动力。在技术直接决定能源成本与能源效率的当下，很可能自己还在研究的过程中，其他国家早已领先很多。为此，学习其他国家先进能源技术，全方位进行能源合作，而不是完全依靠自己进行创新摸索，就成为对中国可再生能源技术创新最重要的启示。德国在可再生能源技术很多领域已经处于全球领先地位，也是可再生能源技术创新的先进国家之一，中国想要进一步推动能源发展，优化能源结构，提高能源效率，实现能源转型，需要加大与德国合作的投入与自身的创新提高，大规模地投入合作与学习是快速提高可再生能源创新发展的有效途径。

在合作方面，中德两国并非一片空白，实际做出了一定成绩。比如2003 年 7 月中德第 21 次发展合作混合委员会根据两国政府于 1982 年 10月签署的《中华人民共和国政府与德意志联邦共和国政府技术合作协定》，决定在中国甘肃、新疆、青海、云南 4 个省区开展农村可再生能源领域的技术合作；2003 年 12 月，中国科技部与德国交通、建设与城市发展部签署了《在新的可再生交通能源应用领域合作备忘录》①；2005 年 4 月，中德风矸究与培训项目启动，执行期为 5 年，项目经费 500 万欧元，于 2010 年 2 月结束，通过提高公共和私营机构的专业和技术水平，促进中国并网型风电的利用和发展。项目还侧重于中德人才合作培养，持续开展中德风电人才联合培养 10 年之久，在合作过程中，动员了德国大量风电行业资源，为中国培养了大批风电技术骨干，为中国风电持续发展奠定了坚实的人才基础，通过 10 年的风电人才合作培养，中国建立了先进的国际风电人才培养模式，积累了丰富的经验，也是奠定中国短短几年成为风电首位的基础。

此外，"中德气候伙伴关系与可再生能源合作"项目由德国环境部、自然保护部、建筑部及核安全部委托，国家能源局和国家可再生能源中心作为中方合伙伙伴参与，从 2014 年开始至 2017 年结束，为期 3 年，旨在通过项目支持发展中国家和新兴经济体在减排与适应气候变化方面做出成绩。项目的核心内容就是通过展现目前德国关于气候变化和能源转型的最新成果，尤其是学习德国城市能源转型经验为中国城市能源转型指明方向，从而推动中国可再生能源的发展。目前项目已经以甘肃敦煌、山东新泰、浙江嘉兴三座城市编制城市综合能源规划作为试点，试图借助德国成功经验推动中国城市低碳转型。在中德可再生能源合作过程中，重点关注可再生能源相关法律制定及修订过程、德国能源转型经验的得失、可再生能源并网过程中的问题与对策以及电力市场改革、智能电网和可再生能源储能技术等相关的经济技术问题，这都是中国在推动可再生能源发展过程中已经遭遇或极有可能面临的问题，通过德国弗劳恩霍夫风能和能源系统研究院和太阳能系统研究所的参与帮助，借助国际先进方法和技术的支持，以可再生能源在城市中的应用为示范性模板，会收到超乎想象的效果。

当然，相比中国庞大的能源需求，这些国际合作的广度、深度还是不足，甚至远远不够，也不能仅限于中德合作交流，中国的合作目光应该放眼全球，与所有可再生能源发展先进的国家展开更多的交流。风电领域十

---

① 康晓. 中国开展可再生能源国际合作的途径与问题［J］. 现代国际关系，2009（6）.

分典型，在陆上风电逐步饱和之后，德国目前风电创新突破的核心是海上风电。与此同时，中国作为目前全球最大的风电装机容量国家，两者有太多合作的可能与共同之处，尤其是在德国风电技术已经领先全球且不断突破的情况下，全方位的合作只能更加深入，而不能停止。比如，风电接入电力稳定的技术，传统的发电站主要根据实际测算输出从而得出对比计算结果，但这种方法针对风电效果微弱，因为天气无法得到控制，即使再精确的计算也会变得不切实际，于是在这个技术研究中，只能通过真实的电网接入量对比了解实际量度，才能提出技术改进的可能性。在测算真实输出溢出或不足的可能性下运行预报机制，设计控制算法以便区分大型风电厂和独立风力涡轮机输出的稳定电力，这些前沿性技术在德国已经通过不断补充探索获得实现，该领域的合作学习必然使中国少走很多弯路。

政策创新要避免低效重复，科学形成良性循环。德国在政策创新方面基本成为标杆榜样，凭借每四年修订一次的《可再生能源法》以及根据实际发展情况不断调整的可再生能源电力入网机制，通过政策指导下科学而持续的补贴，推动德国可再生能源从蹒跚学步逐渐发展到独当一面，最终实现目前部分可再生能源电力可以在商业市场中无保护竞争的阶段。虽然还没有发展到可以彻底与传统化石能源一较高下，或者说完全抛弃化石能源，在各领域应用中可再生能源都可以独当一面，但已经稳步向这个方向前进。这就是德国可再生能源政策在创新方面最值得学习的地方，即从根本上降低政策反复的风险，保障施动者的投入高效稳定，绝不在无法获得成功保障的政策上投入或开展无谓的测试。

对比之后，中国可再生能源政策呈现的问题就显而易见，相关政策远远谈不上创新，总是根据现有情况制定长期政策，没有科学规划，于是在政策推行一段时间内，就会出现各种钻政策漏洞的现象，引发相关行业的过度或极端发展。继而在出现过度发展或者不良竞争的情况下，被迫调整政策，总之就是政策随着发展形势而不得不改变，并非政策登高望远引导产业健康发展。因此，在可再生能源的政策创新中要做的就是避免制度僵化下的低效重复，逐步引导政策"走多一步，走远一步"，以科学创新的态度推动政策的良性循环。

风电与光伏发电在发展初期，均有优厚的补贴保障，但相关政策并未制定限制条件，于是抢装抢上的可再生能源热潮在这两个领域出现，短短几年就从默默无闻发展到全球装机容量第一的位置，发展速度令世界侧目。如果庞大规模的进展没有获得相应的效果，大规模的风电和光伏发电项目上马，背后却是远远落后的电网接入容量与相关政策机制，弃风弃电就会伴随近年可再生能源发展，成为另一个棘手的问题，为此政策陷入鼓励可再生能源发展和降低大规模风电和光伏电力无法并网的尴尬局面。不仅如此，可再生能源在很多政策领域均存在相关问题，如光伏产业在分布式储能领域的政策发展就是窥探中国政策创新差距与不足的另一个窗口。

德国土地资源有限，绝大部分光伏发电属于屋顶光伏，但大量屋顶光伏装机容量已经在某些区域影响电网安全，因此需要在安装小型光伏发电系统的同时加装储能设施降低其对电网的冲击，以便提高电网接纳光伏电力的能力，促进光伏装机容量的发展。为此，2013年德国复兴银行（KFW）与德国联邦环境部（BMU）共同颁布分布式储能政策，标志着德国在光伏领域将补贴从发电单元扩大到了光伏发电的储能单元，此项政策主要针对小于30千瓦的光伏设施，规定给予新安装光伏发电同步建设的储能设备最高补贴不超过600欧元，那么政策为光伏发电加装储能设施提供每千瓦最高不超过660欧元的补贴。在德国，配电网必须保证分布式光伏电力的接入，如果电网结构不具备接入条件，需要对电网进行改造才能接入光伏电源，相关电网改造费用由社会承担，而安装储能设施就可以尽可能减少电网的改造，有利于稳定居民用电电价。

通过这种方式可以缓解分布式发电给电网运行带来的压力，现在基本90%以上的光伏发电在德国都能接入电网，配电网的管理和控制难度居高不下，储能的补贴制度有利于缓解电网的压力，特别是在中午光伏发电高峰时刻，电量通过储能设施储存后在夜间用电高峰（即光伏发电停止发电时）以蓄电池放电，实现光伏发电与负荷匹配的优化。在可再生能源比例持续扩大的背景下，储能设施就是促进光伏和风电进入电力市场商业竞争的有力帮手，当然小规模的储能肯定难以发挥决定性作用，但小规模测试获得成功，就可以进一步向兆瓦级或者更大规模的储能设施推进，最终实现波动性可再生能源发电与负荷的实时匹配。

与此相对比的是我国的分布式光伏发电政策，金太阳工程最具代表性，该项目要求屋顶光伏最低规模要大于300千瓦，是德国补贴储能设施要求的光伏装机容量的10倍，从表面上看应该可以获得理想效果，但对比之下德国通过电价和补贴政策能够直接抵消分布式光伏发电在本地的成本，而金太阳工程则完全没有这些基础，凭空出台尤其在政策设计之初规定300千瓦这个级别的光伏容量，将大部分居民用户家用光伏发电系统拒之门外，直接导致光伏发电量在当地根本难以消纳，甚至基本无法实现，这就是可再生能源发电政策制定没有综合考虑电源本身的特性以及与电网关系的现实情况，不接地气的表现，至于创新更无从谈起。这充分说明在政策创新中，需要的不仅是投入，更多的是从各方面避免拍脑袋决定和低效重复，尽可能推动政策形成良性循环，而不是在实行过程中由于政策效果不佳或者无效且与实际情况不符无法运行的情况下被迫东补西修。

三、结语

德国可再生能源发展路径是按照创新理论框架构建形成的，在政府及公共部门、企业和相关科研机构等共同组成的施动者推动下，可再生能源可以通过技术创新和政策创新两类创新工具的拉动发展，在投入巨大、毫无营利前景的漫长过程中逐步走过创新的早期阶段、示范阶段、扩散阶段，并最终达到成熟阶段。这是本书论述的核心所在。在讨论施动者和创新工具方面的启示后，最后将落脚点放在中国可再生能源能否形成自己的创新路径，就成为本书贡献的一点思考与讨论了。到目前为止，中国可再生能源虽然取得了一定成果，但基础还不够稳固牢靠，只能说还在探索中前进，需要不断通过技术创新将可再生能源成本与效率提高到商业化竞争程度，以科学合理的政策保驾护航才有可能达到成熟阶段，当然不能悲观看待中国可再生能源的未来，应该抱着积极和乐观的态度，因为截至目前中国可再生能源发展的雄厚潜力是必须肯定的，这也是最后针对整个发展路径讨论启示与建议的意义所在。

当前，中国可再生能源的发展度过了创新早期阶段，应该介于示范阶段与扩散阶段之间，在风电与光伏发电领域甚至已经完全进入扩散阶段，因为大规模的项目建设已经将可再生能源发电在全国范围内铺开，早已摆脱几年前政策小心呵护扶持的局面，更多需要考虑的问题是如何提高电网的配套发展水平和相关入网政策。在创新扩散阶段，大规模的风电和光伏电力不是发电不足，而是发电过量以及由于天气不可控因素带来的输电量峰值起伏不定，从而无法并网的限制，这是影响可再生能源扩散的主要环节。技术问题迟早都可以突破，最难解决或者说容易被忽视的问题其实在于全国上下对可再生能源的态度，即经过十几年的迅猛发展，在国内到底如何看待可再生能源可能一直都没有被重视或思考过，普遍概念认为一定是支持肯定的，但真的如此吗？需要再一次梳理并反思，对比德国可再生能源发展路径可以发现，认知态度成为关键，德国基本实现国内从顶层设计到基层民众的一致肯定认知，即无论在推动能源转型的过程中付出怎样的代价，仍然以坚定不移的步调持续发展，上升到了全民信仰的国策层面。但中国的情况并非如此，这也恰好解释了为什么在推动可再生能源的过程中，总停留在发展过度与反复弥补修订之间，甚至还时不时出现质疑的声音。

针对上述问题，想要真正跨越这个障碍，打通可再生能源发展路径，建议与启示就集中在全国上下要统一步调、坚定信念，以可持续发展的态度，稳定推动可再生能源从示范阶段走向扩散阶段，并最终迈入成熟阶段，其中民众的能源意识至关重要。中国能源发展始终存在一个问题，就是急功近利，并不在持续性发展上过多投入，这是过去一直存在的现象，在改革开放后发展经济的几十年间，国家内部并未过多考虑清洁能源的重要性，当然这也是发展中国家的通病，一般情况下以经济为先，走先污染后治理的路子。于是当环境问题成为影响每个人生活质量的隐患时，可再生能源才凸显其重要性，成为某种程度上的救命稻草，迫于解决问题的压力，政府在相关支持和投入上开始史无前例地发力，推动可再生能源在短期内增长迅猛。专业领域的客观发展不代表群众意识与认知的同步，国家的能源顶层设计并不意味着全民都已经意识到并完全接纳，正如政治制度往往落后于经济发展的规律一样，在能源转型热火朝天、可再生能源发展如火如荼的当下，表现出来的是政府、企业和相关机构的态度，广大民众并未意识到能源转型、推动可再生能源的重要性，只有在雾霾严重或者影响到自身生活环境的情况下才能与施动者的态度一致，而这种认知一致性十分脆弱，一旦面临能源成本增加或者具体负担加重就会被击溃。可再生能源附加费就是最好的例证，德国民众为了支持能源转型，数十年来承担着几乎全欧洲最高的电价，其中很大比例就是对可再生能源发电的补贴，虽偶尔出现抗议的声音，但与广大民众支持的基本盘对比微乎其微，绿色低碳环保已经成为德国内部的某种政治正确惯性；而中国情况则不同，如果居民为了鼓励可再生能源发展而不得不承受高于现在几倍的电价，那仅有的一些支持声也会因此熄灭。

此外，煤炭等传统化石能源领域由于多年的发展，已经形成十分牢固的能源利益集团，尤其中国能源需求量大而煤炭储量高的情况下，不必奢望如德国一样提出弃煤时间表，就是降低煤炭产量与用量都会形成猛烈反弹，在多年节能减排及去产能的压力下煤炭产量虽有下降，但减产幅度微乎其微，5年的时间下调煤炭比例却仍然保持在能源消费占比的六成以上就是最好的说明。在统一上下步调、深化共同能源认知的过程中，不能忽视其他能源类型的影响与诉求，即如何平衡与煤炭等化石能源的关系，是必须考虑的，否则强大的游说力量会将可再生能源发展的道路布满荆棘。

因此，虽然目前中国国内对能源环境改善呼声日益增大，并形成了一股强大的推动力量，但这种力量是不稳定且脆弱的，需要在坚定推动可再生能源发展的同时，夯实巩固这种支持力量，让民众对能源环境转型的认知态度不仅停留在口号上，更多深入到意识形态与具体行动上，即为了扩大可再生能源必须承担相应的责任与成本是必不可少的，以对能源转型的清晰认知和实际行动支持可再生能源，才有可能在未来进入可再生能源发展路径的成熟阶段，在能源体系中实现能源转型的宏伟目标。

参考文献

［1］ Andreas Loschel. Technological change in economic models of environ-mental policy: a survey ［J］. Ecological Economics, 2001, 43 （2 – 3）: 105 – 126.

［2］ Brown V J. Putting the Heat on Gas, Environmental Health Perspec-tives ［J］. US National Institute of Environmental Health Sciences, 2007, 115 （2）: 76 – 93.

［3］ Burke M J, Stephens J C. Political power and renewable energy fu-tures: A critical review ［J］. Energy Research & Social Science, 2018 （35）: 78 – 93.

［4］ Carvalho M D G. EU energy and climate change strategy ［J］. Ener-gy, 2012, 40 （1）: 19 – 22.

［5］ Couture T, Gagnon Y. An analysis of feed – in tariff remuneration models: Implications for renewable energy investment ［J］. Energy Policy, 2010, 38 （2）: 955 – 965.

［6］ Dalton G , ÓGallachóir B P. Building a wave energy policy focusing on innovation, manufacturing and deployment ［J］. Renewable and Sustainable Energy Reviews, 2010, 14 （8）: 2339 – 2358.

［7］ Dröge S, Asselt H, Das K, et al. Mobilising trade policy for climate action under the Paris agreement: options for the European Union ［R］. 2018.

［8］ Dröge S, Geden O. After the Paris agreement: new challenges for the EU's leadership in climate policy ［R］. 2016.

［9］ Dröge S, Geden O. The EU and the Paris Climate Agreement: ambi-tions, strategic goals, and tactical approaches ［R］. 2015.

［10］ Dröge S, Rattani V. International Climate Policy Leadership after COP23: The EU must resume its leading role, but cannot do so alone ［R］. 2018.

［11］ Dröge S. The Paris Agreement 2015: turning point for the international climate regime ［R］. 2016.

［12］ Edenhofer O, Bauer N, Kriegler E. The impact of technological change on climate protection and welfare: Insights from the model mind ［J］. Ecological Economics, 2005, 54 (2 – 3): 277 – 292.

［13］ Ekins P. Step changes for decarbonising the energy system: research needs for renewables, energy efficiency and nuclear power ［J］. Energy Policy, 2004, 32 (17): 1891 – 1904.

［14］ Ellersiek A, Beisheim M. Partnerships for the 2030 Agenda for Sustainable Development: Transformative, Inclusive and Accountable? ［J］. 2017.

［15］ Fischer S, Geden O. Limits of an "Energy Union": only pragmatic progress on EU energy market regulation expected in the coming months ［R］. 2015.

［16］ Fischer S. The EU's new energy and climate policy framework for 2030: implications for the German energy transition ［R］. 2014.

［17］ Gallachóir B, Fergal O, Morgan, Bazilian M, et al. Comparing primary energy attributed to renewable energy with primary energy equivalent to determine carbon abatement in a national context ［J］. Journal of Environmental Science and Health – Part A, 2006, 41 (5): 923 – 937.

［18］ Geden O, Schäfer S. "Negative emissions": A Challenge for Climate Policy ［R］. 2016.

［19］ Hubbard S M, Huang J Y, Mulvey K P. Application of diffusion of innovations theory to the TIPs evaluation project results and beyond ［J］. Evaluation and Program Planning, 2003, 26 (1): 99 – 107.

［20］ Jacobsson S, Lauber V. The politics and policy of energy system transformation—explaining the German diffusion of renewable energy technology ［J］. Energy Policy, 2006, 34 (3): 256 – 276.

［21］ Kenneth J A. The economic implications of learning by doing ［J］. Review of Economic Studies, 1962, 29 (3): 155 – 173.

［22］ Kumar S, Managi S. Energy price induced and exogenous technological change: Assessing the economic and environmental outcomes ［J］. Resource and Energy Economics, 2009, 31 （4）: 334 – 353.

［23］ Langniβ O, Diekmann J, Lehr U. Advanced mechanisms for the promotion of renewable energy—Models for the future evolution of the German Renewable Energy Act ［J］. Energy Policy, 2009, 37 （4）: 1289 – 1297.

［24］ Lehr U, Nitsch J, Kratzat M, et al. Renewable energy and employment in Germany ［J］. Energy Policy, 2008, 36 （1）: 108 – 117.

［25］ Lipp J. Lessons for effective renewable electricity policy from Denmark, Germany and the United Kingdom ［J］. Energy Policy, 2007, 35 （11）: 5481 – 5495.

［26］ Lundvall B. Innovation as an interactive process: from user – producer interaction to the national system of innovation ［J］. African Journal of Science, 1988 （1）: 10 – 34.

［27］ Ma T, Nakamori Y. Modeling technological change in energy systems—From optimization to agent – based modeling ［J］. Energy, 2009, 34 （7）: 873 – 879.

［28］ Mitchell C, Bauknecht D, Connor P M. Effectiveness through risk reduction: a comparison of the renewable obligation in England and Wales and the feed – in system in Germany ［J］. Energy Policy, 2006, 34 （3）: 297 – 305.

［29］ Mytelka L K, Smith K. Policy learning and innovation theory: an interactive and co-evolving process ［J］. Research Policy, 2004, 31 （8）: 1467 – 1479.

［30］ Negro S O, Alkemade F, Hekkert M P. Why does renewable energy diffuse so slowly? A review of innovation system problems ［J］. Renewable and Sustainable Energy Reviews, 2012, 16 （6）: 3836 – 3846.

［31］ Noailly J. Improving the energy efficiency of buildings: The impact of environmental policy on technological innovation ［J］. Energy Economics, 2012, 34 （3）: 795 – 806.

［32］ Noailly J, Batrakova S. Stimulating energy – efficient innovations in the Dutch building sector: Empirical evidence from patent counts and policy lessons ［J］. Energy Policy, 2010, 38 （12）: 7803 – 7817.

［33］ Ornetzeder M, Rohracher H. User – led innovations and participation processes: lessons from sustainable energy technologies ［J］. Energy Policy, 2006, 34 （2）: 138 – 150.

［34］ Pablo del Río, Bleda M. Comparing the innovation effects of support schemes for renewable electricity technologies: A function of innovation approach ［J］. Energy Policy, 2012, 50 （6）: 272 – 282.

［35］ Parikh J, Ghosh P P. Energy technology alternatives for India till 2030 ［J］. International Journal of Energy Sector Management, 2009, 3 （3）: 233 – 250.

［36］ Pastukhova M, Westphal K. Eurasian Economic Union integrates energy markets: EU stands aside ［J］. 2018.

［37］ Redfield R. Social Science in Our Society ［J］. Phylon, 1950, 11 （1）: 31 – 41.

［38］ Sagar A D, Gallarghe K S. Energy thechnology demonstration & deployment ［J］. Energy Technology Innovation Project, 2006: 1 – 16.

［39］ Sagar A D, Zwaan B V D. Technological innovation in the energy sector: R&D, deployment, and learning – by – doing ［J］. Energy Policy, 2006, 34 （17）: 2601 – 2608.

［40］ Sagar A D. Technology Innovation and Energy ［J］. Encyclopedia of Energy, 2004: 27 – 43.

［41］ Santiago B L, Vicki N B. Public policy for energy technology innovation: A historical analysis of fluidized bed combustion development in the USA ［J］. Energy Policy, 2002, 30 （13）: 1173 – 1180.

［42］ Scholl E, Westphal K, Yafimava K, et al. Energy security and the OSCE: the case for energy risk mitigation and connectivity ［R］. 2016.

［43］ Scholl E, Westphal K. European energy security reimagined: mapping the risks, challenges and opportunities of changing energy geographies ［R］. 2017.

［44］ Tanaka K. Assessment of energy efficiency performance measures in industry and their application for policy ［J］. Energy Policy, 2008, 36 （8）:

2887 – 2902.

［45］ Tsoutsos T , Stamboulis Y A. The sustainable diffusion of renewable energy technologies as an example of an innovation – focused policy ［J］ . Technovation, 2005, 25 （7）: 753 – 761.

［46］ Uwe B, Wolfhart D. The expansion of electricity generation from renewable energies in Germany: A review based on the Renewable Energy Sources Act Progress Report 2007 and the new German feed – in legislation ［J］ . Energy Policy, 2009, 37 （7）: 2536 – 2545.

［47］ Ven V D, Andrew H. Central Problems in the Management of Innovation ［J］ . Management Science, 1986, 32 （5）: 590 – 607.

［48］ Vicki N B. Creating Incentives for Environmentally Enhancing Technological Change: Lessons From 30 Years of U. S. Energy Technology Policy ［J］ . Technological Forecasting & Social Change, 2000, 65 （2）: 125 – 148.

［49］ Bruns E, Ohlhorst D, Wenzel B, et al. Renewable Energies in Germany's Electricity Market: A Biography of the Innovation Process ［M］ . Berlin: Berlin Springer, 2010.

［50］ Katrin J, Korte. Government Promotion of Renewable Energy Technologies ［M］ . Hamburg: Gabler Verlag, 2011.

［51］ Ken – ichi I. Evolving Technology and Market Structure: Studies in Schumpeterian Economics ［M］ . Michigan: University of Michigan Press, 1991.

［52］ Lewis J I. Green Innovation in China ［M］ . New York: Columbia university press, 2011.

［53］ Lundvall B A. Innovation as an interactive process: from user – producer interaction to the national system of innovation, Technical Change and Economic Theory ［M］ . New York: Pinter Publishers, 1988.

［54］ Malerba F. Sectoral Systems of Innovation: Concepts, Issues and Analyses of Six Major Sectors ［M］ . Cambridge: Cambridge University Press, 2004.

［55］ Margolis R. Understanding technological innovation in the energy sector: the case of photovoltaics ［M］ . Princeton: Princeton University Presse, 2002.

［56］ Mendonca M, Jacobs D, Sovacool B K. Powering the Green economy the feed in tariff handbook ［M］. London: Earthscan, 2009.

［57］ Mendonca M. Feed in tariff: Accelerating the Deployment of Renewable Energy ［M］. London: Earthscan, 2007.

［58］ Mez L. Renewables in electricity generation: Germany as pioneer? ［M］. London: Earthscan, 2007.

［59］ Redfield R. The role of cities in economic development and cultural change ［M］. Chicago: University of Chicago Press, 1954.

［60］ Reiche D E. Handbook of Renewable Energies in the European Union: Case Studies of the EU – 15 ［M］. Berlin: Peter Lang Verlag, 2005.

［61］ Richard R N, Sidney G W. An evolutionary theory of economic change ［M］. Belknap: Belknap Press, 1985.

［62］ Rosenberg N. Inside the Black Box: Technology and Economics ［M］. Cambridge: Cambridge University Press, 1982.

［63］ Rosenberg N. Inside the Black Box: technology and economics ［M］. Cambridge: Cambridge University Press, 1982.

［64］ Vasi I B. Winds of Change: the Environment Movement of Global Development of Wind Energy Industry ［M］. Oxford: Oxford University press, 2011.

［65］ Vicki N B. Role of government in energy technology innovation: insights for government policy in the energy sector ［M］. Cambridge: Harvard University Presse, 2002.

［66］ BMU. Bundesbericht Energieforschung 2013 ［R］. Berlin, 2013.

［67］ BMU. Development of renewable energy sources in Germany 2010 Graphics ［R］. Berlin, 2011.

［68］ BMU. Development of renewable energy sources in Germany 2011 Graphics ［R］. Berlin, 2012.

［69］ BMU. Development of renewable energy sources in Germany 2012 Graphics ［R］. Berlin, 2013.

［70］ BMU. Energieeffiziente Rechenzentren Best – Practice – Beispiele aus Europa, USA und Asien ［R］. Berlin, 2012.

［71］ BMU. Entwicklung der erneubaren Energien in Deutschland im Jahre 2012 ［R］. Berlin, 2011.

［72］ BMU. German Action Plan for the implementation of measures after the Fukushima Daiichi reactor accident ［R］. Berlin, 2012.

［73］ BMU. Gesetz für den Vorhang Erneubarer Energien（EEG2000）［R］. Berlin, 2000.

［74］ BMU. Gesetz über die Elektrizitrits – und Gasversorgung（Energie wirtschaftsgesetz EnWG 2005）［R］. Berlin, 2005.

［75］ BMU. Gesetz zur Neuregelung des Rechts der Erneubaren Energien im Strombereich und Underung damit zusammenhungender Vorschriften（EEG2008）［R］. Berlin, 2008.

［76］ BMU. Gesetz zur Neuregelung des Rechts der Erneubaren Energien im Strombereich und Underung damit zusammenhungender Vorschriften（EEG2012）［R］. Berlin, 2012.

［77］ BMU. Innovation durch Forschung – Jahresbericht 2011 zur Forschungsforerderung im Bereich der erneuerbaren Energien ［R］. Berlin, 2011.

［78］ BMU. Moving forward with renewable energy：10 – point programme for ambitious and judicious energy and environmental policy by Fedara ［R］. Berlin, 2011.

［79］ BMU. National Renewable Energy Action Plan in accordance with Directive 2009/28/EC on the promotion of the use of energy from renewable sources ［R］. Berlin, 2010.

［80］ BMU. Policy Report Contribution of Energy Efficiency Measures to Climate Protection within the European Union until 2050 ［R］. Berlin, 2012.

［81］ BMU. Renewable Energy Sources in Figures – national and international development ［R］. Berlin, 2012.

［82］ BMU. Renewable Energy Sources in Figures – national and international development ［R］. Berlin, 2011.

［83］ BMU. Renewable Energy Sources in Figures – national and international development ［R］. Berlin, 2010.

［84］ BMU. Tariffs, degression and sample calculations pursuant to the new Renewable Energy Sources Act（Erneuerbare – Energien – Gesetz – EEG）. of 4 August 2011（EEG 2012）［R］. Berlin, 2012.

［85］BMU. The EEG 2012 PV Amendment of June［R］. Berlin, 2012.

［86］BMU. Transforming our energy system – the Foundation of a new energy age［R］. Berlin, 2012.

［87］BMU. Verordnung zu Systemdienstleistungen durch Windenergie anlagen［R］. Berlin, 2009.

［88］BMWi. Concluding paper Electricity 2030 Long – term – trends – tasks for the coming years［R］. Berlin, 2017.

［89］BMWi. Development of Renewable Energy Sourcesin Germany 2017［R］. Berlin, 2017.

［90］BMWi. Innovation Through Research 2015［R］. Berlin, 2016.

［91］BMWi. Renewable Energy Sources in Figures 2016［R］. Berlin, 2017.

［92］BMWi. Renewable Energy Sources in Figures 2017［R］. Berlin, 2018.

［93］BMWi. Renewable Energy Sources in Germany Key information 2017 at a glance［R］. Berlin, 2017.

［94］BMWi. Time series for the development of renewable energy sources in Germany［R］. Berlin, 2018.

［95］BMWi. EEG in Zahlen: Vergütungen, Differenzkosten und EEG – Umlage 2000 bis 2019［R］. Berlin, 2018.

［96］BMWi. Erneuerbare Energien in Zahlen 2017［R］. Berlin, 2017.

［97］BMWT. Gesetz zur Beschleunigung des Ausbaus der Hoechstspannungsnetze［R］. Berlin, 2009.

［98］Bundesnetzagentur. Eckpunktepapier zu Detailfragen der Vermarktung von EEG Strom durch die übertragungsnetzbetreiber nach der Verordnung zur Weiterentwicklung des bundesweiten Ausgleichmechanismus［R］. Berlin, 2009.

［99］BWE. Wind Industry in Germany 2018［R］. Berlin, 2018.

［100］ DENA, Dena Grid Study Ⅱ. Integration of Renewable Energy Sources in the German Power Supply System from 2015 – 2020 with an Outlook to 2025 ［R］. Berlin, 2010.

［101］ DIW. Einzel und gesamtwirtschaftliche Analyse von Kosten und Nutzenwirkungen des Ausbaus Erneuerbarer Energien im deutschen Strom und Wärmemarkt ［R］. Berlin, 2012.

［102］ Dreher M, Memmler M, Rother S, et al. Bioenergie Datengrundlagen für die Statistik der erneuerbaren Energien und Emissionsbilanzierung, Ergebnisbericht zum Workshop vom Juli 2011 ［R］. Berlin, 2011.

［103］ Eichhammer W. Greenhouse Gas Reductions in Germany and European Commission, Energy infrastructure: commission proposes EU priority corridors for power grids and gas pipelines ［R］. Brussels, 2001.

［104］ EREC. Re – thinking 2050: A 100% Renewable energy Vision for EU ［R］. Brussels, 2010.

［105］ Europäischer Wirtschaftsdienst GmbH. Neue Energien: Marktbericht für Altholz ［R］. Brussels, 2012.

［106］ EWEA. Wind in Power: 2014 European statistics ［R］. Brussels, 2014.

［107］ EWEA. Wind in Power: 2015 European statistics ［R］. Brussels, 2015.

［108］ EWEA. Wind in Power: 2016 European statistics ［R］. Brussels, 2016.

［109］ EWEA. Wind in Power: 2017 European statistics ［R］. Brussels, 2017.

［110］ Federal Ministry for Economic Affairs and Energy. 2018 Federal Government Report on Energy Research Funding research for the energy transition ［R］. Berlin, 2018.

［111］ Federal Ministry for Economic Affairs and Energy. Innovations for the Energy Transition 7th Energy Research Programme of the Federal Government ［R］. Berlin, 2018.

［112］ Federal Statistical Office. Erhebung über die Elektrizitätsund

Wärmeerzeugung der Stromerzeugungsanlagen für die allgemeine Versorgung〔R〕. Berlin, 2010.

〔113〕 Federal Statistical Office. Stromerzeugungsanlagen der Betriebe im Bergbau und im Verarbeitenden Gewerbe〔R〕. Berlin, 2010.

〔114〕 Gipe P. Electricity Feed Laws Power European Renewables in Solar Today (November/December) im Strombereich (EEG2004)〔R〕. Berlin, 2004.

〔115〕 GWEC. Global Wind Report 2017〔R〕. 2018.

〔116〕 IEA. Global Energy & CO_2 Status Report 2017〔R〕. Paris, 2018.

〔117〕 IEA. World Energy Outlook 2011〔R〕. Paris, 2011.

〔118〕 IEA. World Energy Outlook 2012〔R〕. Paris, 2012.

〔119〕 IEA. World Energy Outlook 2013〔R〕. Paris, 2013.

〔120〕 IEA. World Energy Outlook 2014〔R〕. Paris, 2014.

〔121〕 IEA. World Energy Outlook 2015〔R〕. Paris, 2015.

〔122〕 IEA. World Energy Outlook 2016〔R〕. Paris, 2016.

〔123〕 IEA. World Energy Outlook 2017〔R〕. Paris, 2017.

〔124〕 IEA. World Energy Outlook 2018〔R〕. Paris, 2018.

〔125〕 IRENA.. Renewable Energy Statistics 2018〔R〕. 2018.

〔126〕 IRENA. Renewable Capacity Statistics 2016〔R〕. 2016.

〔127〕 Jens Boemer. Verbesserte Netzintegration von Windenergieanlagen im EEG 2009, V1.0〔R〕. Ecofys Germany GmbH, 2008.

〔128〕 John W. Clean energy innovation: dose leadership count?〔R〕. Research Money Inc, 2007.

〔129〕 Ragwitz M, Klobasa M. Gutachten zur CO_2 Minderung im Stromsektor durch den Einsatz erneuerbarer Energien〔R〕. Berlin, 2005.

〔130〕 Ragwitz M, Sensfuss F. Ergänzungen zum Merit – OrderEffekt Stellungnahme zum EWI Working Paper Nr. 07/3〔R〕. Berlin, 2007.

〔131〕 REN21. Renewables 2016 Global Status Report〔R〕. Paris, 2016.

〔132〕 REN21. Renewables 2017 Global Status Report〔R〕. Paris, 2017.

〔133〕 REN21. Renewables 2018 Global Status Report〔R〕. Paris,

2018.

［134］Sensfuss F, Ragwitz M. Analyse des Preiseffektes der Stromerzeugung aus erneuerbaren Energien auf die Börsenpreise im deutschen Stromhandel – Analyse für das Jahr 2006. Untersuchung im Rahmen von Beratungsleistungen für das Bundesministerium für Umwelt, Naturschutz und Reaktorsicherheit ［R］. Fraunhofer Institut für System – und Innovationsforschung, 2007.

［135］SolarWorld A G. Annual Report 2011 ［R］. Berlin, 2012.

［136］The European Council. The European Economic and Social Committee and the Committee of the Regions. Communication from the Commission to the European Parliament, Energy Efficiency Plan 2011, COM 2011; 109 ［R］. Brussels, 2011.

［137］The European Council. Directive 2002/91. EC（16. 12. 2002）, Official Journal of the European Communities L 1/65 ［04. 01. 03］ ［R］. Brussels, 2003.

［138］The European Council. Directive 2003/30/EC（08. 05. 2003）, Official Journal of the European Union L 123/42 ［17. 05. 03］ ［R］. Brussels, 2003.

［139］The European Council. Directive 2003/54/EC（26. 06. 2003）, Official Journal of the European Union L 176/37 ［15. 07. 03］ ［R］. Brussels, 2003.

［140］The European Council. Directive 2009/28/EC（23/04/2009, Official Journal of the European Union L140/16 ［05. 06. 09］ ［R］. Brussels, 2009.

［141］The European Council. Directive 2009/548/EC（30. 00. 2009）, Official Journal of the European Union L 182/33 ［15. 07. 09］ ［R］. Brussels, 2009.

［142］The European Council. Directive 2009/72/EC（13. 07. 2009）, Official Journal of the European Union L 211/55 ［14. 08. 09］ ［R］. Brussels, 2009.

［143］The European Council. Directive 2010/31/EU（19. 05. 2010）, Official Journal of the European Union L 153/13 ［18. 06. 10］ ［R］. Brussels, 2010.

［144］The President's Committee of Advisors on Science and Technology（PCAST）. Federal Research and Development for the Challenges of the Twenty – First Century ［R］. Office of Science and Technology Policy, 1997.

［145］Wenzel B, Nitsch J, Bernd W. Ingenieurbüro für neue Energien. Ausbauern euerbarer Energien im Strombereich：EEG – Vergütungen, Differenzkosten und Umlagesowieausgewählte Nutzeffekte bis zum Jahr 2030 ［R］. Berlin, 2008.

［146］Wissen R, Nicolosi M. Anmerkungen zur aktuellen Diskussion zum Meritorder Effekt der erneuerbaren Energien. EWI Working Paper Nr. 07/3 ［R］. Berlin, 2007.

［147］Witt J, Thraen D, Rensberg N, et al. Monitoring zur Dcutsches Biomasseforschungszentrumg GmbH, Wirkung des Erneuerbare Energien Gesetz (EEG) auf die Entwicklung der Stromerzeugung aus Biomasse, DBFZ report No. 12 ［R］. Berlin, 2012.

［148］WWEA. Report 2014：World Wind Energy Association ［R］. Bonn, 2014.

［149］WWEA. Report 2015：World Wind Energy Association ［R］. Bonn, 2015.

［150］WWEA. Report 2016 ：World Wind Energy Association ［R］. Bonn, 2016.

［151］WWEA. Report 2017 ：World Wind Energy Association ［R］. Bonn, 2017.

［152］ZSW. Zentrum für Sonnenenergie und Wasserstoff – Forschung Baden – Württemberg (ZSW), Deutsches Zentrum für Luft – und Raumfahrt (DLR), Deutsches Institut für Wirtschaftsforschung (DIW), Gesellschaft für wirtschaftliche Strukturforschung (GWS). Erneuerbare Energien：Arbeitsplatzeffekte 2006. Abschlussbericht des Vorhabens Wirkungen des Ausbaus der erneuerbaren Energien auf dem deutschen Arbeitsmarkt – Followup ［R］. Berlin, 2007.

［153］Bechberger M, Reiche D. 德国推进可再生能源良治研究 ［J］. 环境科学研究, 2006, 19 (s1)：109 – 120.

［154］毕研涛, 王丹, 李春新. 全球可再生能源发展现状、展望及启示 ［J］. 国际石油经济, 2016 (8)：62 – 66.

［155］柴智. 德国能源转型升级到4.0阶段面临的挑战 ［J］. 能源研究与利用, 2016 (5)：23 – 25.

［156］陈海君. 德国的可再生能源法及其借鉴意义 ［J］. 环境科学

与管理, 2006 (1): 32 - 34.

[157] 陈海嵩. 德国能源供需现状与问题分析 [J]. 兰州商学院学报, 2009, 25 (2): 25 - 29.

[158] 陈海嵩. 德国能源供需政策及能源法研究 [J]. 法治研究, 2009 (4): 50 - 55.

[159] 陈海嵩. 德国能源问题及能源政策探析 [J]. 德国研究, 2009, 24 (1): 9 - 16.

[160] 陈廷辉. 国际能源政治背景下我国的可再生能源立法 [J]. 湖南工业大学学报 (社会科学版), 2012, 17 (1): 72 - 78.

[161] 丁海成, 马兵. 德国可再生能源的发展轨迹 [J]. 中国电业, 2005 (6): 82 - 84.

[162] 丁海成, 马兵. 学习德国经验, 开发可再生能源 [J]. 可再生能源, 2005 (1).

[163] 杜群, 陈海嵩. 德国能源立法和法律制度借鉴 [J]. 国际观察, 2009 (4): 49 - 57.

[164] 高虎. 2010—2014 年我国可再生能源发展政策与行动 [J]. 中国能源, 2016 (2): 6 - 9.

[165] 韩芳. 我国可再生能源发展现状和前景展望 [J]. 可再生能源, 2010, 28 (4): 137 - 140.

[166] 何佩佩, 庄国敏. 关注绿色冲突——发展可再生能源路径思考 [J]. 环境保护, 2014 (2): 78 - 80.

[167] 蒋懿. 德国可再生能源法对我国立法的启示 [J]. 时代法学, 2009, 7 (6): 117 - 120.

[168] 金乐琴. 德国能源转型战略及启示 [J]. 调研世界, 2014 (11): 61 - 64.

[169] 康晓. 中国开展可再生能源国际合作的途径与问题 [J]. 现代国际关系, 2009 (6).

[170] 雷鸣. 日本与德国新能源产业结构转型的比较分析 [J]. 现代日本经济, 2013 (1): 79 - 86.

[171] 李永波, 朱方明. 企业技术创新理论研究的回顾与展望 [J]. 西南民族大学学报 (人文社科版), 2002, 23 (3): 188 - 191.

［172］廖茂林，魏际刚，Antony F. 中欧可再生能源电力安全困境分析与合作路径［J］. 中国人口资源与环境，2016，26（10）：103－108.

［173］琳娜. 中国可再生能源发电产业政策［J］. 商，2016（10）：274.

［174］刘明德，杨玉华. 德国能源转型关键项目对我国能源政策的借鉴意义［J］. 华北电力大学学报（社会科学版），2015，98（6）：1－8.

［175］刘助仁. 国外发展可再生能源的经验及其启示［J］. 求索，2007（8）：21－23.

［176］罗承先. 世界可再生能源支持政策变迁与趋势［J］. 中外能源，2016，21（9）：20－27.

［177］马库斯·雷德勒，夏晓文. 欧盟在国际气候与能源政策中的领导角色和德国的能源转向政策［J］. 德国研究，2013，28（2）：15－34.

［178］毛凯军. 技术创新：理论回顾与探讨［J］. 科学学与科学技术管理，2005，26（10）：55－59.

［179］米兰达·施罗伊尔斯. 德国能源转型及其对新治理形式的需求［J］. 李庆，译. 南京工业大学学报（社会科学版），2015（2）：12－18.

［180］彭纪生，刘伯军. 技术创新理论探源及本质界定［J］. 科技进步与对策，2002，19（12）：101－103.

［181］任东明. "十三五"可再生能源发展展望［J］. 科技导报，2016，34（1）：133－138.

［182］桑东莉. 德国可再生能源立法新取向及其对中国的启示［J］. 河南财经政法大学学报，2010，25（2）：131－138.

［183］慎先进，王海琴. 德国可再生能源法及其借鉴意义［J］. 经济研究导刊，2012（35）：154－155.

［184］苏竣，张芳. 政策组合和清洁能源创新模式：基于光伏产业的跨国比较研究［J］. 国际经济评论，2015（5）：132－142.

［185］唐黎标. 德国的能源发展策略［J］. 节能，2004（11）：48－50.

［186］王风云. 促进我国清洁能源的协同发展［J］. 宏观经济管理，2016（3）：59－61.

［187］王海燕. 德国可再生能源的新发展及对我国的启示［J］. 科

学与社会，2007（2）：33 – 36.

[188] 王洪. 西方创新理论的新发展 [J]. 天津师范大学学报（社会科学版），2002（6）：19 – 24.

[189] 王乾坤，周原冰，宋卫东. 德国可再生能源发电政策法规体系及其启示 [J]. 能源技术经济，2010，22（3）：50 – 54.

[190] 王卓宇. 德国能源转型：政策及成效 [J]. 国际论坛，2016（2）：74 – 78.

[191] 卫建林. 能源与国际格局 [J]. 红旗文稿，2008（2）：9 – 12.

[192] 谢来辉. 为什么欧盟积极领导应对气候变化？ [J]. 世界经济与政治，2012（8）：72 – 91.

[193] 杨解君. 论中国能源立法的走向——基于《可再生能源法》制定和修改的分析 [J]. 南京大学学报（哲学·人文科学·社会科学版），2012，49（6）：49 – 58.

[194] 叶明. 技术创新理论的由来与发展 [J]. 软科学，1990（3）：7 – 10.

[195] 余志良，谢洪明. 技术创新政策理论的研究评述 [J]. 科学管理研究，2003，21（6）：32 – 37.

[196] 张凤海，侯铁珊. 技术创新理论述评 [J]. 东北大学学报（社会科学版），2008，10（2）.

[197] 张敏. 解读"欧盟2030年气候与能源政策框架" [J]. 中国社会科学院研究生院学报，2015（6）：137 – 144.

[198] 张树伟，谢茜. 能源转型与"十三五"：更有效率地发展可再生能源 [J]. 风能，2016（1）：12 – 13.

[199] 赵宏图. 当前国际能源形势特点及变化前景 [J]. 现代国际关系，2006（12）：36 – 42.

[200] 赵宏图. 国际能源转型现状与前景 [J]. 现代国际关系，2009（6）：35 – 42.

[201] 赵良，白建华，辛颂旭. 中国可再生能源发展路径研究 [J]. 中国电力，2016（1）：178 – 184.

[202] 周宏春. 我国可再生能源的发展现状与展望 [J]. 领导科学论坛，2016（18）：51 – 64.

［203］朱苗苗．德国可再生能源发展的经验及启示［J］．经济纵横，2015（5）：115－119.

［204］朱彤．德国能源转型再思考：问题与挑战［J］．财经智库，2016（4）：51－68.

［205］邹伟进，陈伟，易明．德国发展可再生能源的实践及启示［J］．理论月刊，2008（6）：144－147.

［206］陈凯，史红亮．清洁能源发展研究［M］．上海：上海财经大学出版社，2009.

［207］傅家骥．技术创新学［M］．北京：清华大学出版社，2000.

［208］龚向前．气候变化背景下能源法的变革［M］．北京：中国民主法治出版社，2008.

［209］吉登斯．气候变化的政治［M］．曾湘荣，译．北京：社会科学文献出版社，2009.

［210］吕薇．可再生能源发展机制与政策［M］．北京：中国时政经济出版社，2008.

［211］时璟丽．可再生能源电力价格形成机制研究［M］．北京：化学工业出版社，2008.

［212］温慧卿．中国可再生能源补贴制度研究［M］．北京：中国法制出版社，2012.

［213］约瑟夫·阿洛伊斯·熊彼特．经济发展理论——对利润、资本、信贷、利息和经济周期的考察［M］．叶华，译．北京：中国社会科学出版社，2009.

［214］曹新，陈剑，刘永生．可再生能源补贴问题研究［M］．北京：中国社会科学出版社，2016.

［215］史丹．新能源产业发展与政策研究［M］．北京：科学出版社，2015.

［216］德国：可再生能源重拳出击［EB/OL］．http：//news. sina. com. cn/w/2004－12－12/13254502228s. html.

［217］国家发展和改革委员会，国家能源局．能源生产与消费革命战略（2016—2020）［EB/OL］．http：//www. ndrc. gov. cn/zcfb/zcfbtz/201704/W02017042550 9386101355. pdf.

［218］国家发展和改革委员会. 可再生能源发展"十三五"规划［EB/OL］. http：//www. ndrc. gov. cn/zcfb/zcfbtz/201612/W0201612166595 79206185. pdf.

［219］绿色和平. 中国光伏产业清洁生产研究报告［EB/OL］. http：//www. greenpeace. org/china/zh/publications/reports/climate – energy/2012/so-lar – clean – production/.

［220］中华人民共和国可再生能源法（修正案）［EB/OL］. http：//www. npc. gov. cn/huiyi/cwh/1112/2009 – 12/26/content_ 1533216. html.

［221］中华人民共和国可再生能源法［EB/OL］. http：//www. chi-na. com. cn/chinese/law/798072. htm.

［222］中华人民共和国商务部. 德国温室气体排放提前达到京都议定书目标［EB/OL］. http：//www. mofcom. gov. cn/aarticle/i/jyjl/m/200904/2009040615 9470. html.

［223］BP. BP 世界能源统计年鉴 2017［R］. 2017.

［224］BP. BP 世界能源统计年鉴 2018［R］. 2018.

［225］BP. BP 世界能源展望 2018［R］. 2018.

［226］BP. BP 世界能源展望 2016［R］. 2016.

［227］BP. BP 世界能源展望 2017［R］. 2017.

［228］GWEC. 2016 全球风电发展展望报告［R］. 2016.

［229］GWEC. 2017 全球风电发展报告［R］. 2017.

［230］GWEC. 2018 全球风电发展报告［R］. 2018.

［231］GWEC. 全球风电发展年报——年度市场数据 2010［R］. 2010.

［232］GWEC. 全球风电发展年报——年度市场数据 2011［R］. 2011.

［233］GWEC. 全球风电发展年报——年度市场数据 2012［R］. 2012.

［234］REN21. 推进全球可再生能源转型：2018 可再生能源全球现状报告［R］. 2018.

［235］德国联邦环境、自然保护、建筑及核安全部、国家可再生能源中心. 德国城市能源转型经验汇编［R］. 2017.

［236］德国联邦环境、自然保护、建筑及核安全部、国家可再生能源中心. 政府在地方及城市层面对可再生能源及能源效率发展的支持——德国的经验［R］. 2016.

［237］国家可再生能源中心．2013 中国可再生能源产业发展报告［R］．中国经济出版社，2013.

［238］国家可再生能源中心．2014 中国可再生能源产业发展报告［R］．中国环境出版社，2014.

［239］国家可再生能源中心．2015 中国可再生能源产业发展报告［R］．中国经济出版社，2015.

［240］国家可再生能源中心．2016 中国可再生能源产业发展报告［R］．中国经济出版社，2016.

［241］国家可再生能源中心．2017 中国可再生能源产业发展报告［R］．中国经济出版社，2017.

［242］国家可再生能源中心．2018 中国可再生能源产业发展报告［R］．中国经济出版社，2018.

［243］国家可再生能源中心．国际可再生能源发展报告 2016 ［R］．中国环境出版社，2016.

［244］国家可再生能源中心．国际可再生能源发展报告 2017 ［R］．中国经济出版社，2018.

［245］黄晓勇，崔民选．世界能源蓝皮书：世界能源发展报告 2017 ［R］．北京：社会科学文献出版社，2017.

［246］黄晓勇，王全能．世界能源蓝皮书：世界能源发展报告 2018 ［R］．北京：社会科学文献出版社，2018.

［247］李俊峰，等．中国风电发展报告 ［R］．北京：中国环境科学出版社，2006～2011 系列．

［248］李俊峰，等．风光无限——2012 中国风电发展报告 ［R］．北京：中国环境科学出版社，2012.

［249］李俊峰，等．中国光伏发展报告 ［R］．北京：中国环境科学出版社，2006～2013 系列．

［250］王仲颖，任东明，高虎．2011 中国可再生能源产业发展报告［R］．化学工业出版社，2011.

［251］王仲颖，任东明，高虎．2012 中国可再生能源产业发展报告［R］．中国经济出版社，2012.

［252］郑春荣．德国蓝皮书：德国发展报告（2016）［R］．社会科

学文献出版社，2016.

[253] 郑春荣. 德国蓝皮书：德国发展报告（2017）［R］. 社会科学文献出版社，2017.

[254] 郑春荣. 德国蓝皮书：德国发展报告（2018）［R］. 社会科学文献出版社，2018.

[255] 郑春荣，李乐曾. 德国蓝皮书：德国发展报告（2012）［R］. 社会科学文献出版社，2012.

[256] 郑春荣，李乐曾. 德国蓝皮书：德国发展报告（2013）［R］. 社会科学文献出版社，2013.

[257] 郑春荣，伍慧萍. 德国蓝皮书：德国发展报告（2014）［R］. 社会科学文献出版社，2014.

[258] 郑春荣，伍慧萍. 德国蓝皮书：德国发展报告（2015）［R］. 社会科学文献出版社，2015.

[259] 中国可再生能源发展战略研究项目组. 中国可再生能源发展战略研究丛书［R］. 中国电力出版社，2008.

致　谢

这本书的完成并非一帆风顺，博士论文早在几年前毕业的时候就已定型，但工作的这两三年重心略微偏移，一直没有鼓起勇气修改底稿和数据，直到一些契机的出现。坐在电脑前写后记，不断回忆过去几年的时光，从学生到教师身份的转变，走过的路、读过的书、备过的课、写过的文章、参加过的活动、两个校区往返的车程，直到修改文稿的一个个日日夜夜以及所有陪伴我工作、学习、生活的家人、老师、同事、伙伴都无法也不能忘记，最多的心情就是感恩。

没有谁是独立于这社会而存在的，我也不例外，这里最多的只能是数不尽的感谢，所以让我不能免俗却发自内心的感谢在这几年陪伴我、支持我、鼓励我，让我走到现在的每个人。

感谢家人，父母与爱人包容我的脾气，理解我的工作，给我最温暖的支撑，在求学和工作的日子中，肯定我的选择、支持我的研究、指出我的问题，不断地修正我，敲打得意忘形的我，鼓励垂头丧气的我，让我逐渐理解与看懂这个世界，一步步踏实成长。

感谢老师，没有博士导师宋新宁教授的指导和帮助，我的学术道路无从谈起。不知道别人的师生关系什么模样，但知道自己能够进入宋老师的师门，实在是人生最幸运的事情之一。古话说，一日为师终身为父，而我拜在老师门下何止一日，一千多个日日夜夜，早已在心中将老师当成了自己的父辈。

感谢硕士导师闫瑾，能够遇到一位好老师已经实属不易，但我居然在每个求学阶段都遇到了良师益友。因为与老师同样的德国缘分，开启的师生关系比别人更近一些，甚至早已超出了导师的角色，在我心中成为最亲密的长辈，每每遇到困难与打击，都会得到最温暖的安慰、最有动力的鼓励。

感谢挚友与伙伴。林崇诚老师，作为学生及工作生涯的另一个导师，对我的指点与关照伴随我成长，那些及时的鼓励与安慰深记于心。张锐，我们相识近十年，研究相近的领域，一起合作课题，一起探讨论文题目、科研、工作与未来，彼此鼓励帮扶，是同学亦是并肩作战的战友。

还有很多感谢不尽一一展开，工作以后领导与同事的暖心帮助更是我走到今天的力量源泉。一个人只有拥有老师、家人、同事、朋友的指导、鼓励、分享、安慰与沟通才能顺利地走过人生的每个阶段。未来，我将带着谦虚、严谨和积极向上的心态继续努力，在能源治理与政策研究领域做出应有的贡献与成绩。

2018 年 5 月 6 日于太原